港珠澳大桥沉管安装
风险管理实务

罗 冬 黄维民 宿发强 陈 林 杨绍斌 杨文武 著

RISK MANAGEMENT PRACTICE
IN IMMERSED TUNNEL
ELEMENT PLACEMENT OF
HONG KONG-ZHUHAI-MACAO BRIDGE PROJECT

中国建筑工业出版社

图书在版编目（CIP）数据

港珠澳大桥沉管安装风险管理实务／罗冬等著. —北京：中国建筑工业出版社，2019.2

ISBN 978-7-112-23352-6

Ⅰ.①港… Ⅱ.①罗… Ⅲ.①跨海峡桥－桥梁施工－风险管理②沉管隧道－隧道施工－风险管理 Ⅳ.①U448.19②U459.9

中国版本图书馆CIP数据核字（2019）第034184号

责任编辑：赵晓菲　朱晓瑜　张智芊
版式设计：锋尚设计
责任校对：王　瑞

扫描封底建知微图二维码进入图书详情页，读取本书附件等相关配套服务。

港珠澳大桥沉管安装风险管理实务
罗　冬　黄维民　宿发强　陈　林　杨绍斌　杨文武　著
*
中国建筑工业出版社出版、发行（北京海淀三里河路9号）
各地新华书店、建筑书店经销
北京锋尚制版有限公司制版
天津翔远印刷有限公司印刷
*
开本：787×1092毫米　1/16　印张：20¾　字数：358千字
2019年2月第一版　2019年2月第一次印刷
定价：80.00元
ISBN 978 – 7 – 112 – 23352 – 6
（33661）

本书编委会

编委会主任： 罗 冬　　黄维民　　宿发强　　陈 林

　　　　　　杨绍斌　　杨文武

编委会成员（以姓氏笔画排序）：

马宗豪　　王 伟　　王 强　　田 兰

宁进进　　冯科升　　孙 健　　刘兆权

刘晓东　　汤慧驰　　张才博　　苏长玺

吴 华　　张建军　　张 勇　　岳远征

周相荣　　范铁锐　　高纪兵　　曹 丹

黄 军　　黄思淳　　羡成星　　董 政

曾楚坚　　窦从越

　　本书以沉管隧道建造最为关键的工序——管节浮运安装为着眼点，阐述了沉管隧道工程建设所面对的高风险特性，以及如何运用风险管理的系统理论与知识对设计与施工进行风险管控。介绍了以风险管理作为核心驱动理念，使风险管理走向系统化、制度化和坚持"全过程、全方位、全员参与"的风险管理模式。把在工程项目管理实际中形成的风险管理架构、机制、流程和文档构架体系进行了详细介绍；着重讲述了具有开创意义的"扁平化"管理模式；特别表述了运用风险数据库作为支撑，以动态方式开展各施工作业环节风险管理活动的详细过程及示例；书中还对风险管理驱动技术创新和通过技术创新推进风险管理的双向作用的辩证关系进行了解析和举例说明。

　　以风险管理作为核心统领和驱动、以风险分析和处置达到全方位覆盖的项目管理方式改变了国内以往工程项目的风险管理流于表面形式和仅仅用于局部环节的状况，实践证明这种方式能良好地适用于超大规模、综合复杂、高风险性和开创性工程的项目管理，是一个成功的案例，它不但印证了风险管理体系的科学性、完整性与实用性，而且还以此为标志积淀了具有鲜明特色的项目文化。在本书最后一章阐述了以风险管理为核心理念的项目文化建设，以及对项目管理的理念与方向所起到的引导作用。

　　本书通过提炼总结港珠澳大桥沉管隧道工程的沉管安装风险管理的成功经验，引述了大量详实的实际事件与案例，以期为从事沉管隧道和类似工程建设的技术人员、管理人员、施工人员提供有益的借鉴和参考。

由于水平有限，本书难免有错误、遗漏及解释不周之处，还望读者不吝赐教，对此表示深深的感谢。

| 目 录 |

第1章

沉管隧道的特性
及其高风险性

1.1　沉管隧道及其发展历程

沉管隧道工法是一项极具创意的隧道工程技术，它巧妙地运用力学原理和自然的力量，实现了人们跨越河流和海峡建立水下通道的梦想。

沉管隧道工法，运用水的浮力将预制的密封管节浮运到隧址；再运用注水压重法将管节下沉到预先疏挖好的海（河）床基础就位；然后运用水力压差将管节在水下对接；最后施加永久压重抗浮，并进行基槽回填，确保隧道结构稳定，恢复海（河）床的自然状态。图1-1所示为沉管隧道管节浮运和沉放过程。

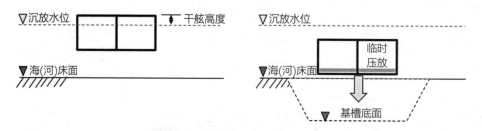

图1-1　沉管隧道管节浮运和沉放

作为跨越河流和海峡的通道，沉管隧道具有独特的优势，如隧道结构顶部覆盖层厚度小，与岛（岸）道路衔接条件好，连接长度短；可选择理想的截面形式，充分利用结构空间；管段结构横向刚度大，可适应不同的水文、地质条件；预制管节施工条件好，管节施工质量易于控制；管节长，接缝少，采用水力压接法可实现接缝密封性能卓越、可靠；同时，因管段采用预制工艺，大量施工作业不在水域进行，一些工序可平行作业，施工安全；相对于盾构工法，沉管隧道施工工期短、造价低。因此，沉管隧道已越来越多地被重视、采用和研究。

世界上第一座沉管隧道，是穿越美国密歇根州Detroit河铁路隧道，采用钢壳式沉管隧道技术，于1910年建成。其后在北美洲陆续建造了几十座钢沉管隧道，其中，于1970年建成的美国旧金山Bart隧道（钢壳式海湾快速交通隧道）是迄今为止全球最长的一座沉管隧道，全长5825m。1942年，世界上首次应用混凝土沉管隧道技术成功地建造了穿越荷兰鹿特丹Maas河的公路隧道。由此出现了沉管工法的两种主要类型，即钢壳式沉管隧道和混凝土沉管隧道。

混凝土沉管隧道结构可采用多箱室矩形断面形式，既能最大限度地利用内部空间满足公路、铁路或公铁两用交通净空，又可满足通风、逃生和管线布置要求。工厂化、流程化混凝土预制管节技术，能适应更加宽阔的河口、海峡的交通工程建造要求。混凝土沉管隧道技术在欧洲和亚洲地区得到了广泛的应用，至今全球已经建成超过50座大型混凝土沉管隧道，其设计和施工技术也得到了极大的发展。

全球采用混凝土沉管技术建成了众多杰出的水下隧道工程，不断突破和发展了在深水、复杂水流和复杂地质条件下建造大型隧道的工程技术。图1-2展现了四例当代混凝土沉管隧道建设的成就，这些工程凸显了工程师们采用长距离、大断面的技术方案，征服深水复杂环境，建造大型跨海沉管隧道的最新成就；具有标志性的沉管隧道的结构参数和工程特点汇总于表1-1中。

土耳其博斯普鲁斯海峡隧道（2011年）
沉管段1387m
最大水深61m

中国港珠澳大桥沉管隧道（2017年）
沉管段5664m
最大水深44m

丹麦厄勒海峡通道（2000年）
沉管段3510m
最大水深30m

韩国釜山-巨济隧道（2010年）
沉管段3240m
最大水深50m

图1-2 跨海沉管隧道工程技术创新和发展

标志性沉管隧道结构参数和工程特点一览表　　　　　　表1-1

项目	荷兰Maas隧道	丹麦-瑞典厄勒（Oresund）海峡隧道	韩国釜山-巨济（Busan）隧道	土耳其博斯普鲁斯（Bosphorus）海峡隧道	中国港珠澳大桥沉管隧道
沉管类型	混凝土	混凝土	混凝土	混凝土	混凝土
断面尺寸（宽×高，m）	24.77×8.39	38.8×8.6	26.46×9.97	15.3×8.6	37.95×11.4
沉管段全长（km）	0.584	3.51	3.24	1.387	5.664
管节数（个）	9	20	18	11	33
管节长度（m）	61.35	176	180	98.5~135	112.5~180
管节预制方式	干坞	陆域预制厂房，深浅干坞	干坞	浅干坞+临时码头	陆域预制厂房，深浅干坞
最大水深（m）	22	30	50	60	45
管节基础	后喷砂基础	先铺法碎石基础	先铺法碎石基础	先铺法碎石基础	先铺法碎石基础
工程特点	第一座混凝土沉管法隧道；干坞内浇筑底板、墙体和端封门，漂浮状态下再浇筑顶板	工厂化全天候预制节段；固定模架全断面浇筑节段；两级干坞系统	干坞内露天环境下移动模架全断面水平浇筑节段	管节分部预制和浮态浇筑技术；设置了抗震接头	工厂化全天候预制节段；固定模架全断面浇筑节段；两级干坞系统
建造年份	1937~1942	1995~2000	2004~2010	2004~2008	2009~2017

1.2　沉管隧道建设的特点

1.2.1　综合性强

　　沉管隧道是集水运、公路、桥梁、岩土工程、房屋建筑、钢结构、机电安装、通信、照明、消防、给水排水、交通工程、监控、测量和健康监测等专业技术为一体的交通工程，具有多学科、跨专业的综合性技术特点。仅从管节制作和浮运安装施工阶段来说，诸如海工混凝土结构耐久性问题，海洋水文、泥沙问题，管节浮运、定位、安装过程中的水动力学、船舶操纵性问题等都是需要各个专业认真研究协同解决的。

1.2.2　技术含量高

用预制管节沉放法修建水下隧道，在工程环境、施工工艺、工序衔接、精度控制等方面都是极其复杂和困难的。在水下施工，水文、地质、环境条件复杂，恶劣气象变化和施工水域交通干扰对工程影响较大，复杂多变的因素存在于施工的各个阶段，较长的施工工期又使得出现不利因素的机会增多，因而增加了工程施工难度。因此，沉管隧道建设必然具有较高的技术含量。

1.2.3　无专用规范可循

沉管隧道建造技术具有跨专业、跨行业、跨学科的特点，诸如管节结构的抗震设计标准、偶然作用情况下的结构计算方法、混凝土耐久性设计标准、在软土区地基处理和地基不均匀沉降的设计标准等至今还没有一套完整的、适用于沉管隧道专用的设计规范或规程可供遵照，所以在完成项目规划和工程初步设计之后，通常采用边勘察、边设计、边施工、边科研、边修订质量标准和操作规程的方法来建设，用全面实施风险管理的方式来掌控建设的全过程。

1.2.4　影响面广

沉管隧道尤其是跨海隧道涉及生态、环保、航运等外部环境的制约因素，又涉及政府、企业等社会方面的关联因素，突发的风险事件需要及时沟通和处置，来自各方面的诉求也需要协调和妥善处理。

1.2.5　投资多、工期长

相对于其他土木工程，沉管隧道的行业特性是投资多、工期长，建设期间的汇率变动、工料机价格变动、社会协作关系发生变化等情况无法及时、准确地预测。因此管理架构长期稳定、高效运行也是大型沉管隧道建设所必需的。

1.3　沉管隧道建设的高风险性

由于岩土和地下工程的固有特性（如水文地质条件、周边环境和施工技术等信息的不可预见性、多变性、不完整性和不确定性）和沉管隧道的专业特性以及人为因素等，导致各种风险事故频繁发生。仅以近年来新建的沉管隧道工程来看，出现基槽回淤、管节上浮、接缝漏水、浮运中管节受损以及突发情况导致各类事故时有发生，兹列举一些案例说明如下：

欧洲某沉管隧道管节（宽38.8m、长176m、高8.6m，沉放水深30m）在沉放过程中管尾的混凝土封门局部破坏（图1-3），导致海水涌入管内，水和空气形成虹吸作用，导致竖井中的卷流从孔口喷出海面以上高达30m，管节急剧下沉坠至碎石垫层，对接工序无法继续进行，后经修复重新安装。事故对工期和施工费用造成了重大影响。

亚洲某沉管隧道E16管节（宽26m，长180m，高10m）浮运就位前，GINA止水带发生侧翻事故，意外碰撞导致GINA止水带损伤（图1-4）。事故导致工期延误3个月。修复GINA止水带及其他临时工程造成严重经济损失。

亚洲某沉管隧道管节（宽40m、长130m、高10m）沉放就位后，管尾轴线偏差大于设计允许值。造成轴线偏差的原因可能有：管节前后鼻托的施工与设计要求存在偏差；沉放过程中测量有误差；根据气象窗口，沉放时间比较紧迫，管节姿态在尚未调整到位时，即强行进行水力压接。纠偏时，在新安装

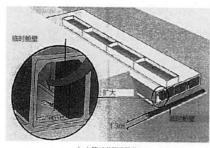

（a）第13节隧道管节　　　　　　（b）第13管节隧道管节正在下降，事故发生前10分钟　　　　（c）水从检查井喷出

图1-3　沉管隧道管节管尾混凝土封门局部破坏

图1-4　隧道GINA止水带保护装置

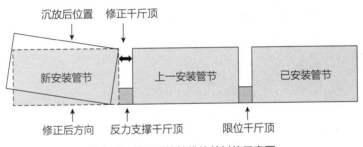

图1-5　管尾对接轴线偏差纠偏示意图

管节结合腔内两端竖向侧墙安装油压千斤顶（图1-5）：一侧为反力支撑千斤顶，另一侧为修正千斤顶，上一管节结合腔内安装限位千斤顶，在纠偏过程中因横向剪切力较大，使GINA止水带侧翻。事故发生后，管节被重新浮起，修复GINA止水带，再重新沉放对接。由此，对项目工期和工程费用都造成重大影响。

国内某隧道江中段E3管节（宽43m、长108m、高9.5m）在沉放结束13天后才完成灌砂基础，沉放后第16天发现E2、E3接缝漏水，进水量由600m³/h急速增至4000m³/h。发生事故的原因为：该管段沉放控制稳定抗浮系数已过时数日，管段附近水的比重增加，使浮力超过正常控制状态，引起管段尾部上抬，致使接缝下部开裂进水，局部止水失效（图1-6）。经过约半年时间的修复才得以继续施工，处置工作耗资巨大。

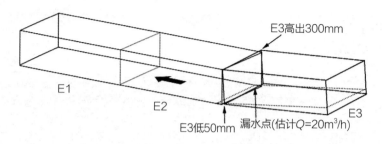

图1-6　施工期浮力增大导致管尾上抬

　　国内某沉管隧道发生多风险源叠加的安全事故：E2管节沉放过程中发现基槽有浅点，管节无法就位；挖除浅点后液压绞车又发生故障；在等待更换绞车的过程中，适合沉放条件的小潮汛期已错过，工期再次被延误。此外，该项目最终接头采用"止水板式"工法施工，即通过安装底部、侧面和顶部的钢模板形成密闭的空间，然后排水压接形成无水环境供最终接头的结构混凝土浇筑。在施工期间，底模上已淤积1.5m厚淤泥；另外，模板的尺寸及几何形状复杂，给水下安装带来困难，潜水作业过多，消耗了大量资源和时间。此工序原计划23天完成，实际历时52天才完成。

　　一些沉管隧道工程，因为突发情况以及人为的粗心也会导致意外事故的发生。例如美国某隧道设有防洪闸，在测试、操作过程中飓风袭击该地区，承包商已经把临时管道安装在闸门上并已密封，当出现过高水位时，闸门不能关闭，导致管节被水充满；在另一个隧道建设中，因寒冷天气造成管道破裂；还有个别沉管隧道项目，因粗心，在制管时将最终接头管节长度多出1m，由于不能及时截短而延误工期；再有个别沉管隧道项目，因为失误，沉管隧道的一个管节竟浮出水面漂向大海；最不幸的是个别沉管隧道项目在四个已沉放管节中，其中一个在沉放过程中接缝破损，导致其他三个管节很快进水等。

　　综上所述，由于沉管隧道对水文地质条件适应能力强，易与两岸道路衔接，工期和造价具有优势等显著特点，引起世界各国业界对沉管隧道的广泛关注和积极应用以及对相关技术的深入研究。但是，由于沉管隧道是一个专业技术综合性很强的工程，来自各个专业和衔接环节的风险因素多，且无完整的、适用的专业规范可资参照；对于基础铺设、浮运系泊、沉放对接、锁固回填等施工工艺和施工技术现今仍然比较复杂和困难，施工风险管理难度很大，尤以外海沉管隧道浮运安装施工的风险管理涉及的因素更为复杂多变，出现每一起事故都会造成项目成本倍增，工期延后，给企业和利益相关方带来巨大的经济损失和社会影响。港珠澳大桥岛隧工程是迄今为止世界上建设规模最大、施工风险因素最为复杂多变的工程项目，我们从中撷取了沉管隧道项目施工过程风险管理比较集中的工序——外海沉管隧道浮运安装作为典型案例，开展风险管理分析研究，提供一套切实可行、卓有成效的，包括风险辨识、分析、评价方法在内的，具有针对性的风险管理方法，对全过程、全方位、全员参与沉管隧道浮运安装风险管理予以系统介绍，为今后类似工程建设提供一些借鉴资料。

第2章

沉管安装的特点与挑战

2.1 岛隧工程概述

2.1.1 工程简介

港珠澳大桥是集桥、岛、隧为一体的超大型跨海通道工程（图2-1），总长度约为55km，包括总长22.9km的桥梁，总长6.7km的海底隧道和两个各约10万㎡的海上人工岛，主体工程的设计使用年限120年。岛隧工程是整个大桥的控制性工程，沉管隧道是其技术难度最大的部分。沉管隧道的平面布置和纵断面布置分别见图2-2和图2-3。

沉管隧道由33个管节组成，绝大部分埋深至海床面以下22m，最大沉放水深45m。隧道进、出口纵坡为±2.98%，最小纵坡为0。管节采用节段式柔性管节，管节类型见表2-1。

图2-1　港珠澳大桥总平面图

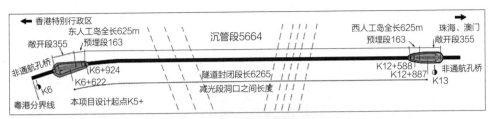

图2-2 沉管隧道平面布置图

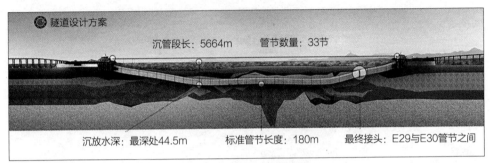

图2-3 沉管隧道纵断面图

管节类型一览表			表2-1
序号	管节编号	设计长度（m）	线型
1	E1、E2	112.5	直线
2	E3~E26	180	
3	E27~E28	157.5	
4	E29	171.425	曲线
5	E30	171.42	
6	E31	180	
7	E32、E33	135	
8	最终接头	12	

管节横截面采用两孔一管廊形式，标准管节长180m，宽37.95m，高11.4m，由8个长22.5m的节段组成，单个管节重约80000t。管节横断面见图2-4。

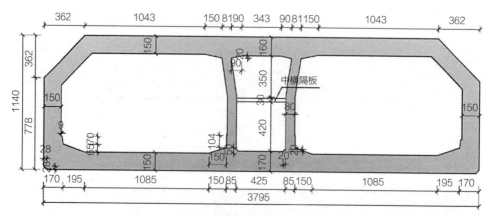

图2-4 标准沉管管节横断面图（单位：cm）

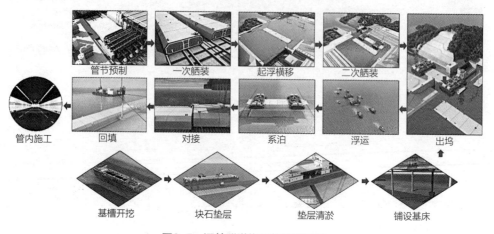

图2-5 沉管隧道施工整体流程图

2.1.2 施工流程

沉管隧道工程施工整体流程如图2-5所示。

沉管隧道基槽、基础施工与管节预制、浮运施工同步进行，分述如下：

沉管隧道基槽、基础施工流程包括：基槽粗挖→挤密砂桩（岛隧过渡段）→基槽精挖→基槽清淤→抛填块石垫层→块石垫层清淤→铺设碎石基床。

管节预制施工流程包括：钢筋加工→钢筋转运至绑扎区→底板钢筋笼绑扎→底板钢筋笼顶推→侧墙钢筋笼绑扎→侧墙钢筋笼顶推→顶板钢筋笼绑扎→整体钢筋笼顶推入模→体系转换→装调模板→布料→搅拌站生产混凝土→沉管浇筑→养护。

按照设计使用年限的要求，管节结构必须满足混凝土强度等级、抗渗等级及裂缝控制等级的各项要求；为防止在管节混凝土浇筑阶段出现混凝土收缩裂缝，制定了表2-2所列温控标准。

管节混凝土浇筑温控标准 表2-2

序号	控制项	技术指标
1	混凝土浇筑温度控制	高温季节：浇筑温度≤28℃； 常温季节：浇筑温度≤23℃； 低温季节：浇筑温度≤20℃
2	最高温度控制	高温季节沉管内部最高温度≤70℃； 常温和低温季节沉管内部最高温度≤65℃
3	温差控制	最大内表温差≤25℃； 表面与环境温差≤15℃； 养护水与混凝土表面温差≤15℃
4	降温速率控制	拆模后≤3℃/d

2.1.3 沉管浮运安装作业

沉管浮运安装作业为沉管隧道施工的重要组成部分，其主要节点工序有：管节一次舾装、二次舾装、管节出坞、管节浮运系泊、管节沉放对接、管节锁定与覆盖回填。工序流程如图2-6所示。

1. 管节一次舾装

管节完成预制后，顶推至浅坞区进行一次舾装施工。浅坞区一次舾装工作内容见表2-3。作业安排和流程如图2-7所示。

一次舾装施工项目一览表 表2-3

序号	类别	施工内容
1	管内结构	预应力张拉和灌浆、节段OMEGA止水带安装、中埋式止水带注浆
2	管内舾装	压载水系统、端封门、临时通风、临时供电和照明
3	管顶舾装	系缆柱、吊点、短人孔井、GINA止水带、GINA保护罩、导向杆、导向座、测量特征点标定

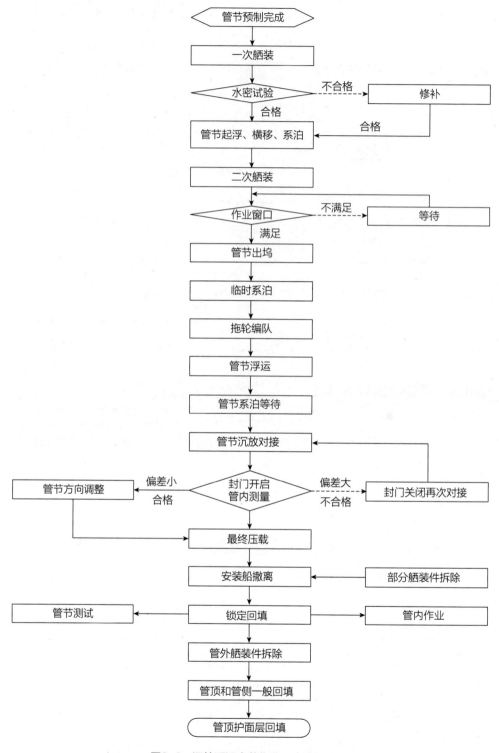

图2-6 沉管浮运安装作业工序流程图

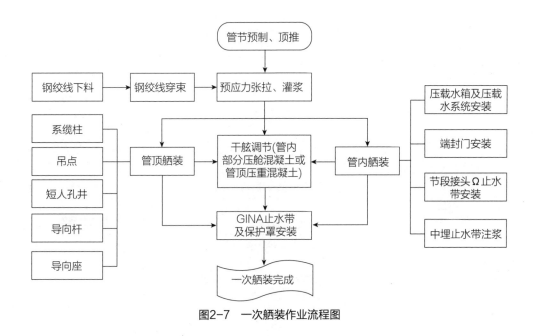

图2-7 一次舾装作业流程图

2. 管节二次舾装

管节起浮横移到深坞进行系泊寄放，在管节出坞前进行二次舾装作业。二次舾装的项目见表2-4。

二次舾装施工项目一览表 表2-4

序号	类别	施工项目
1	管内施工	压载水遥控设备、摄像监控设备、测控设备
2	管顶舾装	绞缆盘台座、导缆器、安装驳船、测量塔、人孔管、测控设备
3	安装调试	管节测量特征点标定、沉放驳与管节压载监控系统连接调试、测量系统安装及调试、坞内沉放试验

二次舾装结合作业窗口时间确定，要求在管节出坞前1～2天内完成。二次舾装件为周转使用件。

施工时先对管顶绞缆盘转向台座和导缆器进行安装，再进行安装船与管节的连接固定，然后完成测量塔、人孔管等其他管顶件的舾装和管内件的舾装，最后进行各专业系统的测试和调试工作。标准管节二次舾装作业流程见图2-8。

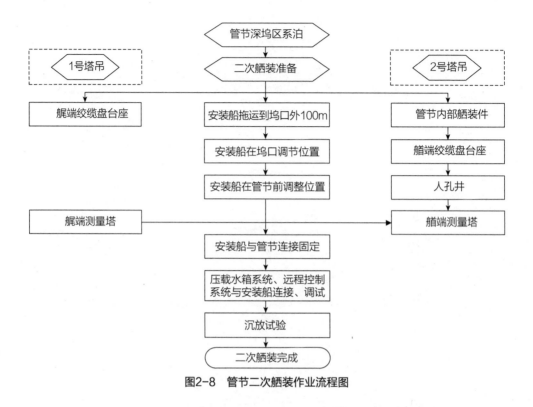

图2-8　管节二次舾装作业流程图

3. 出坞操纵

管节完成舾装和对安装船上各系统进行测试合格后，按照安装作业窗口预报系统确定的管节浮运出坞时间段进行出坞操纵。管节出坞操纵是由安装船上的绞车及岸上的卷扬机协同配合完成的。在坞口区，由浮运指挥协调指挥安装船、浮运拖轮、警戒等船舶统一编队，而后开始管节编队的浮运拖带作业。管节编队出坞情况如图2-9所示。

4. 浮运、系泊作业

（1）浮运线路

管节浮运包括在航道、基槽内航行和在回旋区转向等作业。浮运航道总长约14km，在基槽内浮运最大距离约1.2km。根据沉管安装位置共划分3条浮运线路：

◆浮运线路（一）（图2-10）：预制场支航道→榕树头航道→浮运航道一→回旋水域一→基槽→系泊位置；

适用管节：E1~E8、E10、E12～E14。

图2-9 管节绞移出坞

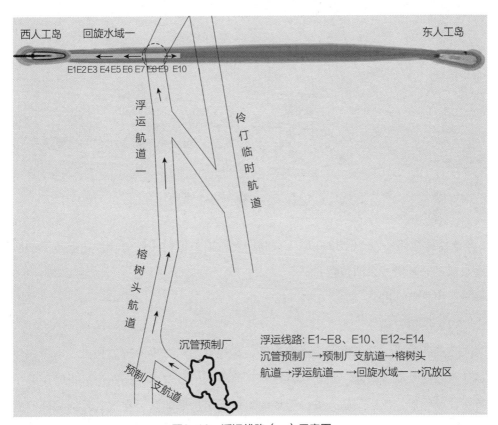

图2-10 浮运线路（一）示意图

◆浮运线路（二）（图2-11）：预制厂支航道→榕树头航道→浮运航道二→伶仃临时航道→回旋水域二→基槽→系泊位置；

适用管节：E9、E11、E15～E20。

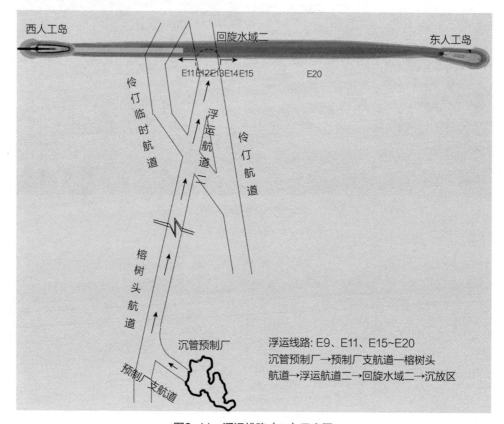

图2-11　浮运线路（二）示意图

◆浮运线路（三）（图2-12）：预制厂支航道→榕树头航道→浮运航道三→回旋水域三→基槽→系泊位置；

适用管节：E21～E28、E33～E29。

（2）浮运方式

在准备阶段，须先将浮运线路和浮运起止日期向海事等部门报批，申请在浮运航道临时禁航或限航，发布航行通告。海事部门负责对浮运航道进行管制并指挥过往船舶避让浮运编队，安排警戒船组成浮运护航船队，在沉管浮运编队前后及两侧护航；协调海洋、港务、航道等部门开辟临时航道和指定临时锚地，设置临时航行标志。浮运准备阶段要对施工船舶的靠泊设施、后勤保障等作出安排，

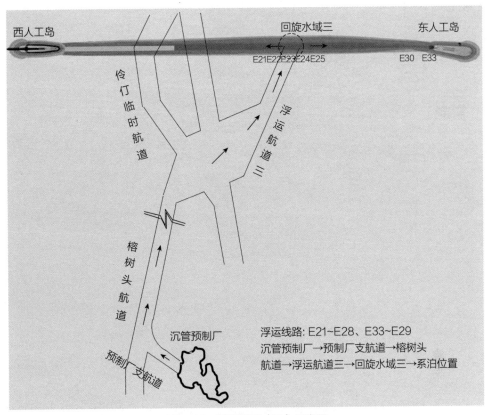

西人工岛

伶仃临时航道

榕树头航道

预制厂支航道

沉管预制厂

回旋水域三

E21 E22 E23 E24 E25

东人工岛

E30　E33

浮运航道三

浮运线路: E21~E28、E33~E29
沉管预制厂→预制厂支航道→榕树头
航道→浮运航道三→回旋水域三→系泊位置

图2-12　浮运线路（三）示意图

保证沉管浮运作业安全。沉管浮运时，选择大马力、全回转拖轮，并采用拖带、硬绑顶推方式来实施沉管浮运船队的编队作业。沉管浮运编队情况及浮运方式如图2-13所示，海事浮运护航船队的编组和布置情况如图2-14所示。

（3）系泊作业

系泊作业是指将管节由拖轮控制向锚缆控制的转换过程，主要分为锚系预拉及现场缆系连接。锚系预拉包括锚系布设、预拉；现场缆系连接准备工作包括锚系检查、锚艇组织等。

现场缆系连接主要采用8根系泊缆和4根安装缆来完成，根据潮流关系提前制定系泊缆系的连接顺序。管节系泊布置如图2-15所示。

5. 沉放、对接作业

沉管系泊与沉放准备工作同步进行，在完成沉管系泊和沉放准备后，即开始沉管沉放对接作业。沉放对接利用管节压载水系统给管节水箱充水加载（即临时压载），以提供负浮力；安装船则吊运管节沉放。根据施工海域现场的水流力对

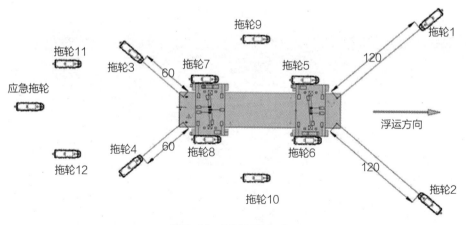

图2-13　沉管浮运方式

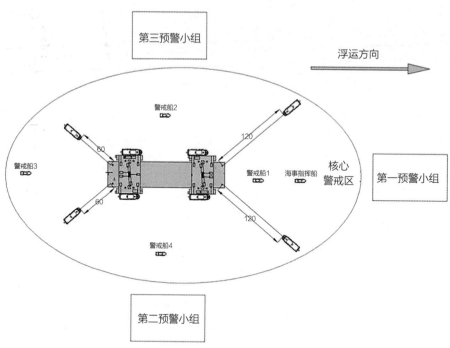

图2-14　海事护航船队编组示意图

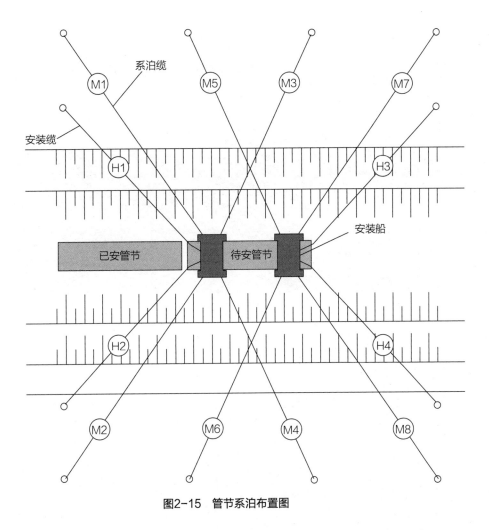

图2-15 管节系泊布置图

管节的影响情况，利用安装船的系泊缆和安装缆精准控制管节平面位置；沉管平稳着落基床后，利用拉合系统和水力压接系统实施沉管对接；待贯通测量结果显示合格后再抛石锁定沉管；待安装船相关水下设备及舾装件拆除后，安装船即行撤离，剩余舾装件由潜水船、起重船配合拆除。

安装船撤离基槽先拖航至西人工岛南侧抛锚，待进坞准备工作就绪后再安排拖轮拖带安装船回坞。沉管沉放示意如图2-16所示，沉管对接、测量流程如图2-17所示。

图2-16　沉管沉放示意图

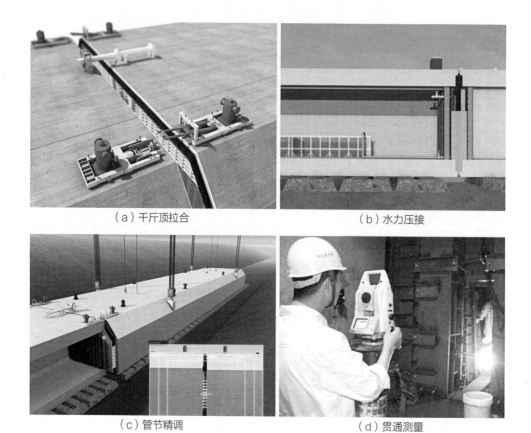

（a）千斤顶拉合　　　　　　　　　　　　　（b）水力压接

（c）管节精调　　　　　　　　　　　　　　（d）贯通测量

图2-17　沉管对接、测量现场效果图

6. 沉管回填

沉管回填按功能划分为锁定回填、一般回填和护面回填；按施工区域划分为岛头防撞段沉管回填和中间一般段沉管回填。东岛岛头防撞回填防护段纵向长343m，西岛岛头防撞回填防护段纵向长576m。

（1）锁定、一般回填

管节安装完毕、安装船撤离前，在沉管两侧由皮带船送料同步点锁回填。点锁回填施工平面布置见图2-18。

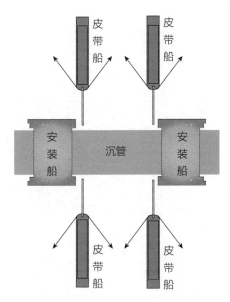

图2-18 点锁回填平面布置示意图

安装船撤离后，采用专用回填船进行沉管锁定回填和一般回填。沉管锁定回填是在沉管两侧用溜管送料，两侧同步、等量回填，回填料为级配碎石。沉管一般回填步骤同锁定回填，一般回填的石料中的软质材料含量不得超过设计规定值。图2-19、图2-20为回填施工效果图。

（2）护面层回填

一般回填完成后即进行管顶防护层回填。在防护层回填时，用两艘方驳在沉管顶部施工，一艘为定位船，一艘为石料抛填船。施工顺序由管节外侧向内对称、等量回填。护面回填如图2-21所示。

图2-19　锁定回填效果图　　　　　　　图2-20　一般回填效果图

图2-21　护面回填效果图

2.2　沉管浮运安装的特点与挑战

　　港珠澳大桥沉管隧道是我国第一条在外海无掩护条件下施工的沉管隧道，也是当前世界上唯一的深埋大回淤节段式沉管工程。其施工特点是：外海安装施工强度大、作业条件差、质量标准高、技术难点多、环保要求严、协作关系复杂等，因此建设风险很大。工程主要面临环境、技术和管理三个方面的风险和挑战。

2.2.1 环境挑战

1. 气象环境复杂多变

施工现场距陆地30km，属于典型的外海无掩护和孤岛作业环境，施工海域受台风、短时雷暴等恶劣天气影响大，施工周期长，需跨越多个台风季节。据统计：珠江口水域六级及以上风力年平均出现天数61天，60年来正面影响作业海域的热带气旋21个。因此，恶劣的气象环境不容忽视，如图2-22所示。

图2-22　复杂多变的气象环境

2. 通航环境干扰频繁

施工水域位于珠江口运输繁忙的水域，是珠江口的交通咽喉，日船舶交通量达4000艘次，属于水上交通安全事故频发敏感区。图2-23显示了进、出珠江口船舶高速行驶的航迹线。在此处水域施工作业，与船舶航行互为干扰，浮运沉放对接作业风险极大。

3. 生态环保要求严苛

施工水域位于珠江口中华白海豚国家级自然保护区核心区，环保要求严苛。区域位置如图2-24所示。

根据要求，委托第三方开展施工期环境监测，每年定期对工程施工区域之废水、废气排放以及周边海域水质、海洋动植物、浮游生物情况等进行监测和评估，确保工程施工措施满足环保要求。

4. 汛期径流险象异常

每年端午节前后是珠江流域的汛期，当地人习惯地把这段时间的径流量增大现象称为"龙舟水"。大量的内河淡水注入伶仃洋，径流量造成海流流速倍增，

图2-23 交通安全事故敏感海域

图2-24 中华白海豚自然保护区

流场紊乱，海水盐度突变，导致管节在安装过程中出现浮力变化异常情况，极易造成施工事故。最大近5万m³/s。

5. 外部因素构成作业风险

施工中多次遭遇因上游采砂活动导致基槽出现异常高强度回淤的现象；开敞海域海况复杂，由不可预测因素常常引起异常波浪（最大波高为2m），这些不确定因素给施工进度、质量和安全带来极大的威胁。图2-25所示为异常回淤和异常波浪构成施工风险的案例。

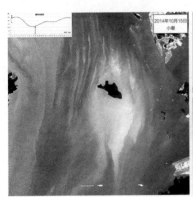

（a）异常回淤

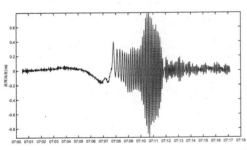

（b）异常波浪

图2-25　异常回淤和异常波浪构成施工风险

2.2.2　技术挑战

1. 工程质量标准高

港珠澳大桥是中国珠海、香港和澳门三地共建项目，三地的建设标准和技术规范、规程不完全相同。对差异之处，按照建设标准就高不就低、设计须满足运营需求、疑难问题具体分析对待的原则，参照各种规范和规程采取相应对策；对工程安全性及耐久性有关联的条款均须严格按照高标准规定执行。港珠澳大桥的设计使用寿命打破了国内一般采用100年的常规建设标准，确定采用120年设计使用年限，这对岛隧工程结构的安全性和耐久性又提出了更高的要求。

2. 基础施工条件差，技术难度大

港珠澳大桥沉管隧道顶部覆土埋深最大约30m，水下施工水深最大为45m，基槽深度最深处约40m，软土地基厚约30m，隧址位置及隧道横剖面示意见图2-26，足见施工条件差。

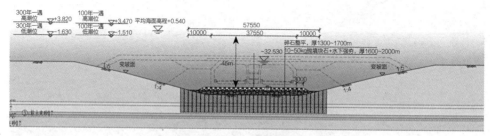

图2-26　基槽水深及管节埋深示意图

受深水、深槽、深埋、深厚软基等因素的影响，隧道地基处理、基槽整平难度极大。沉管碎石基床采用先铺法施工，要求整平误差很小。水下铺设和水下整平工作量大，又须防止回淤，伴随的系列风险极易发生。本项目采用自行设计制造的水下铺设整平船快速施工，各方面的技术支撑凸显了基础施工存在不可回避的技术挑战。复合地基和先铺法基础概念设计如图2-27所示，碎石基床铺设精度要求见表2-5。

国内首条先铺法基础沉管隧道，6km范围内地质条件复杂，差异沉降控制难度大，50m水深铺设精度要求小于4cm，质量标准高，技术挑战和风险大，如图2-27所示。

3. 施工工艺和设备研发的攻坚挑战

根据工程的急迫需要，自主研发的项目包括基槽、基础、预制、安装和回填等工序所需的水上专用船机设备和专项操控系统（图2-28），设备研制费用共约30亿元，研发过程所蕴含的技术挑战对隧道工程而言前所未有。

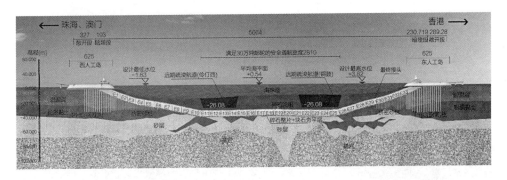

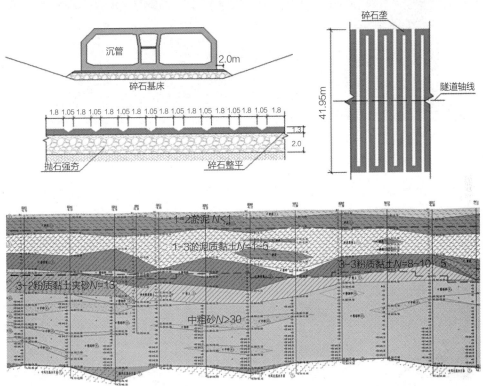

图2-27 复合地基和先铺法基础

<table>
碎石基床铺设质量控制标准 表2-5
</table>

序号	检查项目	规定值或允许偏差
1	垫层顶部标高	±4cm
2	垫层两侧顶边线与设计位置平面允许偏差	±20cm
3	碎石垄纵向偏位	±15cm
4	碎石垄纵向宽度	0~±10cm

图2-28　专用设备研制

在浮运安装作业中，还开发和完善了沉管作业窗口预报系统、沉管浮运拖带导航系统、管节沉放安装测控系统、管节着床后定位精调系统和最终接头安装监控系统（图2-29）。

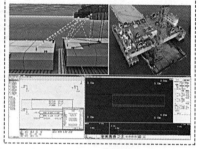

（c）管节着床后的定位精调系统

（a）作业窗口预报系统　　（b）管节浮运拖带的导航系统　　（d）管节沉放安装的测控系统

图2-29　配套系统的开发和完善

4．浮运操纵技术挑战

管节从预制场出坞，编队浮运到安装区，浮运里程总长约12km，具有运距长、船机多、编队庞大、参与单位多、作业窗口期短等特点，管节浮运编队如图2-30所示，在浮运过程中，既需要在技术方面考虑管节浮运的稳定性、系泊的安全性；还需要在管理方面考虑对施工窗口期预测的可靠性和众多单位配合作业的协调一致性。这是建设者面临的客观条件对技术把控的挑战。

图2-30　浮运编队示意图

5．沉放安装技术挑战

港珠澳大桥沉管隧道共有33个管节（标准管节长180m、宽约38m、高11.4m，单个管节排水量80000t），要求在外海复杂的水文气象条件下，在最深达45m的水下安装这样的巨型管节，且安装精度要求达到厘米级，无疑是对现有技术水平的挑战，沉管安装如图2-31所示。

6．水下测控技术挑战

管节沉放定位与对接精度要求高，测量控制难度大，针对不同的工序和环节，需综合运用双测量塔法、贯通测量法、双人孔井投点法、潜水水下拉尺等多种技术手段，尤其是对于管节在水下的位置和姿态，须由测量数据和对数据的转换、传输图形来指导现场施工，其技术可靠性、精准性，对沉管隧道工程来说，是一种关键手段和技术挑战。

图2-31 沉管安装示意图

2.2.3 管理挑战

1. 合作关系复杂

政府与业主的关系：本工程是由香港地区、澳门地区、中央政府和广东省政府共同投资、共同建设和共同管理的项目，在"一国两制"的政治体制下，三地间的法律、文化、管理方式、专业认知等方面都存在一定的差别，决策机制复杂、决策程序繁琐而漫长。

承包商之间的关系：本工程由7家承包商组成的联合体中标，其中以中国交通建设股份有限公司为主，还包括丹麦和美国的设计、顾问公司、上海地方设计院与专业施工单位，涉及众多各方利益，合作关系复杂。

2. 总承包模式独揽风险

港珠澳大桥岛隧工程采用设计施工总承包（Design-Build）方式履约，由于沉管隧道项目前期提供的工程地质和水文资料存在不确定因素，需要在建设过程中边勘察、边设计、边施工，施工驱动设计，设计辅助施工，二者协调、融合，彼此互动一致必有难度，实施风险往往由施工承包商承担。

3. 成本控制难度大

该工程作为我国首条超长深埋沉管隧道，不确定因素多，建造风险极高，每一项消除风险的举措，均需投入大量技术、人力、物力，无形中极大地增加了成本控制的压力。

4. 施工工期紧迫

港珠澳大桥沉管隧道于2013年5月2日开始安装与西人工岛对接的第一根沉管，至2017年5月2日完成最终接头的安装，33根沉管共用48个月完成了总体施工任务。虽然在世界范围内沉管安装平均工效为每2个月安装一根管节，最终接头的安装需用6个月才能完成，但是本工程的总工期仍然超过了预定计划。必须系统管理工程风险和开展工程科技创新，科学合理地追赶工期和节约成本，用风险管理手段卓有成效地提高工效，才能使此项工程的最终工期远比同类型工程短。

5. 缺乏相应的实践经验

技术人员和管理人员大多数首次参与外海管节安装沉放作业，缺乏实操经验，联合体内各单位的工程经历不同，人员素质参差不齐，岛隧工程的施工环境和作业条件也非其他工程可比，这些因素都给工程管理带来挑战。

综上所述，港珠澳大桥岛隧工程沉管安装的特点和挑战决定了必须采用科学的风险管理手段来规避风险、化解风险和降低风险损失，而建立风险管理体系和推行风险管理科学机制是践行风险管理的可靠保障。

第3章

沉管浮运安装风险
管理体系

在沉管浮运安装施工作业中，风险管理起到统领和驱动项目管理的作用。因此，坚持以风险管理为核心，并使风险管理走向系统化和制度化；坚持"全过程、全方位和全员参与"的风险管理模式，形成科学的风险管理机制；坚持"全面参与，全面识别，科学评估，综合防范，持续改进"的风险管理方针，认真贯彻本工程风险管理的理念等内容，在风险管理体系中都有充分的体现。现根据本工程风险管理的原则和目标，进一步阐述风险管理的架构、机制和流程，并着重介绍具有开创意义的"扁平化"管理模式的特点，供参阅者借鉴。在接下来的章节中，还将围绕风险管理的操作流程，分别介绍风险数据库的编制方法，各作业阶段开展风险管理活动的详细过程及示例。

3.1　风险管理理念

3.1.1　"全员"管理

风险管理的对象是全员参与。从项目关联方和利益相关方来说，风险管理并非孤立的活动，需要与项目关联方、利益相关方和项目建设参与者进行有效沟通、反馈和磋商，及时而有效地将风险管理活动贯彻于整个项目实施过程中。从项目设计、施工、监理的参与者来说，项目风险存在于每一个工程环节中，只有全员参与、上下结合，才能做好风险辨识和科学防范。

3.1.2　"全方位、全过程"管理

沉管浮运安装作业风险存在于工程施工的各个阶段，不同阶段的风险通过风险管理手段可以被合理地减轻、分担、转移、规避或接受。各阶段的风险、残留风险和衍生风险具有很强的相关性，不可忽略和忽视。就沉管浮运安装作业而言，其作业工序包括：基槽精挖、抛石夯平、清淤、基床铺设、舾装、管节出坞、浮运、系泊、沉放对接、回填、沉管安装阶段的测量和管内作业等，其风险管理阶段包括沉管安装施工准备阶段、施工过程阶段和施工总结阶段。在每道工序和每个风险管理阶段都须按照"人、机、料、法、环、测"的生产

要素管理法进行风险辨识和分析，实现从项目管理的各个方面全面有效地开展风险管理活动。

3.1.3 "动态"管理

沉管浮运安装所采用的施工工艺具有很强的过程性，环境因素变化、各种不确定因素的出现以及风险类型、严重程度、相关作用或叠加的影响，都会发生变化，所以项目风险管理是一个实时和连续的动态过程。对于沉管浮运安装风险管理来说，需要持续按照风险识别、风险源分类、风险分析和评估、风险处置和总结评审五个环节，动态循环开展风险管理活动。

3.1.4 "实用性"管理

管理手段的有效性与其具有的实用特性密切相关，需要考虑管理对象（主要是人的因素）的可接受性和方便使用度。为此，本着更实用、更贴近施工一线员工的原则，坚持"简洁、高效"的思路，在本书中将辨识出来的风险源划分为通用风险、专项风险和特属风险三大类，并针对不同的作业班组将管理手册进行分门别类编排，方便现场作业人员使用，达到各作业班组能快速查找风险源，有针对性地落实处置措施的目的。

3.2 风险管理原则

沉管浮运安装风险管理依据国际通用的最低合理可行原则（As Low As Reasonably Practicable，ALARP），即最低合理可行原则，俗称"二拉平原则"，如图3-1所示。

所谓ALARP原则，即风险必须低于可控的水平，如辨识出的风险落在图中所示的高风险区，则必须中断作业，采取合理而周全的措施，从而将风险降低至可控的水平。

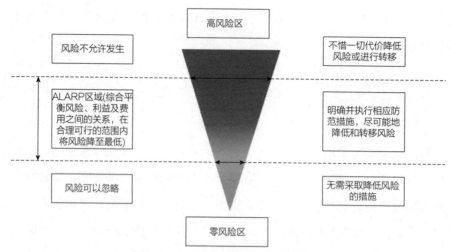

图3-1　风险的可接受程度及相应策略

3.3　风险管理目标

港珠澳大桥沉管隧道风险管理的目标是：

（1）保证工程质量满足合同要求和符合设计、施工相关规程的要求；

（2）安全生产和员工职业健康达到合同目标；

（3）建设工期满足合同及政府的实际要求；

（4）工程建设成本控制在政府最终概算调整的框架内；

（5）工程建设期间对外部的干扰最小化并保持良好的公共关系和社会形象；

（6）工程建设对环境影响最小化。

3.4　风险管理流程

风险管理的主要流程包括：风险规划、风险识别、风险分析、风险评估和风险处置。风险管理的主要环节和流程如图3-2所示。

风险管理的主要环节和流程体现于风险数据库的建立和动态管理，详见第4章。

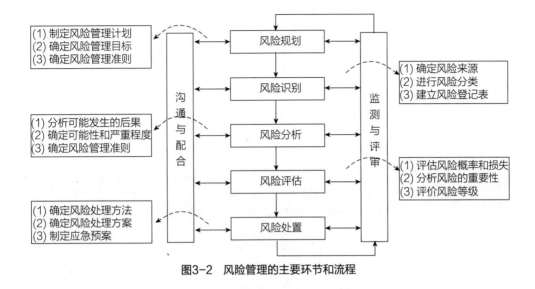

图3-2　风险管理的主要环节和流程

3.5　风险管理架构

3.5.1　岛隧工程风险管理架构

岛隧工程项目风险管理的牵头机构和岛隧工程项目风险管理的最高领导机构是项目风险管理委员会，其下设置的各任务组风险管理委员会是风险管理工作的具体实施机构（图3-3）。

项目风险管理委员会由项目总经理（总工程师）、项目设计负责人、项目副总经理（多位）、HSE总监、财务总监、质量经理、各工区常务副经理等人组成，其中项目总经理（总工程师）将履行项目风险管理委员会主席的职责，副总经理（HSE总监）将履行专职风险经理的职责。

各任务组风险管理委员会人员由各施工任务组（工区）和设计任务组的相关负责人组成，其中工区任务组包括常务副经理、总工程师、各副经理、各部门负责人、设计协调员、任务组协调员、作业班组负责人等；设计任务组包括设计负责人、任务组协调员。

1.　项目风险管理机构职责的划分

项目风险管理委员会的主要职责是建立项目风险管理体系，负责监察和检讨系统中的政策、措施和流程，以及持续改进项目风险管理体系，确保岛隧工程项

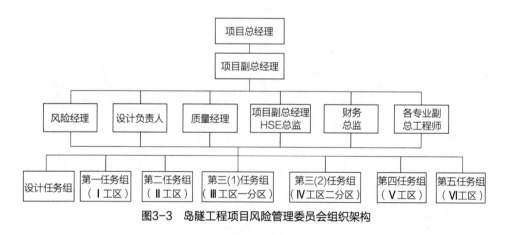

图3-3 岛隧工程项目风险管理委员会组织架构

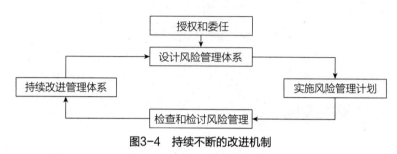

图3-4 持续不断的改进机制

目风险管理体系是可持续改进的（图3-4）。总部委员会还将负责审查各任务组风险管理委员会对各重大风险所采取的缓解措施和应急预案，并做出同意或不同意的批示，并详细阐述不同意的理由。

各任务组风险管理委员会的主要职责是持续不断地审查潜在的风险和它们可能对本工程造成的影响，并制定相应的处置措施，提供合理资源，最终将识别出的风险降低至可接受的程度。

2. 项目风险管理委员会的具体职责

（1）制定风险管理策略

确定对重大风险的管理策略，包括规避、缓解、保留、共享等策略。

（2）制定和监督风险管理计划

制定风险管理工作计划，向每个任务组分配任务，并监督各任务组实施该计划的情况。监督执行风险控制措施，或在日常工作中对控制措施的执行全力支持；提出终止无效的或低效的控制措施的建议。项目风险管理委员会负责提供风险管理所需的资源，有必要时还将邀请外部专家和咨询顾问来协助履行职责。

（3）推动风险管理文化

在岛隧工程项目范围内全面推动风险管理文化，包括主持培训、开展宣传、组织交流讨论等，最大程度地让每位参建员工都能了解自己的风险管理工作职责。风险管理工作应该做到人人有责，使项目总经理部、各工区、各作业班组、每一个人都能在风险管理中履行各自的职责，意识到与自己职位有关的风险，或自己参与施工项目的相关风险；不断提高自己对风险的认知和管理的能力。项目风险管理委员会还需提供信息，帮助完善风险管理体系和推进风险管理制度的升级，例如能够及时提供辨识风险和评估控制措施等方面的信息。

（4）控制高风险元素

审核各任务组对重大风险项目的处置措施。项目风险管理委员会每季度召开一次例会，讨论重大风险的处置措施及对处置措施进行评估。如情况需要，可以在季度例会之外再召开专题会议，视其必要程度而定。若收到各任务组的突发重大风险汇报，项目风险管理委员会可立即组织召开头脑风暴研讨会或相关的风险管理会议。

（5）审核风险登记表及风险管理报告

审核各任务组提交的风险登记表、风险管理报告。审核时如发现有不足之处和存在的问题，应及时告知相应任务组协调员或任务组长，由任务组尽快完善、解决。

（6）负责OA系统风险管理专栏的建立、维护

在OA系统平台上建立风险管理专栏，并及时上传、更新各类风险管理文件。

（7）内审

每六个月项目风险管理委员会对各任务组进行内部审查。其目的是确认各任务组是否有效地实施了风险管理计划，正确地保留并及时更新风险登记表。

（8）审核和修订

按照PDCA循环项目风险管理工作常态化、动态化的管理模式，项目风险管理委员会将结合施工实际，适时对风险管理工作计划进行相应的升级修订，优化风险管理运行体系。

3. 各任务组风险管理的具体职责

（1）编制及更新风险登记表、风险管理报告

各任务组风险管理委员会应按照风险管理计划的具体要求，并结合现场施工情况每月更新一次风险登记表，按时提交给项目风险管理委员会审核。任务组风险管理委员会根据项目风险管理委员会对风险登记表审查时发现的不足之处和存在的问题完善风险登记表，改进现场处置措施。

各任务组风险管理委员会还应结合现场施工情况每季度编制一次风险管理报告，按时提交至项目风险管理委员会，由项目风险管理委员会组织审查。同样，任务组风险管理委员会根据项目风险管理委员会对风险管理报告审查时发现的不足之处和存在的问题完善风险管理报告和改进现场处置措施。

（2）实施风险管理计划

在项目风险管理委员会的组织指挥下，各任务组组长应在实行风险管理计划的过程中起带头作用。各任务组风险管理委员会应每月召开一次风险管理例会。如有需要可在月度例会之外再召开专题会议。

各任务组风险管理委员会应负责在风险登记表上记录相应风险的等级，并将所有确定为高风险的元素以及为其制定的应急预案、专项应急处置措施提交至项目风险管理委员会。对于除高风险以外的风险，各任务组风险管理委员会负责制定并实施缓解措施以便将风险降低至可接受的范围。

（3）风险汇报

当有突发的重大风险发生时，任务组风险管理委员会应立即向项目风险管理委员会汇报。

4. 风险管理机构人员职责

（1）项目总经理

项目总经理是项目风险最终负责人并作为项目风险管理委员会主席，其职责包括：

① 批准采纳和执行风险管理计划；

② 根据风险管理计划的要求提供必要的资源；

③ 推动风险管理文化，确保工程的各个领域都包含在风险管理流程中；

④ 组织审阅各任务组每季度提交的风险管理报告（包括高风险元素）；

⑤ 审查各任务组对各重大风险所采取的缓解措施和应急预案，并做出反对

或不反对的批示；

⑥ 主持项目风险管理委员会的季度会议；

⑦ 主持项目风险管理体系的审核和修订。

（2）风险经理

风险经理负责准备和分发风险管理计划以及相关的补充方针文件。风险经理直接对项目总经理负责。其职责包括：

① 结合任务组组长的要求，在施工前或施工过程中组织召开风险审查会和研讨会；

② 组织审阅各个任务组每月提交的风险登记表；经常视察工地，将视察中发现的各类风险和施工作业中的潜在风险通知任务组组长；

③ 根据风险管理计划，督促各任务组及时处理发现的各类风险和施工作业中的潜在风险；

④ 向有需要的任务组组长和其他人员澄清风险管理计划中的要求；

⑤ 监控、审核各任务组的表现，并根据风险管理计划提出建议；

⑥ 不时地安排或要求举行风险管理研讨会及相关会议。

（3）各分管领导

各分管领导为二级领导层，其主要职责：

① 在制定项目整体风险管理指导准则、工作计划方面，提出专业性的意见和建议；

② 负责自身分管的工作方面，包含主管部门和相应作业层面的任务组协调、沟通、管理与监督；

③ 作为风险管理委员会的成员，定期参加风险管理委员会会议，对作业层面的各个任务组风险规划、风险识别、风险分析、风险评估、风险处置进行审议，提出专业指导性意见，并同时对各任务组的风险管理工作进行专业性监测与评审；

④ 负责就分管工作方面与项目总经理和风险经理协调与沟通。

（4）各部门领导

各部门领导为三级管理层，主要职责为：

① 负责与分管领导和自身对口相应作业层任务组的协调与沟通；

② 负责组织相关作业层任务组编制各自专业工程范围的风险管理专项方案，确定风险源、制定风险登记表，对风险源进行识别、分析和评估，确定专项

风险处置方案和应急预案；

③ 作为风险管理委员会成员，定期参加风险管理委员会会议，对各任务组的风险管理方案（包括专项处置方案和应急预案）进行审核并提出意见建议；

④ 对各个任务组风险管理，进行全程监督与监测，组织对各个任务组的风险管理评审与后评估；

⑤ 拟编制对口风险管理工作的总结与交流汇报材料。

3.5.2 沉管浮运安装风险管理架构

1. 架构体系与职责

沉管浮运安装的风险管理架构由四个层级构成，第一级为岛隧项目风险管理委员会，第二级为沉管浮运安装风险管理组（风险管理子委员会），第三级为所属工区，第四级为作业班组，如图3-5所示。

管节浮运安装风险管理组：管节浮运安装施工风险巨大，参与施工工区多，为更有效地开展相关风险管理活动，在风险管理委员会的领导下，设置管节安装风险管理组（子委员会），作为沉管浮运安装风险管理的核心机构，由项目总经理、项目副总经理、HSE总监、质量总监、相关的副总工程师、沉管舾装监控组、基础施工监控组、结构及线型监控组、测量监控组组成，日常工作由总工办负责。

任务组（设计组和各工区）：为管节浮运安装施工风险管理的现场管控机构，由相关工区的项目经理、总工程师、副经理等组成，日常工作由工区工程部或HSE负责。

作业班组：为沉管安装施工风险管理的实施单元，由相关工区所辖作业班组构成，分组情况如图3-5所示，现场施工过程中，由于工序交接或人员划分不同，分组可根据实际需要划分。

在风险管理委员会的领导下，根据工程项目实施作业层面的不同性质和工区的组织架构，为管节浮运安装作业划分了六个专业任务组风险管理子委员会，分别是：设计分部、西人工岛Ⅰ工区、东人工岛Ⅱ工区、管节预制厂Ⅲ工区、基槽开挖与基础清淤Ⅳ工区、管节浮运安装组Ⅴ工区。

各任务组风险管理委员会的组织架构如上所述，管节浮运安装作业最核心的工作集中在Ⅴ工区管节浮运作业班组和安装作业班组中，其风险管理组的主要职

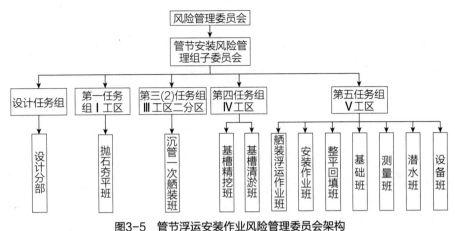

图3-5 管节浮运安装作业风险管理委员会架构

责为（其他各任务组亦仿照如此）：

（1）制定本任务组工作范围的《施工作业风险管理指南》和《施工作业风险管理手册》。

（2）确定风险源和编制风险登记表，对每一项风险源进行识别、分析和评估，制定风险处置方案，包括重大风险专项处置方案和应急预案。

（3）按照风险管理的环节和流程组织开展全过程、全方位的风险管理活动。

（4）任务组负责人作为风险管理委员会成员，定期参加风险管理委员会会议。

（5）任务组委派专业风险管理人员作为风险管理协调员，负责与任务组负责人、总经理部相应部门以及分管领导协调与沟通。

（6）编制风险管理的动态评估报告和总结报告。

2. 扁平化管理机制

"扁平化"管理的特点是决策、指挥部门前置，使决策者掌握现场实情，对关键工序指挥一步到位，紧急情况处置及时。

（1）扁平化管理理念

浮运安装作业具有施工参与方多、技术难度大、环境条件复杂多变等特点。在浮运安装关键工序的施工阶段，搭建了高效的两级管理架构：浮运安装决策层和作业层。其目的是减少管理层级、提升管理效率，以打破部门界线的方式来优化体系、强调以工作任务流程为中心，实现全动态运作，有利于决策层和作业层间信息的充分交流，决策层前置后，有效地加快了工程进度。整体上，这种两级管理架构是一个"扁平化"的管理架构。它没有过多的界面，也就消除了互相推诿责任的现象。但是必要的界面则很清晰，各方互不干扰。

（2）扁平化管理架构

扁平化管理模式即两级管理机制。其中浮运安装决策层统筹浮运安装作业的整体管理工作。决策层由项目总经理、基础组、舾装组、结构与线形、测控组、作业综合保障组、海事保障组和作业窗口组等各部门负责人组成，作业层为沉管安装施工风险管理的实施单元，由相关工区所辖作业班组构成。浮运安装的扁平化管理流程见图3-6。决策层和作业层的职责分述如下：

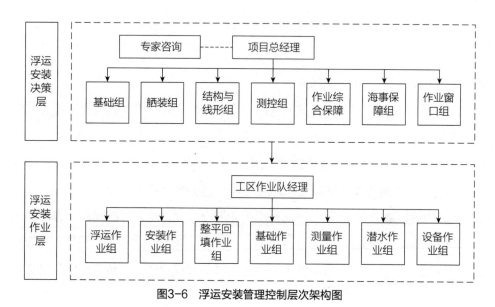

图3-6　浮运安装管理控制层次架构图

1）浮运安装决策层

由项目总经理领导的浮运安装决策层主要任务是建立项目风险管理体系，负责监测和检讨系统中的政策、措施和流程，以及持续改进项目风险管理体系，确保沉管浮运安装作业的风险管理体系是行之有效并处于持续改进的状态。

① 基础组的职责包括隧道基础监控组和质量管理组，其中基础监控组又分为现场监控组和现场地质组，主要负责基槽开挖、清淤、抛石夯平、碎石垫层铺设、沉管安装等基础施工监控及施工质量管理；

② 舾装组的任务包括执行舾装质量监控体系，开展管节横移、出坞前舾装的全面检查，以及系统设备的安装和综合调试；

③ 结构与线形组的职责包括设计分部任务组的职责，对已安装管节沉降量、接头张合量、渗漏水情况、管节裂缝、端封门钢梁应力应变，以及管节平面线形等进行监测，并对监测数据进行分析、评估；

④ 测控组的职责为对控制网、端封门、导向系统、基床铺设等进行复测以及监控，同时要对贯通测试以及测控系统的调试负责；

⑤ 作业综合保障组的职责为根据各个决策的监控报告，对风险源数据库进行补充排查，同时对重大风险进行分析评估并做出处置和预防措施；

⑥ 海事保障组的职责为进行通航安全管理，保障水上交通秩序，其职责包括严格船舶准入、办理施工许可证、加强施工期间对船舶的监管、积极做好演练和培训工作、做好防爆防火工作以及定期开展生产安全大检查等；

⑦ 作业窗口组职责是为寻找最佳作业窗口期开展浮运阻力模型试验，修订、完善作业窗口限制条件以及制定浮运安装工艺计划。此外，委托国家海洋环境预报中心进行长期数据观测，预报模型分析及工程区水文气象预报综合保障系统建立。根据国家海洋环境预报中心提供的预报数据，结合施工工艺情况制定了详细、完善的浮运安装工艺计划。

2）浮运安装作业层

为沉管安装施工风险管理的实施单元，由相关工区所辖作业班组构成，分组情况如图3-6所示，现场施工过程中，结合工序交接或人员划分，分组可根据实际需要划分。

浮运安装决策层由下列部门组成：

基础组：总部、设计分部、Ⅰ（或Ⅱ）工区、Ⅳ工区、Ⅴ工区等；

舾装组：总部、设计分部、Ⅲ工区一分区、Ⅲ工区二分区（含振华公司舾装项目部）、Ⅴ工区等；

结构与线形组：总部、设计分部、Ⅴ工区；

测控组：总部、中心测量组、Ⅴ工区等；

作业综合保障组：总部、各相关工区（以Ⅴ工区为主）；

海事保障组：总部、Ⅴ工区、业主、辖区海事、渔政部门等；

作业窗口组：总部、Ⅴ工区、国家海洋环境预报中心等。

（3）扁平化管理决策流程

沉管浮运安装风险管理决策流程分为三个阶段：施工准备阶段、安装阶段以及施工总结阶段。每一个管节在出坞前均由各决策组进行仔细地风险排查，在安装过程中同样需要进行实时的风险排查。安装完成后，由施工总结会议对从管节出坞前的准备到浮运安装过程中以及安装完成后的所有风险源进行总结提升，更新风险数据库/风险登记表，并应用于下一管节的施工中。风险总体决策流程见图3-7。

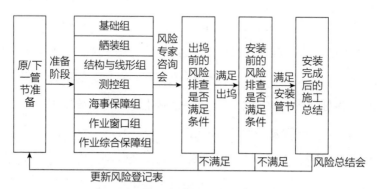

图3-7 风险总体决策流程

各决策组的工作任务与需排查的主要风险源见图3-8。

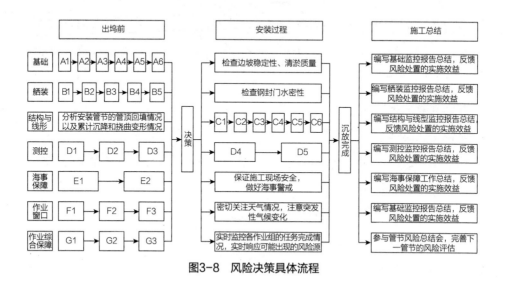

图3-8 风险决策具体流程

1）基础组

在管节出坞前的主要工作包括：

①检查基槽粗挖后开挖平面位置、断面尺寸是否满足要求；

② 检查基槽夯平后夯平标高与设计标高偏差是否满足设计要求；

③ 分析基槽开挖对黏土扰动、软化的可能性；检查基槽开挖对土体扰动的影响以及对原状土产生的破坏程度；

④ 分析基槽黏土长期浸水软化程度，如黏土矿物、含水量、活性指数、软化影响深度以及波浪动荷载影响；

⑤ 基槽静置地基回弹评估；管节沉降数据分析。

管节出坞前主要检查的风险源：

① 检查清淤质量，碎石垫层是否发生挤淤，检查垄沟纳淤能力；

② 检查基础施工参数，碎石垫层高程和平面是否发生偏差；

③ 检查碎石垫层铺设验收数据，检查垫层内是否发生夹淤现象，回淤是否超标；

④ 检查基床是否可能发生意外损坏；

⑤ 监控恶劣海况过程引起回淤；

⑥ 洪汛期回淤、主航槽区回淤、河口回淤、周边疏浚采砂作业等多种因素叠加影响，出现影响基床和安装正常施工的回淤风险；

⑦ 检查边坡回淤质失稳造成回淤；

⑧ 沉管基础不均匀沉降风险；

⑨ 碎石基床防冲刷稳定性风险。

2）舾装组

管节出坞前主要工作有：

① 压载水箱安装：预埋件、立柱、木方、下横梁、水袋等；

② 压载管系安装：零部件安装、泵管系统试压验收；

③ 封门安装：钢梁牛腿、钢梁、封门板等；

④ 三表检查验收明确：深浅坞灌水前舾装验收表（振华舾装项目部自检、Ⅲ工区二分区自检、Ⅴ工区互检、总部验收）、管节横移前验收表（振华自检、Ⅲ工区二分区自检、Ⅴ工区互检以及总部验收）、管节出坞前验收表（Ⅴ工区自检、互检以及总部验收）；

⑤ 二次舾装：二次舾装作业主要包括管节顶二次舾装件安装、监控，沉放系统坞内安装、调试等作业，视频监控系统、沉放自控系统。

舾装组在管节出坞前主要检查的风险源：

① 检查预埋件位置偏差，检查预埋件质量；

② 预留套筒、预埋螺杆等是否已经进行保护；

③ 检查端钢壳安装偏差；

④ 检查钢封门水密性、钢封门结构安全；

⑤ 检查压载水箱，压载管系以及相应的压载动力系统是否满足要求；

⑥ 检查导向杆、导向托架、测量塔标定；

⑦ 检查长人孔水密。

3）结构与线形组

在管节安装过程中主要工作为分析已安装管节的管顶回填情况以及累计沉降和挠曲变形情况。

检查的主要风险有：

① 检查负浮力；

② 检查施工加载过程中结构是否发生不可接受的差异沉降、接头张开情况、对结构安全的影响；

③ 检查管节的水密性，防水安全监控评估；

④ 检查管顶回填情况，进行抗浮验算以及结构安全分析；

⑤ 检查管节累计沉降以及挠曲变形情况；

⑥ 检查管节平面线形监控指令单以及纵面线形、里程监控（预抬量指令单）。

4）测控组

在管节出坞前的主要工作为：

① 控制网测量：沉管预制施工控制网、东西人工岛首级加密控制网、控制点对比与检测；

② 导向系统完成管节导向系统的标定测量及复核工作、复核监控组对管节导向系统（导向杆、导向托架）进行了拉尺复核；

③ 测量风险排查：对首级加密控制网点位稳定性进行检查，对进洞导线测量工作检查，对隧道测量平台巡视和参数检查，对安装船测量设备、测控系统参数等进行检查。

管节沉放安装过程中的工作：

① 参数复核：根据已安管节贯通测量复测成果进行待安管节拟合计算，检查管节首端和尾端偏差；

② 贯通测量：进行管节对接后初姿态贯通测量，进行管节贯通测量成果复测。

其中在管节出坞前以及安装过程中主要排查的风险源包括：

① 控制管节横向或竖向错位偏差，可能会导致拉合系统无法搭接；

② 检查已安管节上被动拉合单元被缆绳剐蹭偏离设计的位置，可能导致拉合系统无法搭接；

③ 检查拉合系统软、硬件是否故障；

④ 检查管节距离已安管节尾端的距离，缆系操控失误时发生碰撞风险；

⑤ 控制着床时管节倾斜程度；

⑥ 控制着床时管节沉放速度；

⑦ 控制管节尾端偏位，检查管节端部杂物，避免无法形成密闭结合腔；

⑧ 控制拉合同步以及对接姿态控制。

5）海事保障组

在管节出坞前的主要工作有：

① 联合各辖区海事部门召开出坞前的准备会议；

② 海事部门编制海事保障船艇布置方案、工作任务布置表，发布航行通警告等信息。

其中在管节安装过程中的主要风险源为：

① 施工期间外来船舶闯入；

② 禁航区和施工区的警戒浮标调整相对较频繁，外来船舶和施工船舶易发生因识别不到位而引发航行安全风险；

③ 宣传宣贯不到位，外来船舶、小型船舶、渔船等不清楚封航和航道转换情况；

④ 超出计划封航时间；

⑤ 整平作业水域，社会船舶通航量大产生的影响；

⑥ 适航水域受限影响拖航。

6）作业窗口组

在出坞前的主要工作有：

① 委托国家海洋环境预报中心进行了长期观测数据、预报模型的分析和工程区水文气象综合预报保障系统的建立，为管节安装提供窗口预报保障服务和决策支持；

② 施工工艺计划确定：按照浮运涨潮流拖航的前提条件，相应确定出坞的窗口是在低平潮期、转向和基槽浮运的作业窗口条件在高平潮期、系泊窗口在落潮期、沉放窗口在落潮期、对接在次高潮的涨潮期的初步作业窗口条件；

③ 分析前几年的大径流期间实测数据；结合现场实测海流数据采用"类比分析法""观测推测法"进行流速推演；科学论证大径流情况下沉管浮运安装各阶段的流场情况，谨慎调整作业窗口。

其中在管节出坞前主要排查的风险源：

① 受台风、强对流天气、冬季季风、坞口复杂地形等多种因素影响，小范围、精细化气象预报难度大，易出现预报偏差；

② 受径流、人工岛、基槽、航槽、坞口等复杂因素影响，小区域、精细化海流预报难度大，易出现预报偏差；

③ 强对流天气是广东各种自然灾害中出现频率最高的一种灾害天气。强对流天气发生突然、天气变化剧烈、破坏力极强，常伴有雷雨、大风、冰雹、龙卷风、局部强降雨等强烈对流性灾害天气。

7）作业综合保障组

主要工作内容为：

① 检查各小组对重大风险源的排查情况；

② 补充各小组的重大风险源的排查；作业保障小组职责为根据决策层各组的监控报告，进行风险源的识别，对风险进行分析评估并做出处置和落实针对性的预防措施；

③ 参与管节风险评估专家咨询会，提出对重大风险源的分析以及处置措施。

3.6　文档管理体系

港珠澳大桥岛隧项目总经理部建立了一整套管节浮运安装作业风险管理文档

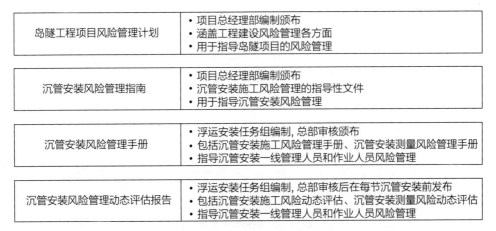

<table>
<tr><td>岛隧工程项目风险管理计划</td><td>• 项目总经理部编制颁布
• 涵盖工程建设风险管理各方面
• 用于指导岛隧项目的风险管理</td></tr>
<tr><td>沉管安装风险管理指南</td><td>• 项目总经理部编制颁布
• 沉管安装施工风险管理的指导性文件
• 用于指导沉管安装风险管理</td></tr>
<tr><td>沉管安装风险管理手册</td><td>• 浮运安装任务组编制, 总部审核颁布
• 包括沉管安装施工风险管理手册、沉管安装测量风险管理手册
• 指导沉管安装一线管理人员和作业人员风险管理</td></tr>
<tr><td>沉管安装风险管理动态评估报告</td><td>• 浮运安装任务组编制, 总部审核后在每节沉管安装前发布
• 包括沉管安装施工风险动态评估、沉管安装测量风险动态评估
• 指导沉管安装一线管理人员和作业人员风险管理</td></tr>
</table>

图3-9　沉管安装风险管理文档体系

体系, 如图3-9所示。

风险管理文档控制体系分为四个层级:

第一级:《岛隧工程项目风险管理计划》, 由项目总经理部组织编制, 经项目风险管理委员会会议审核后由总经理部颁布实施, 涵盖整个岛隧工程风险管理的各个方面, 是重要的指导性文件;

第二级:《沉管安装风险管理指南》, 由管节浮运安装作业任务组编制, 经项目风险管理委员会审批后由总经理部颁布实施, 为管节浮运安装任务组风险管理的专项任务指导性文件;

第三级:《沉管安装风险管理手册》, 由管节浮运安装作业任务组编制, 经项目风险管理委员会审批后由总经理部颁布实施, 内容包括《风险登记表》《风险分析评估表》《风险处理记录表》及《专项风险管理方案与紧急预案》, 是提供给现场施工人员实际操作使用的风险管理作业指导书;

第四级:《沉管安装风险管理动态评估报告》, 由管节浮运安装任务组编制, 经项目风险管理委员会审批后由总经理部颁布。内容包括《风险动态登记表》、风险动态评估与处置报告、风险管理项目评审与总结, 供管理人员、作业人员使用。

整体流转体系如图3-10所示。

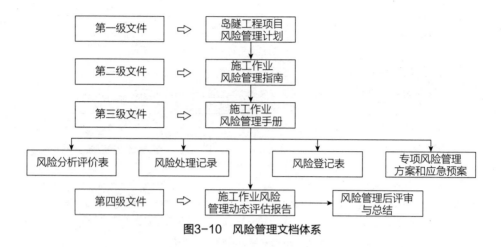

图3-10 风险管理文档体系

第4章

风险数据库

在风险管理的实施阶段，首先需要系统地梳理风险源，进行风险分类，为在各个施工阶段识别风险，建立动态风险登记表提供系统而详尽的资料。本章旨在介绍风险数据库的内容、编制方法及其管理和应用，并提供本工程的风险数据库实例（本书附表），可资参考。

4.1 风险数据库的建立

4.1.1 风险数据库的内容

因为风险管理是一个系统的过程，所以风险数据库应是建立项目风险数据库及对其进行动态管理的过程性文件。风险数据库内容包括三大风险源类别：通用风险、专项风险和特属风险。数据库的建立包括风险识别、风险源分类、风险分析和评估、风险处置和总结评审（风险消除、减轻、转移、规避或接受）的整个流程（图4-1）。

图4-1 风险数据库

4.1.2 风险数据库的建立

1. 风险识别

风险识别是风险评估的基础，也是风险预测和处置的重要步骤，沉管浮运安装风险存在于项目实施的各个环节，不同时段的风险可以通过风险管理手段被规避、减轻、分担、转移、保留、改变或接受，但唯独不可被忽视和忽略。所以，建立风险数据库用以识别风险是一种必要的、可靠的和程序化的工作。

本项目主要利用头脑风暴与专家调查相结合的方法进行风险辨识，采用SWOT分析法、德尔菲法、生产流程分析法、分析分解法、失误树分析法、文件清单审核法等多种手段进行分析比较。沉管浮运安装风险管理由沉管浮运安装风险管理组、任务组、作业班组全体相关人员、操作人员和咨询专家共同辨识和确认。

2. 风险源分类

本项目沉管隧道管节浮运安装施工作业风险按照适用属性分为三个类别，分别是：通用风险、专项风险和特属风险。

（1）通用风险：是指沉管浮运安装施工全过程存在的共性风险，即通用风险在沉管浮运安装作业的各个环节都会存在，分为：施工作业条件、通航安全、环境保护、作业人员、施工装备五大类。

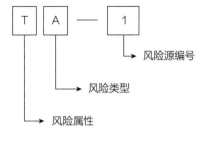

图4-2 通用风险编号示例

通用风险编号示例，见图4-2。

通用风险的属性编号：T。

通用风险的分类编号，见表4-1。

通用风险的分类编号　　　　　　　　　　表4-1

A	施工作业条件
B	通航安全
C	环境保护
D	作业人员
E	施工装备

（2）专项风险：是指在沉管浮运安装过程中，不同的作业工序所具有的对应于该工序的专项风险，分为：碎石基床整平、管节出坞、管节浮运系泊、管节沉

放对接、管节回填、测量与控制、作业窗口七
大类。

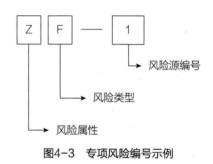

图4-3 专项风险编号示例

专项风险编号示例，见图4-3。

专项风险的属性编号：Z。

专项风险的分类编号，见表4-2。

专项风险的分类编号 表4-2

F	碎石基床整平
G	管节出坞
H	管节浮运系泊
I	管节沉放对接
J	管节回填
K	测量与控制
L	作业窗口

（3）特属风险：是指在特殊的区段，针
对管节本身的特点及施工环境所具有的特殊
管段、管节的特属的风险，分为：岛头区、
最终接头、深水深槽、强回淤、曲线段五
大类。

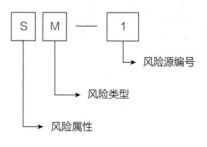

图4-4 特属风险编号示例

特属风险编号示例，见图4-4。

特属风险的属性编号：S。

特属风险的分类编号，见表4-3。

特属风险的分类编号 表4-3

M	岛头区
N	最终接头
O	深水深槽
P	强回淤
Q	曲线段

　　本项目沉管隧道管节浮运安装施工作业的主要风险源目录见表4-4，风险数据库详细内容见本书附表。

沉管浮运安装作业主要风险源目录　　　　　　表4-4

风险属性	风险类型	风险编号	风险名称	风险属性	风险类型	风险编号	风险名称
通用风险	施工作业条件	TA-1	船行波	通用风险	通航安全	TB-1	抛石船航道区锚系定位，通航安全保障风险
		TA-2	季风			TB-2	清淤船输泥管碍航风险
		TA-3	高温高湿				
		TA-4	软硬夹层			TB-3	清淤船作业通航安全
		TA-5	深厚软土				
		TA-6	电离层			TB-4	整平船通航安全
		TA-7	基床回淤				
		TA-8	恶劣海况过程引起回淤			TB-4	沉管安装过程中通航安全风险
		TA-9	边坡回淤质失稳造成回淤			TB-5	回填过程中通航安全风险
		TA-10	河口主流不确定			TB-6	外部船舶干扰拖航风险
		TA-11	水中异物影响				
		TA-12	台风			TB-7	航道封航风险
		TA-13	风暴潮			TB-8	锚漂碍航
		TA-14	突发强对流天气			TB-9	第三线路拖航
		TA-15	台风期间坞门未关			TB-10	航道调整
		TA-16	台风期间坞内系泊		环境保护	TC-1	噪声
		TA-17	台风期间深坞系缆柱			TC-2	悬浮物
		TA-18	台风期间管尾测量塔			TC-3	施工船舶撞击白海豚
		TA-19	台风期间已安管节舾端封门			TC-4	污水
						TC-5	废气
		TA-20	小潮后期叠加大径流			TC-6	溢油和物料泄漏

续表

风险属性	风险类型	风险编号	风险名称	风险属性	风险类型	风险编号	风险名称
通用风险	作业人员	TD-1	连续作业人员疲劳	通用风险	施工装备	TE-17	整平船自动控制系统
		TD-2	海上作业人员安全			TE-18	整平船CCTV系统
		TD-3	误操作			TE-19	整平船锚绞车系统
		TD-4	长期海上作业心理疲劳			TE-20	整平船大小车系统
		TD-5	重要岗位人员流动			TE-21	整平船皮带机输送系统
		TD-6	外来人员管理			TE-22	整平施工、管理系统
		TD-7	施工间隔期长			TE-23	整平船桩腿系统
	施工装备	TE-1	专业船机设备唯一性			TE-24	经纬船动力系统
		TE-2	安装船动力系统			TE-25	经纬船配电系统
		TE-3	安装船配电系统			TE-26	经纬船锚绞车系统
		TE-4	安装船自动控制系统			TE-27	经纬船皮带机输送系统
		TE-5	安装船CCTV系统			TE-28	经纬船溜管系统
		TE-6	安装船锚绞车系统			TE-29	大马力全回转起锚艇
		TE-7	安装船压载系统			TE-30	救生、消防设施
		TE-8	安装船克令吊			TE-31	船通信导航系统
		TE-9	安装船甲板导缆设施			TE-32	整平船技改后的拖航定位
		TE-10	浮运导航系统			TE-33	整平船桩腿修复后的综合风险
		TE-11	拉合系统	专项风险	碎石基床整平	ZF-1	清淤质量控制
		TE-12	压载水系统			ZF-2	基床施工参数
		TE-13	深水测控系统			ZF-3	整平船系统校准
		TE-14	精调系统			ZF-4	精度控制
		TE-15	整平船动力系统				
		TE-16	整平船配电系统				

续表

风险属性	风险类型	风险编号	风险名称	风险属性	风险类型	风险编号	风险名称
专项风险	碎石基床整平	ZF-5	GPS失锁	专项风险	管节出坞	ZG-8	水下电缆保护
		ZF-6	大潮汛作业			ZG-9	锚系安全
		ZF-7	恶劣海况			ZG-10	出坞操控
		ZF-8	船行波			ZG-11	坞口回淤
		ZF-9	回淤		管节浮运系泊	ZH-1	浮运编队
		ZF-10	插拔桩作业			ZH-2	夜间浮运拖航
		ZF-11	辅助作业船舶走锚			ZH-3	夜间系泊
		ZF-12	穿越航道施工作业			ZH-4	系泊锚系
		ZF-13	夜间作业安全			ZH-5	锚系预拉
		ZF-14	交叉作业			ZH-6	拖航指挥
		ZF-15	外来船舶意外闯入			ZH-7	拖轮操控
		ZF-16	连续作业			ZH-8	系泊指挥
		ZF-17	基床意外损坏			ZH-9	起锚艇操控
		ZF-18	异物坠落基床			ZH-10	拖轮故障
		ZF-19	碎石质量			ZH-11	拖缆断裂
		ZF-20	节假日石料供应			ZH-12	浮运航道
		ZF-21	整平船原位插桩			ZH-13	外来船舶闯入
		ZF-22	尾端封门处的清淤			ZH-14	系泊与管顶作业交叉
	管节出坞	ZG-1	气象海况			ZH-15	锚艇和拖轮作业交叉
		ZG-2	碰撞坞墩			ZH-16	带缆、解缆作业
		ZG-3	缆系安全			ZH-17	安装船支墩滑移
		ZG-4	作业船舶意外撞击			ZH-18	基槽横拖操控
		ZG-5	GINA保护			ZH-19	水中异物碰撞
		ZG-6	夜间作业				
		ZG-7	人员作业安全				

续表

风险属性	风险类型	风险编号	风险名称	风险属性	风险类型	风险编号	风险名称
专项风险	管节浮运系泊	ZH-20	管节艉艉端船舶定位	专项风险	管节沉放对接	ZI-20	连续安装作业
		ZH-21	管节回拖			ZI-21	夜间作业伤害
	管节沉放对接	ZI-1	辅助船舶定位			ZI-22	水下电割伤害
		ZI-2	舾装件拆除、倒运、吊装			ZI-23	深水减压伤害
		ZI-3	沉放准备管顶交叉作业			ZI-24	氮麻醉
		ZI-4	绞移操控			ZI-25	潜水减压舱故障
		ZI-5	沉放操控			ZI-26	供气中断风险
		ZI-6	拉合系统搭接			ZI-27	通讯中断
		ZI-7	管节着床操控			ZI-28	应急气瓶故障
		ZI-8	对接操控			ZI-29	水下照明设备故障
		ZI-9	导向装置意外碰撞			ZI-30	水面落物伤人
		ZI-10	GINA侧翻			ZI-31	水下观测误差
		ZI-11	GINA意外损坏			ZI-32	水下清理、检查
		ZI-12	沉管端夹异物			ZI-33	水下线缆插头安装
		ZI-13	沉管异常错边			ZI-34	舾装件拆除
		ZI-14	安装锚走锚			ZI-35	船行波
		ZI-15	导向托架螺旋千斤顶损坏			ZI-36	潜水船定位
		ZI-16	管节测量标定			ZI-37	回填、潜水交叉作业
		ZI-17	尾端测量塔和长人孔防撞			ZI-38	水下脐带缠绕
		ZI-18	深水区沉管结构安全			ZI-39	水流速度影响
		ZI-19	深槽区管节负浮力控制			ZI-40	深水区潜水作业
						ZI-41	航道区潜水作业
					管节回填	ZJ-1	回填施工参数
						ZJ-2	精度控制
						ZJ-3	海水浑浊

续表

风险属性	风险类型	风险编号	风险名称	风险属性	风险类型	风险编号	风险名称
专项风险	管节回填	ZJ-4	GPS失锁	专项风险	测量与控制	ZK-16	深水声呐测控系统调试
		ZJ-5	恶劣海况			ZK-17	尾端测量塔测控系统调试
		ZJ-6	船行波			ZK-18	现场测控系统操作
		ZJ-7	外来船舶意外闯入			ZK-19	设计指令复核
		ZJ-8	大流速影响			ZK-20	成果审核
		ZJ-9	沉管意外碰撞			ZK-21	贯通测量
		ZJ-10	石料质量			ZK-22	沉管回填
		ZJ-11	节假日石料供应			ZK-23	变形监测
		ZJ-12	锁定回填不及时		作业窗口	ZL-1	波浪超限
	测量与控制	ZK-1	人员管理风险			ZL-2	海水密度垂向变化
		ZK-2	设备管理风险			ZL-3	海水浑浊
		ZK-3	设备操作风险			ZL-4	异常波浪
		ZK-4	作业方法风险			ZL-5	大雾
		ZK-5	外业记录风险			ZL-6	施工窗口预报精度
		ZK-6	内业计算风险	特属风险	岛头区	SM-1	岛头挑流风险
		ZK-7	规范制度执行风险			SM-2	长距离绞移风险
		ZK-8	控制网			SM-3	沉管基础不均匀沉降风险
		ZK-9	端钢壳放样			SM-4	碎石基床防冲刷稳定性风险
		ZK-10	导向系统标定			SM-5	岛头施工遭遇台风
		ZK-11	基床铺设测量			SM-6	掩护体范围内的回淤
		ZK-12	设计参数复核			SM-7	首个曲线段管节安装
		ZK-13	管节一次标定				
		ZK-14	管节二次标定				
		ZK-15	浮运导航测控系统调试				

续表

风险属性	风险类型	风险编号	风险名称	风险属性	风险类型	风险编号	风险名称
特属风险	岛头区	SM-8	保障系统失效	特属风险	最终接头	SN-14	测控定位系统稳定性、敏感性、可靠性风险
		SM-9	洪汛期沉管安装			SN-15	加工质量控制风险
		SM-10	东岛岛头潮流、紊流、大径流叠加风险			SN-16	预应力张拉控制风险
		SM-11	地质风险			SN-17	制作运输过程中的安全风险
	最终接头	SN-1	恶劣天气风险			SN-18	小梁结构加工匹配及组装风险
		SN-2	海上作业安全风险			SN-19	小梁顶推止水系统综合调试风险
		SN-3	高空作业风险			SN-20	临时性孔洞的水密性风险
		SN-4	龙口流场预测推演偏差风险			SN-21	高流动性混凝土浇筑质量风险
		SN-5	"三明治"结构实际受力与理论计算偏差风险			SN-22	浇筑加载引起结构变形风险
		SN-6	小梁设计制作、吊装转换过程中的匹配风险			SN-23	浇筑加载引起甲板变形风险
		SN-7	吊点结构设计风险			SN-24	永久GINA、Ω止水带损坏风险
		SN-8	高流动性混凝土浇筑孔道设置合理性风险			SN-25	临时止水系统安装质量及损坏风险
		SN-9	参数计算偏差风险			SN-26	舾装作业HSE风险
		SN-10	线形预控风险			SN-27	顶推系统损坏风险
		SN-11	最终接头段基床测控精度风险			SN-28	回淤控制风险
		SN-12	最终接头加工尺寸预估风险			SN-29	碎石基床三垄精度控制风险
		SN-13	E29、E30姿态测量精度偏差评估风险				

续表

风险属性	风险类型	风险编号	风险名称	风险属性	风险类型	风险编号	风险名称
特属风险	最终接头	SN-30	最终接头和E29、E30基础沉降协调风险	特属风险	最终接头	SN-47	管底基础后注浆施工风险
		SN-31	超大构件吊装安全风险			SN-48	最终接头体系转换操作控制及结构安全风险
		SN-32	沉放姿态控制风险		深水深槽	SO-1	深水整平定位
		SN-33	沉放过程意外碰撞风险			SO-2	深水回填施工
		SN-34	安装过程水密性风险			SO-3	基槽区流态复杂
		SN-35	测量塔和长人孔安全风险			SO-4	基槽底部紊流
		SN-36	精调系统故障风险			SO-5	深槽锚缆作业
		SN-37	小梁顶推系统故障风险			SO-6	深槽基床冲刷失稳
		SN-38	监测监控保障系统故障风险			SO-7	海水密度变化
		SN-39	着床定位操控风险		强回淤	SP-1	强回淤
		SN-40	排水对接体系转换风险			SP-2	清淤工序增加
		SN-41	管内作业期间水上安全风险			SP-3	边坡滑塌
		SN-42	刚接头压浆密实风险			SP-4	清淤质量控制
		SN-43	刚接头焊接施工风险			SP-5	碎石基床顶部清淤
		SN-44	止水结构及其他设施损坏风险		曲线段	SQ-1	曲线段安装经验少
						SQ-2	曲线段出坞
						SQ-3	GINA碰撞风险
		SN-45	锁定回填风险			SQ-4	首尾段舾装件轴线控制
						SQ-5	重心、浮心的偏心风险
		SN-46	管底基础后注浆部分回淤风险			SQ-6	曲线管节压接控制
						SQ-7	安装轴线控制问题

3. 风险分析和评估

沉管浮运安装作业风险采用"定性分析法"分析评估，其主要内容及步骤参见图4-5。

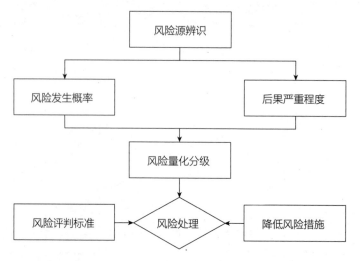

图4-5　风险分析和评估的主要内容及步骤

在完成风险识别后，对风险水平作定性分析；同时评估危害后果的发生概率，按照危害后果分级标准，风险危害后果划分为低、中、高三个级别（定量分析，见表4-5），风险发生概率也分为低、中、高三个级别（图4-6）。

				表4-5
风险严重程度评定表				
评估标准　严重程度　后果类型	低	中	高	备注
健康安全				
处于危险状况的人数	3~9人轻伤或3人以下重伤	3~9人重伤或3人以下死亡	10人以上重伤或者3人以上死亡	参照项目HSE管理体系文件规定
环境				
环境事故等级	一般事故	中等事故	严重事故	参照项目HSE管理体系文件规定
时间				
关键活动和工程竣工延期	少于2周	2周至3个月	3个月以上	按合同工期和重要节点、进度计划安排确定

续表

评估标准 后果类型 ＼ 严重程度	低	中	高	备注
质量				
质量事故等级	质量问题	一般质量事故	三级严重质量事故	参照质量手册"质量事故报告程序"中对不同事故的定义制定
成本				
经济损失（人民币）	100万元以下	100万~1000万元	1000万元以上	参照项目合同和成本核算文件制定

风险分析评估的具体执行单位为沉管浮运安装的作业班组。各责任作业班组对作业过程中存在的通用风险、专项风险和特属风险分别进行分析评估，填写风险分析评估表（表4-6）。填写风险分析评估表时，相应的责任作业班组将组织现场管理人员、作业人员，按照风险评估的流程和标准，需要对各项风险处置前、处置后的风险等级进行客观评定，经汇总、审核后报送沉管安装风险决策组。

风险等级的评定由经验丰富的施工人员根据施工条件和处置措施来参与讨论，最终风险等级须根据发生概率和后果严重程度评定标准，按照安全健康、环境、质量、时间、成本五个方面综合评定。

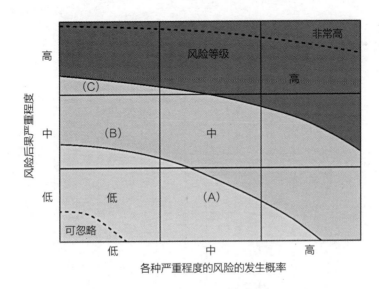

图4-6　风险综合等级矩阵

针对风险评估结果，对那些不可接受的风险，运用规避风险、降低风险、分担风险和保留风险的手段制定缓解措施、控制措施和应急预案。

风险分析评估表（样式）　　　　表4-6

风险编号：			
风险类型		风险名称	
风险描述			
风险后果			
处置措施			

风险登记表（表4-7）将通用风险、专项风险和特属风险进行分类汇总，由浮运安装决策组对风险处理前后的等级进行评定。

风险登记表（样式）　　　　表4-7

风险编号	风险名称	风险描述	最初风险等级评定 低，中或高					主要后果	综合风险等级	处置措施	处理后的风险评定 低，中或高					处理后的综合风险等级	责任班组/部门	完成日期	状态
			安全健康	环境	质量	时间	成本				安全健康	环境	质量	时间	成本				
××-01			中	低	低	低	低				低	低	低	低	低				
××-02			高	低	低	低	低				中	低	低	低	低				
××-03			中	低	低	低	低				低	低	低	低	低				
××-04			中	低	低	低	低				低	低	低	低	低				
××-05			中	低	低	低	低				低	低	低	低	低				
××-06			中	低	低	低	低				低	低	低	低	低				
××-07			中	低	低	低	低				低	低	低	低	低				

随着工程的进展，现场情况若有变化，由浮运安装决策组及时组织有关人员更新风险分析评估表和风险登记表。

4. 风险处置原则

风险处置手段主要包括：规避风险、降低风险、分担风险和保留风险。针对通用风险、专项风险、特属风险的分类及风险等级评定标准，风险处置原则如下：

（1）针对通用风险，制定对策措施，将风险降低至可接受的程度。在此基础上，将应对措施规范化，运用到日常管理和施工操作工艺流程中，形成标准化管理制度或操作规程，降低沉管安装全过程风险；

（2）针对专项风险，通过专题研究、方案优化、工艺调整、系统改进等手段，对各个施工环节制定具有针对性的风险防控措施；

（3）针对特属风险，在特殊区段管节安装施工前，对照风险管理指南及手册，根据管节安装工序特殊要求及所在区域的环境特点，对风险处置措施进行研讨和检查确认，并在准备和实施过程中落实；

（4）针对不同等级（低、中、高）风险，若预测风险处置措施能将风险降低至可接受的程度，则在后续施工中落实该措施；若在处置后，风险仍为不可接受，则应制定相应的应对风险的应急预案。事故应急响应机制应遵守"快速反应、生命第一、统一领导、协同应对"的原则；

（5）风险处置措施的执行：对于实施难度小，再生风险小的处置措施，可由任务组、作业班组执行；对于关联度高、实施难度大的处置措施，则由风险管理组或风险管理委员会协调解决，必要时尚须提交专家咨询；

（6）风险处置措施提出后，由相关责任班组或部门，填写风险处理记录表（表4-8），对处置措施的具体细节（行动计划）及其完成日期予以记载。若措施中涉及监控、检测或其他要求，也应在表格中明确提出。对于低、中级风险，记录表最终由工区领导审批；对重大风险，记录表由项目管理风险委员会审核。

5. 总结评审

由沉管安装风险管理组定期组织任务组、作业班组对风险管理体系进行自查，对风险进行动态管理，定期对已发现的风险进行总结检查再评估，并由施工管理顾问对体系进行专项审查。

任务组、作业班组根据风险管理的现场实施情况，对风险管理体系运行情况

风险处理记录表（样式）   表4-8

风险编号:		
风险类型:		风险名称:
责任班组/部门:		日期:
风险描述:		
可能存在的影响（后果）:		
得到批准的处理措施的具体细节（行动计划）:		
风险处理措施完成日期：　　　什么时候采取的　　　年　　月　　日		
监控&要求:		
风险处理记录人: 　　年　　月　　日	审批人: 　　年　　月　　日	项目风险管理委员会审核（仅适用于重大风险）: 　　年　　月　　日

进行信息反馈，对各风险的状态（开放、闭合）进行检查总结，对新的风险点进行辨识，并动态更新风险登记表。

4.2 风险数据库的动态管理

4.2.1 风险数据库动态管理的目的

风险数据库是记录和存储风险细节、风险评估、风险处置方案、风险处置责任方及项目进展情况的工具，是风险管理的主要文件。如第3章所述，项目风险管理是一个实时的和连续的动态过程，项目的风险将随着项目推进而产生变化。随着项目的进展，所辨识风险的重要性会发生改变，新的风险亦将会出现。因此，风险数据库的内容也须不断更迭，实行风险数据库动态管理。此外，隧道工程既具有项目独特性，也具有同类项目相似性，故通常采用积累自身经验和收集外部资料的方法来编制初版风险数据库，以指导工程初期的风险管理活动。随着工程的进展和新技术的出现，新的外部经验亦应及时充实到风险数据库中，从而为实现动态风险管理提供更加完善、更有前瞻性的风险数据库档案。

4.2.2 风险数据库动态管理流程

参见图4-7，在每节沉管安装前需开展风险辨识。由作业班组对照沉管安装风险管理手册，结合每个管节施工的特点和环境条件，辨识和评估此次沉管施工风险，若有新增风险源，应再次开展评估。风险辨识完成后，按照评估结论确定

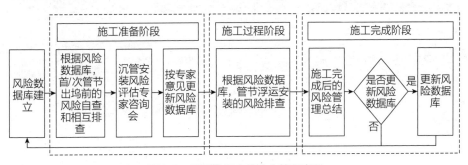

图4-7 风险数据库的动态管理流程

一般关注风险和重点关注风险。针对一般关注风险，应检查原有的处置措施是否得当；针对重点关注风险，应在原有处置措施的基础上根据作业工序和作业环境制定额外专项处置措施。风险辨识和评估完成后，作业班组应将风险排查相关材料报送沉管安装风险决策层审查。

4.2.3　风险数据库的应用

　　管节浮运安装的风险排查和评估范围包括与沉管浮运安装密切相关的施工工序：基槽清淤、碎石垫层铺设、管节舾装、管节进出坞、浮运系泊、沉放对接和管内（部分）作业等。在风险排查和评估前，由风险管理组会同作业班组对前一个沉管浮运安装风险进行总结并更新风险数据库；然后对即将安装的沉管，运用更新后的风险数据库进行风险自查和相互排查；对于风险因素复杂、处置措施关联度较大的沉管施工，上述总结和更新数据库的工作应由浮运安装决策层组织现场施工作业团队完成，并视需要可由风险管理组或风险管理委员会主持召开风险评估专家咨询会，研究和确认风险数据库的更新内容。沉管浮运安装作业必须依据最新的风险数据库档案开展全过程、全方位的风险动态管理。具体应用流程示例见图4-8。

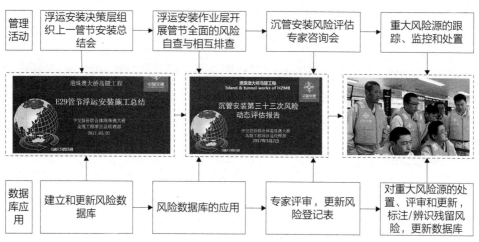

图4-8　风险数据库动态管理流程

4.2.4 风险数据库动态管理示例

在沉管浮运安装风险管理过程中，随着施工技术的发展、设备的更新、环境的变化、施工工艺的优化，原先建立的风险数据库也会随之而改变。下面列举两个工程实例：

【例4-1】E15、E16沉管安装风险排查更新过程

E16沉管安装位置位于深水深槽区，在其安装前，根据E15沉管安装的情况进行风险评估，对E16沉管安装风险予以更新。E15沉管以东的基槽处于铜鼓浅滩南部滩尾，受河口淡水入海和浅滩下泄泥沙的影响，E15管址淤积十分严重。上游大规模采沙作业形成的高含沙率的泥水使基槽产生异常淤积。在E15沉管的浮运安装过程中，由于回淤问题导致工期延误。因此，在E15沉管安装结束后，即对新产生的风险源进行了详细的识别和分析评估，将其录入风险数据库中，更新风险数据库。

在E16沉管浮运安装前，对该管节施工风险进行了全面的风险排查，排查的对象包括5类通用风险、5类专项风险和3类特属风险，最后新增3项强回淤风险，共计175项风险源，排查结果统计对比如图4-9所示。

强回淤风险主要与隧址上游大规模采沙活动有关，一方面因采沙施工形成的高含沙率水体随潮流向下游E16管址方向输移，导致工程水域含沙量增大；同时，沉积在海床上的泥沙在潮流和风浪的共同作用下，极易再次起动悬浮运移，成为岛隧工程基槽异常强回淤的主要泥沙来源。因此需采取有效措施来避免强回淤风险。新增的3项强回淤风险包括：

（1）泥沙强回淤

大规模采沙作业形成的高含沙率水体是造成基槽内异常淤积的主要原因，沉积物为淤泥质粉砂或粉砂质淤泥，在水中有一定的黏着力，当水动力减弱时沉淀较快且容易密实和凝固；碎石垫层顶部淤积超标，破坏了先铺碎石基床平整面，存在不均匀的淤高点，对沉管着床高程、纵坡及错边控制等均存在不确定且不能接受的风险。

为化解风险而采取的措施有：①开展基床处置清淤典型施工试验，专用清淤船"津平1"在碎石基床面的清淤效果明显；②为确保碎石基床有良好的整体性和地基

分类	序号	风险名称	风险项数
E15浮运安装前风险排查结果			
通用风险	1	施工作业条件	20
	2	通航安全	9
	3	环境保护	18
	4	作业人员	6
	5	施工装备	31
专项风险	6	碎石基床整平	20
	7	管节出坞作业	10
	8	浮运系泊	19
	9	沉放对接	15
	10	管节回填	11
特属风险	11	岛头区	4
	12	深水深槽	7
	13	强回淤	2
累计			172

分类	序号	风险名称	风险项数
E16浮运安装前风险排查结果			
通用风险	1	施工作业条件	20
	2	通航安全	9
	3	环境保护	18
	4	作业人员	6
	5	施工装备	31
专项风险	6	碎石基床整平	20
	7	管节出坞作业	10
	8	浮运系泊	19
	9	沉放对接	15
	10	管节回填	11
特属风险	11	岛头区	4
	12	深水深槽	7
	13	强回淤	5
累计			175

图4-9 E16管节浮运安装风险数据库更新过程

刚度，清理整平碎石基床表层，使其与相邻管节基面保持平整；③清淤、开挖碎石与重铺碎石垫层等施工须确保基槽稳定，避免基床遭受破坏，碎石整平分两层进行；④清淤前，要对已安装沉管的管尾端钢端壳及封门采取水下保护措施；⑤建立泥沙回淤监测系统；⑥在E16沉管安装作业窗口期间，由海事部门联合其他相关部门运用协调手段暂停采沙作业。

（2）清淤质量控制

由于抛石夯平层清淤不彻底，碎石铺设过程发生积淤，故需重新清淤，此必错失作业窗口，延误工程进度。为此，项目部增加了工前潜水探摸基槽频次，发现回淤量超标，即及时清淤；对碎石垫层铺设过程作回淤跟踪监测，及时发现，及时清淤。

（3）碎石基床顶部清淤

整平期间，碎石基床顶部出现异常回淤，按照不破坏基床的要求，清淤难度大；而积淤会损坏碎石基床，导致需要再次整平，延误作业窗口。为此，增加了防淤、减淤措施，同时研发了专用清淤设备，边整平边清淤，减少异常回淤情况，保障清淤质量。

【例4-2】通航安全风险更新过程

E20管节首次采用第三线路拖航（见本书第2章第2.1.3节），无实操经验，且拖航水域复杂，风险较大。因此，对新的风险源"第三线路拖航风险"进行识别、分析评估和处置，并通过制定对策措施，将风险降低至可接受的程度。在浮运安装后将其录入风险数据库中，更新风险数据库，对风险数据库实行动态管理。

在E20管节浮运安装前，对E20进行了全面的风险排查，本次排查的对象包括5类通用风险、5类专项风险和1类特属风险，共计159项风险源，排查结果统计如图4-10所示。E20管节采用的线路三"一次横移区"主轴线与流向夹角较大，且浮运航道三的两侧无适航水域，航道相对狭窄，拖航安全风险大。因此，在浮运安装施工准备阶段，把"第三线路拖航风险"确定为新的风险源，并对新的风险源进行风险识别、分析评估和处置，新增风险统计如图4-10所示。

第三线路拖航存在的主要风险包括对线路的流场、拖航操作不熟悉；外来船舶误闯；适航水域受限及横移区与涨潮主流向夹角较大导致存在管节姿态控制的风险。造成的后果包括增加沉管浮运难度、影响船舶及人员安全和作业窗口延误，属于高风险。风险处置的方法包括开展第三线路的流场研究；调整测流浮标位置，对第三线路进行多次全面的扫测和碍航物检查；与海事部门沟通，加强现场安全警戒和通航管制等方法。对新增的风险通过风险识别、分析评估和制定处置措施，将风险等级从高风险降为低风险。在施工完成后，经过决策层的评审，将新增的第三线路拖航风险录入风险管理数据库的通航安全类型。

E19浮运安装前风险排查结果

分类	风险名称	风险项数
通用风险	施工作业条件	28
	通航安全	10
	环境保护	18
	作业人员	6
	施工装备	31
专项风险	碎石基床整平	2
	管节出坞作业	10
	浮运系泊	20
	沉放对接	15
	管节回填	12
特属风险	深水深槽	7
累计		159

E20浮运安装前风险排查结果

分类	风险名称	风险项数
通用风险	施工作业条件	28
	通航安全	11
	环境保护	18
	作业人员	6
	施工装备	31
专项风险	碎石基床整平	2
	管节出坞作业	10
	浮运系泊	20
	沉放对接	15
	管节回填	12
特属风险	岛头区	7
累计		160

图4-10 E20沉管浮运安装风险数据库更新过程

4.3 风险数据库

4.3.1 通用风险数据库

1. 施工作业条件风险

沉管隧道作为岛隧工程最关键的部分，对整个工程的影响巨大，风险巨大。沉管施工作业条件主要受控于气象、水文条件。

（1）气象条件

本工程海域属南亚热带海洋性季风气候区，受欧亚大陆和热带海洋的交替影响，该海域气候复杂多变，灾害性天气频发，主要表现为热带气旋、暴雨以及强对流天气带来的龙卷风、雷击和短时雷雨大风。其中热带气旋强度大、频率高、灾害重，是影响该海域的最具威胁的自然灾害之一。凡登陆后影响珠江三角洲、粤西沿海的热带气旋以及在南海北部活动的热带气旋，对本海域均可造成较大影响。

（2）水文条件

伶仃洋水下地形西北高、东南低，水深从湾内向湾口逐渐加深。湾内浅滩和深槽相间，地形复杂，岛屿众多，受地形、潮汐、径流等的综合作用，水动力条件复杂。珠江口外的海浪主要是台风浪和冬季季风浪。台风大浪的波向主要为向岸的SE～SSW向，这些方向的波浪通过折射、绕射传递至伶仃洋水域，对本工程有直接影响。

（3）风险登记表

施工作业条件风险登记表见附表1。

2. 通航安全风险

沉管浮运船队庞大，运输里程长，需占用珠江口主航道，占用时间长。故通航安全风险必须引起重视。

（1）珠江口主航道运输繁忙

沉管浮运安装施工区域位于珠江口附近。据统计，珠江口海域每天船舶交通流量达4000艘次，每年达150万艘次，是我国船舶活动最密集、船舶运输最繁忙的海域之一。

（2）航道环境复杂

珠江口也是通航环境十分复杂的水域，沉管浮运安装施工水域航道交错密集，主要有：

1）伶仃航道、铜鼓航道、青州航道、榕树头航道及龙鼓西航道；

2）港澳快速船分隔航道，蛇口至珠海、蛇口至澳门、香港至珠海等高速客轮航道，以及民船习惯航线；

3）东人工岛南侧有23DY锚地；北侧有大屿山2号锚地，距离航道约4km。

（3）航道转换多

在沉管隧道和人工岛施工阶段，工程船舶、交通船舶及沉管浮运船队等会占用或穿越现有航道。为此，特开辟一条伶仃临时航道，对伶仃航道进行通航转换，对航行船舶进行疏导。复杂的通航环境，对沉管隧道工程诸多工序施工都构成了较严重的制约因素，对施工安排和安全管理提出了极大的挑战。施工海域的

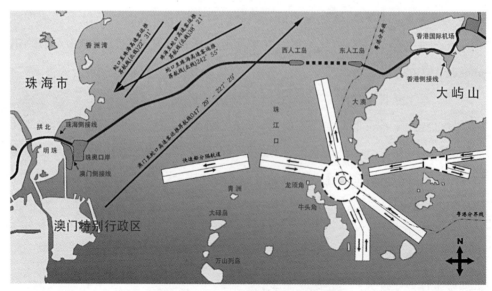

图4-11 施工海域客轮航线分布图

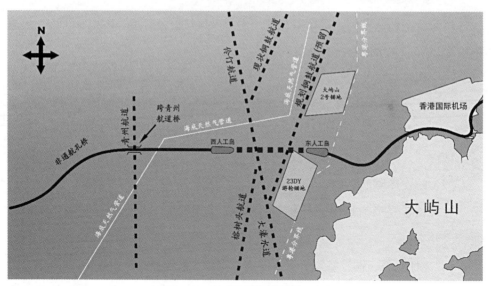

图4-12 施工海域、锚地状况图

客轮航线情况见图4-11。施工海域和锚地情况见图4-12。

（4）风险登记表

通航安全风险登记表见附表2。

3. 生态环境风险

岛隧工程位于珠江口水域中华白海豚自然保护区核心区，其类型属于珍稀濒危水生动物保护区，保护对象主要是国家一级保护动物中华白海豚，其次是国家二级保护动物江豚。因此该区域对海洋生物和生态环境保护提出特殊的严格要求。

港珠澳大桥岛隧工程生态环境保护风险管理有以下特点和难点：

（1）地处生态敏感区

本项目处于白海豚国家级自然保护区核心区和缓冲区，环境保护工作压力大。施工区周围生态敏感区分布见图4-13。

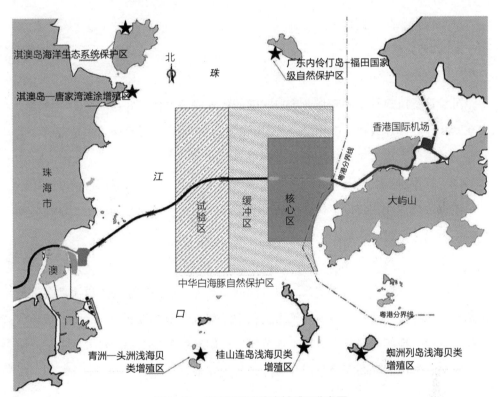

图4-13 施工区周围生态敏感区分布图

施工过程中的振动、噪声以及其他环境污染源均有可能影响白海豚正常生活及繁殖，来往频繁的施工船舶有误伤白海豚的可能，因此需要加强风险管理、制定防范措施来避免危及白海豚生命安全的事件发生。

（2）环境污染处理难度大

本项目有大量海上作业，势必会产生各种污染源。海上作业有：隧道基槽开挖、人工岛疏浚、疏浚土处理、西人工岛小岛基础处理及东西人工岛陆域形成、岛壁块石抛填等。上述海上作业将会产生下述环境污染源：降低水体溶解氧的海上悬浮物,悬浮泥沙、淤泥和底层土中的污染物,工程船舶疏浚物及污水、燃油等泄漏物,办公区、生活区的生活垃圾和污水等。为此,风险管理要求全过程管控环境污染,采取有效的可行措施以减少污染物的排放,进行污染物的收集和运输处理,提供生态环境临时保护对策等。在进行固废处理、大气排放、污水排放的过程中必须达到环保标准,不可发生重大环境责任事故。

由此可见,本项目环境污染因素多,环境污染处理难度大。

（3）风险登记表

环境保护风险登记表见附表3。

4. 作业人员风险

（1）密集作业多

沉管浮运沉放等工序对作业窗口时间的要求极为严格,并且项目工期紧凑,存在密集作业和连续作业的情况。长时间的海上作业容易导致施工人员疲劳,也容易出现疏忽大意、失足溺水等人身安全事故。

（2）操作难点多

根据项目需要,研发了许多新的设备及操作系统,不熟练的操作人员在操作过程中容易产生误操作风险。

（3）参与人员多

本项目工程规模大,工期长,人员流动相对多,重要岗位的人员流动会带来工期延误风险。此外,在本项目施工过程中经常有外来人员到现场参观、指导和访问,以及工地各类服务人员在工地劳作,他们虽然不是工程承包方的员工,但也须时刻提醒他们提高安全意识和保障其行为安全。

（4）风险登记表

作业人员风险登记表见附表4。

5. 施工装备风险

（1）专用设备操作复杂,数量单一

在沉管隧道施工过程中采用了大量专用船机设备,如专用整平船、安装船等。这些船机设备操作复杂,需具有一定熟练程度的专业人员操作;部分船机设备数量单一,如出现故障,将导致工期延误。

（2）专用设备操作系统故障相对多

沉管隧道施工为克服技术难点而研发的设备操作、控制系统较多,如导航系统、拉合系统、压载水系统等，再加上原有的船机系统，众多装备操作系统均存在发生故障的风险。

（3）风险登记表

施工装备风险登记表见附表5。

4.3.2 专项风险数据库

1. 碎石基床整平作业风险

（1）作业风险概述

本项目沉管隧道碎石基床采用先铺法施工，E1、E33沉管基床采用人工铺设；其余沉管基床由整平船铺设。

1）施工难度大：沉管碎石基床宽41.95m，人工铺设部分基床为满铺碎石基床，厚度为0.5m，其余沉管为横向垄结构碎石基床（图4-14），垄顶宽1.8m，垄沟宽1.05m，垄中心间距2.85m。先铺法必须进行水下铺设、水下整平两道工序施工；本工程作业水深较深，水下整平精度要求高；作业时需要测量定位，监控调整，施工难度极大。

2）工程量大，工期紧：碎石基床总面积约24万m^2，碎石总量约30.7万m^3。单个标准管节基床铺设需要8天完成，作业工期紧。

3）施工组织难度大：工程海域航线交错，沉管隧道位置紧邻主航道和临时航道，碎石基床整平作业时间长，连续作业时间受控。此外，施工区为开敞海域，作业受风浪、流速等不良水文气象因素影响大，整平船初始定位需具备良好

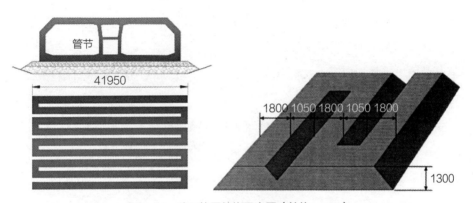

图4-14 碎石垫层结构示意图（单位：mm）

天气、平潮期、流速小等水文气象条件；整平船施工须在基槽精挖、块石基床抛石夯平后随即进行，而恶劣海况易产生基槽回淤，为保障碎石整平作业顺利进行，需采取截淤和及时清淤措施，图4-15为专用清淤船"捷龙"动态清淤现场情况。所以，施工组织难度大。

图4-15 捷龙号动态清淤

（2）风险登记表

碎石基床整平风险登记表见附表6。

2. 管节出坞作业风险

管节出坞作业是沉管浮运安装的首道工序，管节完成二次舾装和安装船测试后，根据沉管安装作业窗口预报系统确定的沉管浮运出坞时间安排出坞作业。沉管出坞主要利用安装船上的绞车及岸上的卷扬机协同完成，沉管出坞后利用缆系在坞口外临时系泊，由拖轮配合完成浮运船队编组。

（1）受水文气象因素影响大

管节出坞主要利用绞车绞移完成，施工过程中受潮汐、风浪、海流影响较大。

（2）出坞操控难度大

管节的尺寸和重量均较大，本项目坞口区域狭窄，水下环境复杂，易发生管节擦碰事故。同时，用于固定管节的缆系多，出坞作业操控难度较大。管节出坞情形如图4-16所示。

图4-16 管节出坞

（3）风险登记表

管节出坞作业风险登记表见附表7。

3. 沉管浮运、系泊作业风险

沉管浮运是将管节由预制场转移到沉放区的施工过程；沉管系泊包括遇风紧急系泊和待沉放临时系泊。

（1）浮运距离长，系泊时间短

管节从预制场出坞到沉放区的浮运航程约12km，在基槽内浮运最远距离约3km，浮运过程变化因素多，操纵风险因素也多。此外，由于水文气象条件会发生变化，要求系泊作业时间应越短越好，以便管节能在对接窗口时间内完成安装工作，因此，缩短系泊时间也面临自然条件变化的风险。

（2）管节浮运和系泊过程控制难

管节自出坞到沉放区的浮运过程中，需要对其进行严格操控，保证管节浮运姿态始终平稳。然而，由于受到水文气象条件变化、复杂海况以及航道相对狭小等因素的共同影响，管节姿态控制较难。另外，管节在由拖轮控制转向锚系控制过程中对管节姿态的控制要求非常严格，操纵不易；在岛头区系泊作业时，由于基槽水域狭窄，需要作长距离绞移，此过程对管节姿态的控制也很难。

（3）锚系风险大

由于系泊海域的地质条件不可控，在锚系预拉过程中可能会出现预拉力不到位或者抛锚位置、预拉角度不准确等风险；此外，送缆时，容易造成基槽边坡回淤或坍塌，锚系过程风险大。

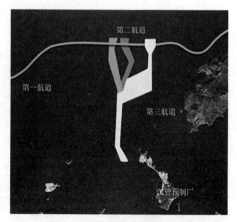

图4-17　专用浮运线路规划图

（4）海事保障难

为了保证沉管浮运安全和社会船舶正常航行，从预制场到沉放区共规划了3条浮运航道（图4-17），与社会航道均有交叉，管节浮运过程中浮运编队易与社会船舶发生碰撞事故。

（5）风险登记表

浮运、系泊风险登记表见附表8。

4. 管节沉放、对接作业风险

管节沉放对接工序复杂，通用风险源涉及面较广，沉管海上作业各个环节的风险等级都较高，是整个沉管隧道工程风险最高的工序。

本环节涉及沉放和水下对接两个部分。其作业特点和风险如下：

（1）管节沉放姿态控制难度大

管节沉放水深最深达45m，吊放缆索长，因此管节在沉放过程中的姿态极难控制。管节沉放施工控制系统主要有：压载水控制管节负浮力、锚定系统控制管节平面位置、吊索系统控制管节沉放速度和水中姿态、测控系统指导管节对接就位。管节在水下的负浮力过大可能导致拉合困难；基槽内海流条件和海水密度的变化也会影响管节负浮力发生变化，因此需要不断调整压载水系统。

（2）管节对接精度要求高

管节对接误差控制要求严格，远超国际同类型项目要求。一旦对接出现较大偏差，易导致水密性下降等严重后果或质量事故。

（3）新开发专用操控系统多

沉放对接过程中采用大量的专用操作系统，如绞移操控系统、沉放操控系统、拉合操控系统、对接操控系统、导向装置等，许多操控系统属于新开发的成果，其稳定性和可靠性需要在实践中进一步提升，故存在系统出错的风险。压载水系统及拉合操控系统如图4-18所示。

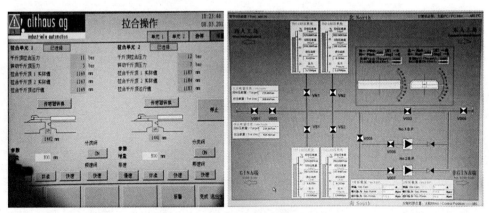

图4-18　压载水系统及拉合操控系统

（4）工期紧，交叉作业多

作业窗口时间有限，沉放对接过程中多次出现管顶交叉作业，对作业人员人身安全和沉管安装作业均构成一定风险。

（5）风险登记表

沉放对接作业风险登记表见附表9。

5. 沉管回填作业风险

沉管回填分项工程由岛头防撞段管节回填和中间标准段管节回填两部分组成，每部分包括锁定回填、一般回填和护面层回填。回填示意图如图4-19所示。

回填作业的施工特点和风险主要有：

（1）作业条件差

施工作业全部在海上进行，属于典型外海无掩护施工，但作业天数有限，回填材料、机械设备、施工人员等组织、运输都存在较大困难。

（2）回填精度高，技术难度大

作为沉管安装后的重要工序，锁定回填、一般回填、护面层回填精度要求均较高，其中锁定回填和一般回填需对称、均匀同步施工，对施工设备、施工工艺和质量控制提出了很高的要求。回填作业水域最大水深达45m，常规施工工艺难以保证施工质量，需要专用的回填船进行管节回填施工。如图4-19所示。

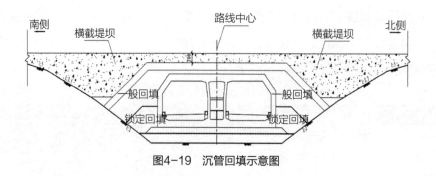

图4-19　沉管回填示意图

（3）工程规模大，工期要求紧

回填总方量约274万m³，单个180m长标准管节回填要求在一个月内完成，回填量大，工期紧。

（4）交叉作业多，前后工序衔接严密

沉管回填施工时交叉工序繁多，包括：碎石基础整平、沉管浮运安装、舾装件拆除等。特别是岛隧结合部的施工交叉作业搭接更多，施工海域内的船舶作业多，给施工现场的协调带来很大的困难。

（5）风险登记表

管节回填风险登记表见附表10。

6. 测控风险

测量与控制体系是沉管浮运安装的各项技术指标达到国际水准的重要保障，测量与控制工作贯穿于沉管浮运安装的全过程。

按照《岛隧工程第二次沉管施工测量风险分析会会议纪要》要求，为确保沉管安装测量数据准确，对各测量环节进行有效控制，将测控工作纳入风险管理体系，进行风险评估管理，形成科学、全面、循环、可行的测量风险管理体系。

测控风险管理的主要特点及难点如下：

（1）浮运安装施工测量标准化

风险管理是沉管施工测量标准化工作的核心，防范和规避风险是其工作目标。通过对E1～E10沉管浮运安装施工测量工作的不断优化和改进，初步形成了沉管浮运安装施工测量标准化作业流程，从而为规范沉管施工测量作业、提高工作效率、降低项目风险提供了有力支撑。

管节标准化施工测量主要从总体流程和分项管控两个方面来进行标准化流程的制定。

分项管控主要从管节标定、测控系统安装与调试、岛上控制测量及贯通测量、管内监测等内容着手，制定了10个分项的作业标准化流程。

沉管浮运安装施工测量标准化包括以下内容：

1）沉管浮运安装施工测量总体流程标准化；

2）管节一次标定标准化；

3）管节二次标定标准化；

4）深水测控系统作业标准化；

5）测量塔测控系统作业标准化；

6）浮运导航测控标准化；

7）岛隧工程首级加密控制网测量标准化；

8）进洞导线观测作业标准化；

9）贯通测量作业标准化；

10）沉降位移观测作业标准化。

（2）技术难点多

测量工作涉及大量的技术难点，如高温高湿环境对仪器精度和维护的负面影响；隧道内可视程度低、贯通测量长度长，导致精度控制难度加大；受风浪的影响，浮态测量精度控制难度大；邻近香港机场区域信号易受干扰等。

（3）最终接头测控要求

最终接头的尺寸由测量所得的龙口形状参数决定，测控系统需要实时提供参数以引导最终接头着床，并为横向精调提供可靠依据。最终接头水下双向对接时，龙口空间狭小，设计安全间隙仅15cm，施工误差要求非常严格。

（4）风险登记表

测量与控制风险登记表见附表11。

7. 作业窗口风险

海流、波浪、风等水文气象条件的变化会导致管节受力状态发生变化，有可能致使管节受损或管节浮运失控。沉管浮运安装的作业窗口期的自然条件不仅应满足船舶操纵技术性能的要求，更重要的是需要避开水文气象条件对沉管浮运安装的不利影响。作业窗口期的建立与选择合适的流速、波高、波浪周期以及风速等参数密切相关。通过预报系统的预测，即可得到一个满足所有限制条件的连续的时间段。经过专家研讨以及数值模拟和物理模型试验、实操演练，最终确定影响作业窗口主要因素的限制条件如下所述：

（1）流速：在浮运安装的整个过程中，各工序对流速的限值均有不同。2011年项目总经理部开展了浮运阻力模型试验，确认逆流拖航船舶操控性较好，故初步选定拖航方式为逆流拖航。根据配备的拖轮功率和操纵性能，作业窗口条件中对于海面以下10m水深范围内的平均流速应小于0.8m/s；在同一年项目总经理部开展的大量锚抓力试验中，采用的系泊锚为荷兰HY-17型锚，考虑到锚的最大拉力以及缆绳角度等因素，初步确定系泊时海面以下10m水深范围内的平均流速应小于1.3m/s；最后，参考国外相关资料以及借鉴日本、韩国的施工实例，并考虑潜水作业的要求，综合以上资料，初步拟定沉放对接时限制流速小于0.5m/s，潜水作业时基槽内各层的平均流速小于0.5m/s；

（2）波高：根据沉管能承受的最大冲击力，反算出最大波高为0.8m；

（3）波浪周期：为避免沉管在浮运安装过程中与波浪引起共振，结合以往项目经验规定波浪周期应不大于6s；

（4）风速：风速对沉管浮运安装的影响不大，根据经验，规定在所有管节浮运安装工序的作业中风速应小于6级风风速（$V=10.8 \sim 13.8$m/s）；

（5）能见度：考虑作业和船舶安全及海事部门的要求，根据经验值规定能见度应不小于1000m。

作业窗口限制条件根据数值模拟分析和物理模型试验，经过四次浮运演练和十几节管节的现场实际操作，以及对拖轮能力的综合考虑，反复修订、完善，最终确定作业窗口的限制条件如表4-9所示。

作业窗口风险登记表见附表12。

4.3.3 特属风险数据库

1. 岛头区风险

港珠澳大桥岛隧工程包括东、西两个人工岛，与岛头对接的管节分别为E33和E1。岛头区沉管安装有别于开敞海域，其受到诸多因素影响，主要有：交叉作业多、岛头挑流、岛头回淤、地质条件等因素，此外还有其他的叠加风险，如季节性原因所带来的台风、季风、电离层干扰等自然现象，这些因素会带来不同程度的施工风险。因此，岛头区沉管安装具有以下特点和风险：

作业窗口限制条件表　　　　　　表4-9

作业阶段和内容		流速（m/s）	波高H_s（m）	波浪周期（s）	风力等级（级）	能见度（m）	时间范围（h）
浮运	出坞、编队	0.4	0.8	≤6	≤6	≥1000	≥3.5
	航道浮运	0.8	0.8	≤6	≤6	≥1000	≥6
	转向区转向	0.5	0.8	≤6	≤6	≥1000	≥0.5
	基槽内纵拖	0.5	0.8	≤6	≤6	≥1000	≥0.5
	槽内系泊	0.6	0.8	≤6	≤6	≥1000	≥4.5
沉放	系泊等待	1.3	0.8	≤6	≤6	≥1000	≥4
	沉放实施	0.5	0.8	≤6	≤6	≥1000	≥6
潜水作业		0.5	0.8	≤6	≤6	≥1000	≥1

（1）岛头区挑流风险

岛头区挑流导致水流动力明显增强，流速放大系数达到1.5～2.0，不同的潮型流向引起的偏角变化量较大（最大约40°），局部区域出现了不稳定的漩涡（图4-20），严重影响基床人工铺设及沉管安装。

图4-20　西人工岛岛头挑流图

（2）施工场地受限

受岛头位置约束，管节系泊和沉放时锚系不能跨越人工岛，锚系定位方案调整难度大，如图4-21所示。

（3）基槽紊流风险

经现场基槽海流观测发现，大潮涨潮过程中基槽底部存在异常高速且流向不稳定的紊流，增加了沉管在基槽内横拖的风险，同时易造成沉管在沉放过程中吊缆偏载，引起管节沉放着床时浮态变化。

（4）风险登记表

岛头区风险登记表见附表13。

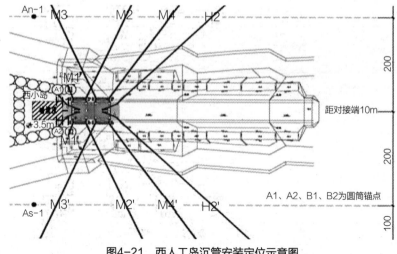

图4-21　西人工岛沉管安装定位示意图

2. 最终接头风险

最终接头是沉管隧道主体工程施工的最后一个合拢结构，其安装成败与否直接关系到整个工程的成败。最终接头的安装是一项复杂的系统工程，诸多施工工艺均为国内首次采用，缺少施工经验，技术难度大，环境因素复杂，工期紧，压力大，总体施工风险非常高。最终接头的安装具有以下特点和难点，构成了风险要素：

（1）水下安装测控精度要求高

最终接头构件总重量为6000t级，水下安装测控精度要求很高，两侧富余宽度仅15cm，不能碰撞两侧GINA止水带，对衔接高差要求严格，在国内尚属首次。

（2）作业窗口限制条件高

最终接头平面位置位于E29与E30管节之间，龙口狭窄，施工范围受限，接头处海流情况复杂，对安装作业窗口限制条件要求更高。

（3）紧邻繁忙航道

施工海域为开敞海域，距离通航的龙鼓西航道约1.3km，来往船舶船行波对起重船的吊装稳定性带来影响。

（4）临时止水技术要求高

最终接头临时止水系统的止水、保压时间长，是最终接头安装的生命线，虽系首次使用，要求其保障率必须达到百分之一百。

（5）风险登记表

最终接头风险登记表见附表14。

3. 深水深槽风险

港珠澳大桥沉管隧道是一条深埋沉管隧道，其中E10沉管的沉放水深超过40m，槽深超过30m，设计纵坡1.443%。图4-22为深埋沉管位置示意图。

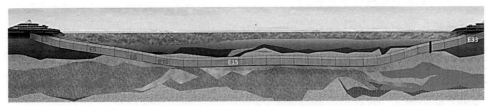

图4-22　深埋沉管位置示意图

深水深槽施工风险具有以下特点：

（1）海底异常紊流

伶仃航道、龙鼓西航道及为工程开辟的伶仃临时航道、第三浮运线路穿越了整条海底隧道，海底地形极为复杂，基槽水流多变，与普通航道水流情况不同，底层出现大流速对沉管水下安装对接产生极大的安全隐患（图4-23）。

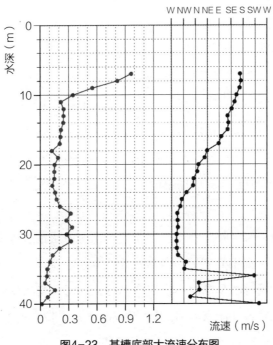

图4-23　基槽底部大流速分布图

（2）基槽边坡稳定性风险

深水深槽所在区域为航道区，基槽开挖受航道影响较大，边坡稳定性较差，易发生局部坍塌，致使基槽回淤，严重时影响成型后的碎石垫层，影响管节安装质量；深水航道区锚系布设情况无法预测，锚缆的水下形态不能准确判断，缆系拉曳过程易对基槽边坡造成局部破坏。

（3）深水中潜水作业风险高

潜水作业最大深度国内规范规定为60m，国际潜水承包商协会（ADCI）规定为57m，国际海事承包商协会（IMCA）及欧洲其他国家规定为50m。E10管节潜水深度最深处约44m，后续管节深度还会继续增加，氮麻醉和氧中毒等深潜作业风险逐步增高。具体风险主要为：

① 深水中潜水作业同时受复杂流态和船行波影响，作业条件差，减压时间长，因等待潜水作业条件使潜水作业效率降低从而延误安装时机的可能性增加；

② 水深增加使得潜水员脐带缆、水下摄像信号缆、附近标识浮鼓的固定钢丝绳长度均相应增长，各类线缆在水中活动范围增大，缠绕的风险增大；

③ 水压增大造成潜水员水下作业强度增大、作业效率降低、体能消耗加快，深水环境下意外情况发生几率增高；

④ 深水潜水减压不当、潜水设备故障等专项潜水风险发生的几率增加。

（4）深水管节测控和定位难度大

在深水条件下，管节安装测量塔的高度随之增加，受波浪、海流等外部条件影响，自身变形增加，定位精度有所降低，沉放对接时管节尾端精确就位难度加大，管节需要进行体内二次精调的几率增加。另外，深水区管节精调所需的顶推力加大，配备的千斤顶系统富裕系数减小，存在精调能力不足的风险，管节精确定位难度大，沉管隧道整体线形控制难。

（5）深水管节水力压接风险高

随着水深增加，结合腔内外压差不断增大，水力压接过程中GINA侧翻的风险提高。施工误差（端钢壳安装时的竖向定位偏差、管节着床后的实际纵坡偏差）会导致管节对接时两个端面不能完全平行；同时，受GINA止水带自身硬度不均匀性以及底部碎石基床摩阻力的影响，GINA止水带会出现不均匀压合甚至侧翻的风险，在深水条件下压接将凸显这一问题。

（6）深水管节结构安全风险高

深水高水压条件下管节自身存在水密性风险，预留孔洞等结构薄弱环节渗水可能性增加。同时，端封门临时结构安全风险增大，深水条件下的封门变形加大产生渗漏的风险增大，严重时导致结构失效。另外，深水条件引起的超高测量塔结构变形和受力复杂，舾装质量缺陷也将降低测量塔临时结构安全性能。

（7）风险登记表

深水深槽风险登记表见附表15。

4. 强回淤风险

珠江口属于含沙量较大的河口水域，本工程沉管隧道以E15和E16管节为界，从2013~2015年接近两年的现场观测结果显示，基槽东部淤积强度要大于西部。基槽淤积强度增大，对沉管碎石基床带来了很大的安全隐患，一旦回淤量超过设计要求，将对沉管安装造成极大影响，强行安装可能导致后期不均匀沉降，影响未来运营安全。

强回淤风险具有如下特点和风险：

（1）强回淤导致基槽边坡滑塌

E15管节安装过程中先后两次遭遇基床回淤，日均回淤强度超过1cm。第一次回淤，安装前几天监测基床回淤强度可控，基槽却在安装前夕遭遇大面积异常回淤，回淤量超标；第二次回淤，E15基槽边坡回淤物增多，出现边坡局部滑塌现象。

（2）碎石基床平整性

强回淤破坏了先铺碎石基床平整面，基床顶纵、横向存在不均匀高点，对管节着床时基床高程、纵坡及错边控制均存在不确定性，具有不可接受的风险。

（3）差异沉降风险高

基床回淤状况大于周边其他相邻管节，差异沉降及基底滑动变位增大，同时引发管节接头受力及防水的安全风险。

（4）管节沉放控制难度大

管节沉放过程承受水的浮力，随着回淤量的变化，管节底部浮力随之变得异常，增加了管节下沉过程中的操控难度。

（5）风险登记表

强回淤风险登记表见附表16。

5. 曲线段风险

（1）概述

本工程曲线段共有5个管节，依次为E29~E33，其位置如图4-24所示。曲线段沉管安装尤其是拉合、对接、测量等工序均有别于一般直线管节，岛头区存在自然条件叠加风险因素，安装测控和姿态控制难度大，尾端轴线偏差存在不确定性。对于曲线管节施工，因无过往经验参照，故存在认知不足的风险。

图4-24　曲线段管节位置图

曲线段风险具有如下特点：

① 线形控制难度大：曲线段管节矢高大，有效宽度增加，曲线段安装除了轴线控制外，还需考虑偏角、纵坡和横坡控制，其尾端控制更为复杂；长曲线段管节对于压载调平、负浮力控制、拉合、对接等工序都增加了施工难度，安全把控也更为严格；

② 临近合拢口，龙口形态控制难度大：随着曲线段管节安装越来越接近合拢口，可调整的余地越来越小，对曲线管节的安装精度要求也越来越高，增加了龙口形态的控制难度。

（2）风险登记表

曲线段风险登记表见附表17。

第5章

沉管浮运安装风险管理的实际应用

5.1 概述

沉管浮运安装的风险管理主要体现在沉管浮运安装施工的三个阶段：施工准备阶段、施工过程阶段和施工总结阶段。施工准备阶段主要以各级会议的形式为管理活动的载体，如沉管安装前预判会、风险评估专家咨询会、沉管安装总结会等；施工过程阶段主要以在安装船上召开现场决策会为载体，开展风险管理活动；施工总结阶段以不同管理层级的总结会和专家咨询会为载体，进行风险再评估与更新风险数据库，提升风险管理标准化体系。施工三个阶段的会议流程详见图5-1。

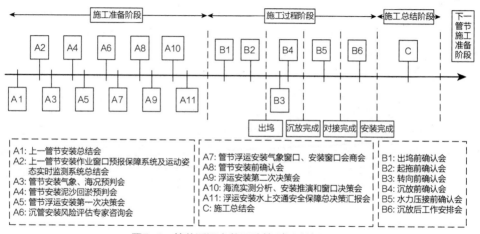

图5-1 管节浮运安装风险管理活动流程

5.2 施工准备阶段风险管理活动

施工准备阶段的风险管理活动从上一管节的安装总结会开始，至待安装管节施工水域的海流实测分析、安装推演和窗口决策会为止，是施工全过程风险管理活动中最重要的一个环节。此阶段共有11个会议，具体的风险管理流程见图5-2。

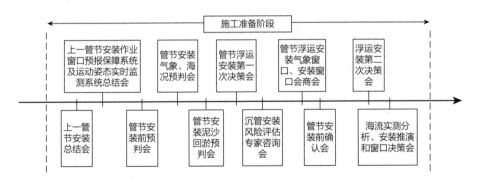

图5-2　施工准备阶段风险管理活动流程图

5.2.1　沉管浮运安装总结会

每一根沉管浮运安装的施工总结会由总经理部主持，召集各管理层与作业班组，对沉管施工全过程进行总结提升。会议共有五项议题：沉管安装简介，沉管施工情况总结，海事警戒与现场值守，存在的问题以及沉管浮运安装小结。

（1）沉管安装简介

主要内容包括：管节的所在位置及浮运航道等基本信息，管址海域水文气象条件，安装作业区的施工条件以及对该管节的施工决策事项等。

（2）沉管施工情况

总结沉管的浮运安装情况，对比浮运安装计划用时和实际用时，并对每一具体施工工序和施工方法进行详细的分析，包括碎石垫层铺设、二次舾装及施工准备、管节浮运、系泊、沉放对接以及贯通测量等。

（3）海事警戒与现场值守

总结海事工作安排的经验与不足之处；对比封航计划时间和实际使用时间。

（4）存在的问题

总结沉管施工原有的问题及新发现的问题，对这些问题进行分析，提出相应的处置措施。

（5）小结

对沉管施工情况进行整体总结，对风险管理的标准化体系予以充实和提升。

5.2.2 沉管浮运安装气象窗口及对接保障系统与沉管姿态监控系统总结会

沉管浮运安装气象窗口及对接保障系统总结会包括四项主要内容：

（1）气象窗口及对接保障系统总结

会议内容有：简述保障系统的总体流程，对接窗口的组成，窗口预报保障系统各子系统的组成，实时观测资料分析，以及沉管姿态监控系统情况等。

（2）施工期间海流预报

此环节有三大要点：潮位预报检验、浮运期间海流预报检验以及沉放对接海流预报检验。

（3）小结

总结保障系统的运行情况，预报数据与观测数据的差异以及检验预报系统是否达到设计要求。

（4）保障系统改进

结合保障系统的运行情况以及预报准确性，对系统作出针对性改善。

5.2.3 沉管浮运安装气象、海况预判会

重点有三部分内容：沉管浮运安装窗口期气象条件分析预测，施工期海浪要素特征分析，以及沉管浮运安装期海流预报。气象条件分析预测主要内容包括当前大气环流特征及演变趋势、珠江流域降水及施工区域天气预报。施工海浪要素特征分析主要目的是研究施工期海浪变化的规律，预测海浪浪高。沉管浮运安装期海流预报内容包括大窗口预报、浮运窗口预报以及对接窗口预报。这三部分内容是确定浮运窗口以及对接窗口的基础。

5.2.4 沉管安装泥沙回淤预判会

沉管基床整平前，由业主、监理、承包商、泥沙预判专业单位、气象预报单位共同参加的专题预判会，对当前及下一个安装窗口可能遇到的回淤和气象、海况进行分析，并对安装窗口的可行性进行预判预测，提供科学的技术支持。会议

内容包括回淤预警现场测量情况汇报、海洋环境预报汇报、沉管基床回淤处置施工介绍以及基槽异常回淤原因初步分析及应对措施等。

5.2.5 沉管浮运安装第一次决策会

此会议由业主、监理、承包商、海事部门、拖轮分公司、气象保障单位等参加，第一次决策会是对沉管安装的大窗口期进行决策，会议将针对浮运安装施工准备情况和窗口期气象、风浪等情况的汇报内容展开讨论，并初步确定作业时间。

5.2.6 沉管浮运安装风险评估专家咨询会

风险评估专家咨询会是对重大风险源进行分析、评估和处置，通过专家咨询委员会进行风险把控。专家提出咨询、指导性的意见，是作为施工准备阶段决策的重要依据，由风险管理委员会按风险管理流程来决定是否进入施工阶段。通常，一级风险会议在每个沉管浮运安装施工前10～15天召开。根据每个沉管的属性、所在季节、环境等特点，对照《风险管理手册》开展全方位风险排查工作，梳理出该节沉管相关风险条目，形成动态分析后的风险登记表，并据此编制《管节安装风险分析评估报告》，在专家咨询会上供专家评估分析，提出咨询意见。风险评估专家咨询会共有以下三项内容：

1. 沉管施工简介

此部分内容包括评估范围以及沉管施工特点分析。

按照风险动态管理的原则，评估范围包括与沉管浮运安装密切相关的基槽清淤、块石夯平、碎石垫层铺设、管节舾装、管节出坞、浮运系泊、沉放对接和管内作业（部分）等施工工序。施工特点分析包括管节设计参数、平面位置、浮运线路以及施工环境等方面的具体分析。

2. 沉管风险排查

按照风险动态管理的要求，须对沉管开展全面的风险自查与相互排查。统计排查结果并将结果归类为通用风险或专项风险、特属风险，对每一项风险源应提出处置措施。需要特别注意的是：排查过程中发现的新风险源也应对其落实处置措施或制定应急预案。

3. 重大风险分析和评估

除了需持续关注的常规重大风险以及风险排查过程中发现的新风险源，还应对沉管施工过程中可能出现的非常规重大风险源进行详细的分析，并根据该沉管施工特点制定其风险处置方案或应急预案。

5.2.7　沉管浮运安装气象窗口、安装窗口会商会

沉管浮运安装前，风险管理委员会多次组织气象保障单位及水文监测单位对即将进行的沉管浮运安装窗口进行气象、海流、海浪综合分析，基本确定最佳的沉管浮运安装窗口，为沉管浮运安装施工提供预报保障。

5.2.8　沉管安装前确认会

沉管安装前，由承包商内部组织5个作业组（管节舾装监控组、测量监控组、基础监控组、管节结构与线形监控组和作业保障小组）召开沉管安装准备工作确认会，分别对沉管测量、舾装、基础、结构与线形的准备工作以及风险排查情况进行确认，保障每一道工序施工质量、每一项风险因素都能得到把控。

5.2.9　浮运安装第二次决策会

第二次决策会是对沉管安装的确切窗口进行决策，会议由业主、监理、承包商、海事部门、拖轮分公司、气象保障等单位参加，结合窗口条件、浮运安装准备情况，最终决定是否进行管节出坞，以及相应的浮运安装具体计划。

5.2.10　海流实测分析、安装推演和窗口决策会

该决策会包括三部分内容：上一年同期浮运安装计划推演，本期浮运安装计划推演，以及对接窗口分析。通过对临近预报以及上一年同期实测潮位等数据的研究，初步推演出在沉管浮运安装计划中每一项工序允许施工的流速限制值的时长，以及相应的气象、海况条件。

5.2.11 浮运安装水上交通安全保障总决策汇报会

由海事部门主持，业主、承包商组织召开的沉管安装前的水上交通安全保障决策汇报会，审查沉管施工水上交通安全保障方案和浮运安装方案，制定海事船艇护航、警戒、航道封航等事项的计划和实施方案，保障沉管浮运安装水上施工的安全。

5.3 施工过程阶段风险管理

在确认具备沉管浮运安装条件后，根据施工先后顺序，在每一项重要工序施工前都需要进行现场决策确认。主要有起拖决策会、转向决策会、沉放决策会、拉合对接决策会等。每一个决策会，业主、监理、风险管理委员会均要听取相关作业班组对各项准备工作的汇报，确保各项准备工作计划周密，对风险把控环环相扣，消除隐患，不留死角。施工过程风险管理活动会议流程见图5-3。

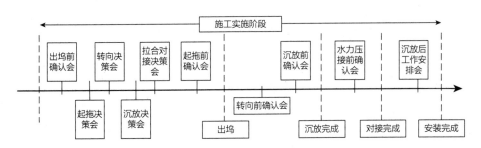

图5-3 施工过程阶段风险管理活动流程图

5.3.1 出坞前确认会

汇报和确认以下内容：沉管浮运安装总计划、船机准备情况；二次舾装、出坞准备情况；浮运、安装测控系统，航道和碎石基床扫测情况；沉放对接施工准备情况；海事交通管制和护航、警戒组织情况及气象水文临近预报情况。

5.3.2　起拖前确认会

汇报和确认以下内容：沉管起拖前检查情况；海事护航、警戒及航道封航工作情况；气象水文临近预报及海流实测情况；碎石基床最新扫测情况。

5.3.3　转向前确认会

汇报和确认以下内容：沉管转向前检查情况；系泊准备情况；气象水文临近预报及海流实测情况；施工区海事警戒情况和系泊时边坡保护注意事项。

5.3.4　沉放前确认会

确认各操纵系统在操作室的操作人员和在船甲板上的巡视人员已经到位；汇报沉放前各施工环节准备工作的检查情况和确认事项、边坡多波束扫测情况、气象水文临近预报及海流实测情况，提示沉放及监测要求；确定对接窗口时段。

5.3.5　水力压接前确认会

汇报和确认水力压接前检查情况、海流监测情况、沉管运动姿态，确认潜水员到位。

5.3.6　沉放后工作安排会

汇报贯通测量等安装后续工作安排；汇报锁定回填过程中的安全措施；指挥长对后续工作作出指示。

5.4　施工总结阶段风险管理活动

每一节沉管安装完成后，项目总经理部均会组织一次沉管浮运安装施工总结会（图5-4），总结已安装管节的成功经验，并将其转化为技术成果，对施工

标准化体系予以充实或修订；对已安装
管节出现的问题进行深入讨论和分析，
优化操作流程及细节，避免出现同类型
问题。同时，根据每一根沉管的完成情

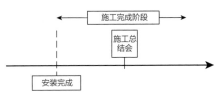

图5-4 施工总结会时间节点示意图

况以及出现过的风险源进行分析评估，
更新风险登记表。此外，在对每一根沉管做出风险规避或处置措施时，应尽可
能防止和关注因这些措施而带来的衍生风险。

5.5 施工全过程风险管理活动示例

下面以E18沉管浮运安装为例，详细说明沉管浮运安装的全过程风险管理活
动，阐述沉管浮运安装过程中的三个阶段（施工准备阶段、施工过程阶段和施工
总结阶段）的风险管理活动。

5.5.1 E18沉管浮运安装全过程风险管理活动流程概述

E18沉管位于已禁航的龙鼓西自然航道中心位置，距离正在通航的伶仃临时
航道约1600m，距线路二回旋区约700m，距线路三回旋区约800m。E18沉管的施
工全过程风险管理活动流程见图5-5。

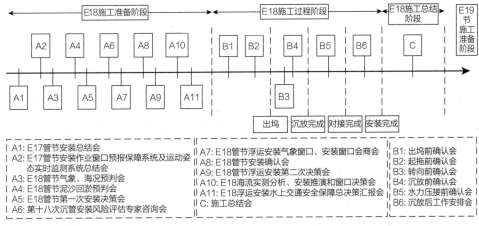

图5-5 E18施工全过程风险管理活动流程图

5.5.2　E18沉管施工准备阶段的风险管理活动

E18沉管浮运安装施工准备阶段风险管理活动流程见图5-6。

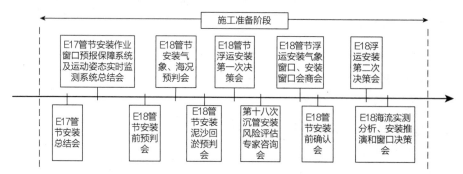

图5-6　E18施工准备阶段风险管理活动流程图

1. E17沉管安装总结会

（1）E17沉管安装概述

E17沉管安装正值珠江水域汛期，径流量增大，海流情况更为复杂，受"龙舟水"叠加回淤影响，面临的施工风险和挑战较以往更大。项目总经理部为此组织开展了大径流专题研究和大规模、高密度的水文测验。其间开展的主要工作包括：

1）大径流对安装期潮位、流场影响分析；

2）浮运安装历史数据整理；

3）三次浮运系泊推演分析；

4）大径流条件下浮运系泊的关键风险点梳理，细化风险管控措施；

5）海流实测数据与预报数据比对分析。

项目总经理部对于海流流速、潮位、风浪、含盐度等变化对沉管浮运安装的影响，多次组织实操模拟推演，全面梳理施工风险，落实应对措施。根据预测和实测数据，项目总经理部组织国家海洋环境预报中心开展多次分析、研究，谨慎调整出坞时间和对接窗口。沉管出坞前五小时召开现场决策会，分析E17沉管出坞、浮运、安装等各工序时段的流速、流向、气象、海浪等实测数据，最终确定浮运安装实施计划。

（2）E17沉管施工情况

1）2015年5月27日～6月8日完成E17沉管碎石基床整平作业、验收，验收检测数据满足设计要求。

2）2015年4月25日～5月25日完成E17沉管二次舾装作业，内部自检和监理方验收均为合格。

3）2015年6月6～11日完成E17沉管出坞、浮运和安装，其中自沉管出坞至贯通测量各关键工序共历时33小时，施工全过程平稳受控，沉管对接后贯通测量结果满足设计要求。

4）2015年6月11日完成E17沉管的点锁回填作业，6月14日完成安装船撤离作业。浮运安装计划时间与实际用时对比情况见表5-1。

<table>
<tr><td colspan="7" align="center">浮运安装计划时间与实际用时对比表</td><td align="right">表5-1</td></tr>
<tr><td></td><td colspan="3" align="center">计划安装时间</td><td colspan="3" align="center">实际安装时间</td></tr>
<tr><td>出坞</td><td>17：00</td><td>21：00</td><td>4h</td><td>17：05</td><td>22：17</td><td>5h</td></tr>
<tr><td>浮运</td><td>21：00</td><td>1：30</td><td>5.5h</td><td>22：17</td><td>4：10</td><td>6h</td></tr>
<tr><td>系泊</td><td>1：30</td><td>5：30</td><td>4h</td><td>4：10</td><td>8：25</td><td>4h</td></tr>
<tr><td>沉放准备</td><td>5：30</td><td>6：30</td><td>1h</td><td>4：10</td><td>8：25</td><td>4h</td></tr>
<tr><td>绞移</td><td>6：30</td><td>7：00</td><td>0.5h</td><td>8：25</td><td>8：35</td><td>0.17h</td></tr>
<tr><td>管节沉放</td><td>7：00</td><td>14：00</td><td>7h</td><td>8：35</td><td>13：25</td><td>5h</td></tr>
<tr><td>拉合</td><td>14：00</td><td>16：00</td><td>2h</td><td>13：25</td><td>14：42</td><td>1.25h</td></tr>
<tr><td>水力压接</td><td>16：00</td><td>18：30</td><td>2.5h</td><td>14：42</td><td>17：00</td><td>2.25h</td></tr>
<tr><td>管节压载至1.05倍浮力的安全系数</td><td>18：30</td><td>1：00</td><td>6.5h</td><td>17：00</td><td>20：30</td><td>3.5h</td></tr>
<tr><td>开启人孔门</td><td>1：00</td><td>5：00</td><td>4h</td><td>20：30</td><td>0：00</td><td>3.5h</td></tr>
<tr><td>贯通测量</td><td>5：00</td><td>10：00</td><td>5h</td><td>0：00</td><td>2：00</td><td>2h</td></tr>
<tr><td>合计</td><td colspan="3" align="center">40.5h</td><td colspan="3" align="center">33h</td></tr>
</table>

（3）海事护航警戒与现场值守

1）海事护航警戒

考虑到径流风险，项目总经理部用"临近海流实测法"得到的数据判断安装窗口是否适合，因此推迟了确认浮运安装计划，给海事部门增加了工作压力和难度，但各参与单位仍然坚持风险管理的执行程序。10艘海事护航警戒船艇和1艘渔政执法快艇参与了E17沉管浮运和安装现场护航警戒工作，海事指挥中心、广州交管中心等全程监控施工水域，与现场保持紧密联系，为E17沉管浮运安装提供了安全的外部环境。

浮运阶段将警戒区域划分为核心警戒区和预警区；系泊后安装船撤离前安排4艘海巡船警戒值守。因径流引起的大流速影响，出坞浮运计划滞后，导致榕树头航道、伶仃航道和龙鼓西临时航道实际封航时间均比计划时间延长2.5h，其中伶仃临时航道封航7h。各航道详细封航时间见表5-2。

各航道封航时间（括号内为实际封航时间）　　　　表5-2

序号	航道名称	封航时间
1	榕树头航道	2015年6月9日18：00~10日00：30（03：00）[①]
2	伶仃临时航道	2015年6月9日21：00~10日01：30（04：00）
3	龙鼓西临时航道	2015年6月9日18：00~10日01：30（04：00）

注：①括号内表示延误时间。

2）现场值守

考虑应对大径流期间可能出现的大流速抗流作业，系泊作业完成后，现场安排5艘大马力全回转拖轮、9艘起锚艇和2艘起重船在E17沉管四周警戒值守，并做好现场抗流准备。为保证已安装管节尾端安全，在安装船撤离后，现场安排5艘起锚艇在E17沉管尾端四周值守。

（4）存在的问题

1）整平船液压油管老化；

2）航标碍航；

3）浮运导航软件故障；

4）海水密度变化影响负浮力。

（5）小结

E17沉管浮运安装是一个具有较多风险因素的项目，上述全过程风险管理活动显示了其管理程序到位，各项测控系统性能稳定、数据精准，海事保障有力，风险处置措施可靠等。同时还证明了缜密的历史数据梳理和认真的操作推演是保障沉管浮运安装全程风险可控的重要手段。

E17沉管的浮运安装全过程验证了针对大径流条件所做的各项施工准备工作

是风险管理的指引结果,浮运安装的决策过程是风险动态管理的体现。E17沉管浮运安装过程中出现的"分层流"影响拖航、浮运难度增大、盐度跃层影响管节干舷值和负浮力值、浮标碍航和设备老化等问题,提示我们对后续沉管的浮运安装作业风险应予足够重视。

2. E17沉管浮运安装气象窗口及对接保障系统总结会

E17沉管的对接保障系统总结会内容主要有四项:

(1)沉管对接窗口保障系统运行情况

观测记录表见图5-7。

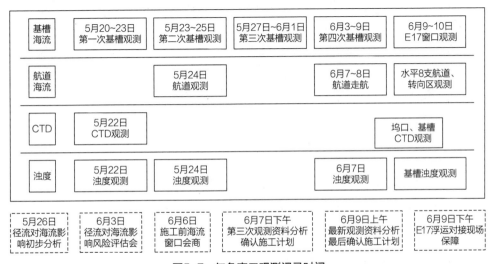

图5-7　气象窗口观测记录时间

(2)E17水文条件前期观测分析

E17基槽水文实测资料与预报数据对比情况见图5-8。

由前期观测数据分析得知,大径流对海流的影响:

1)大潮:

落潮:上层平均流速增大0.2m/s左右;

涨潮:下层平均流速减小0.2 ~ 0.3m/s。

2)小潮:

落潮:上层平均流速增大0.1m/s左右;

涨潮:下层平均流速减小0.2 ~ 0.3m/s。

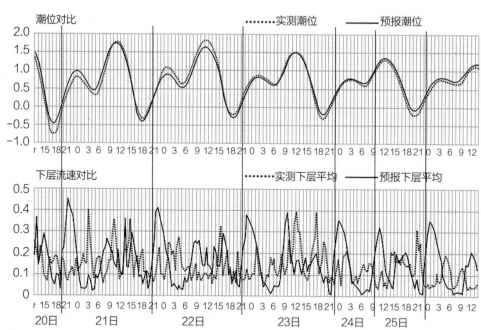

2015年5月20~25日基槽实测与预报对比

图5-8　实测及预报对比图

3）大径流对密度层结影响：

落潮伴随大径流会造成很强的密度跃层：10m上下密度差最大接近17，平均密度差接近12。

（3）E17沉管姿态监测情况总结

通过安装在管节上的姿态监测仪器以及数值模拟，在管节安装完成后对姿态监测结果进行汇总、处理和分析，提出下一节管节安装的改进措施。

（4）对接窗口预报保障总结

1）沉放对接期间海流环境保障；

2）沉放对接期间密度环境保障；

3）沉放对接期间浊度环境保障。

3. E18沉管气象、海况预判会

（1）E18沉管浮运安装窗口期间气象条件分析预测

主要内容包括当前大气环流特征及演变趋势，以及2015年6月26~30日珠江流域降水及施工海域天气预报。

1）6月21日上午11：00，1508号台风"鲸鱼"在南海中西部西沙群岛附近的海面上生成，近中心最大风速18m/s，中心最低气压995hPa；于23：00加强为强热带风暴级别，近中心最大风速25m/s，其预测见图5-9；

2）22日18：50，1508号台风在海南省万宁市沿海登陆，登陆时中心附近最大风力有10级（25m/s），中心最低气压为982hPa；于20：00降为热带风暴级别（20m/s）；

3）23日上午9：00，1508号台风再次入海，进入北部湾海面。24日上午11：40前后在越南北部再次登陆，登陆时中心附近最大风力有8级（20m/s），中心最低气压为990hPa。25日凌晨减弱为热带低压，中央气象台遂对其停止编号；

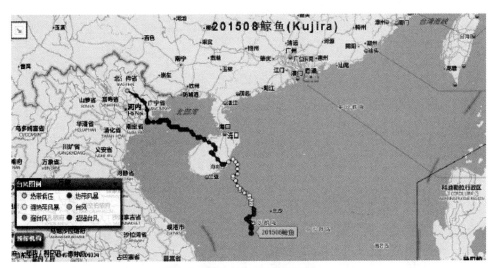

图5-9 台风"鲸鱼"路径预测

4）22日上午8：00至25日上午8：00，珠江流域降水落区为广东南部沿海和广西南部，以中到大雨为主，局部地区有大到暴雨；

5）E18沉管窗口期天气预报，见表5-3；

6）未来五天大气环流及降水分析：

无台风影响的施工区：26~27日，中高纬地区浅槽东移，副高逐渐西伸，珠江流域无持续降水过程，施工区位于系统边缘且低层水汽输送较强，多对流云团影响；28~30日，中高纬地区为纬向环流控制，副高继续西伸并北抬，珠江流域无降水过程，施工区为副高控制，多晴好天气。具体见表5-3。

时间	天气系统	天气现象	风向	风力（级）
6月26日08：00~27日08：00	副高边缘	多云有阵雨	南-西南	3~4级，注意短时雷雨大风
6月27日08：00~28日08：00	副高内部	多云	南-西南	3~4级，注意短时雷雨大风
6月28日08：00~29日08：00	副高内部	晴间多云	偏南	3~4级，中午至傍晚4~5级
6月29日08：00~30日08：00	副高内部	晴间多云	偏南	3~4级，中午至傍晚4~5级
6月30日08：00~7月1日08：00	副高内部	晴间多云	偏南	3~4级，中午至傍晚4~5级

E18沉管窗口期天气预报　　　　表5-3

（2）E18施工海域海浪要素特征分析

1）2012~2014年6月海浪要素总体特征，见图5-10。

2）6月海浪过程个例分析：

2012年6月10~12日海浪过程，见图5-11。

3）6月风浪关系分析-风向，见图5-12。

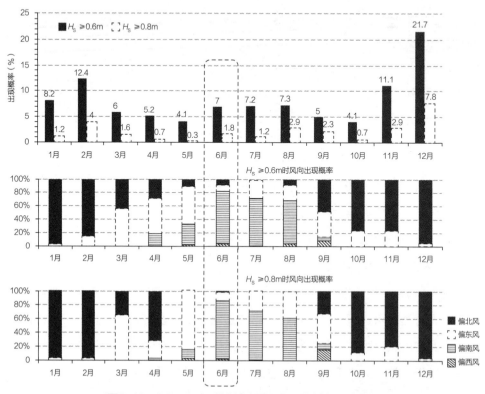

图5-10　0.6m/0.8m以上波高逐月出现的概率及风况图

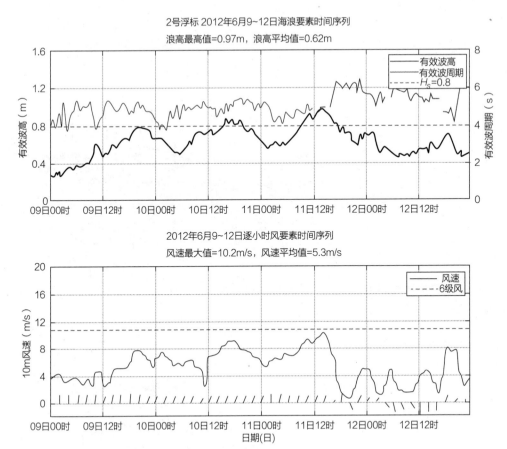

图5-11 0.6m/0.8m以上波高逐月出现的概率及风况图

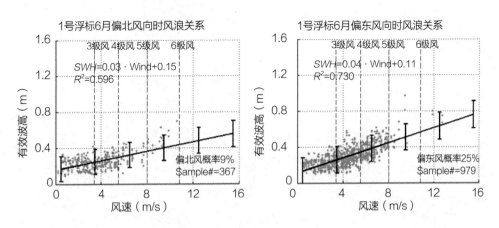

图5-12 6月风浪关系分析-风向

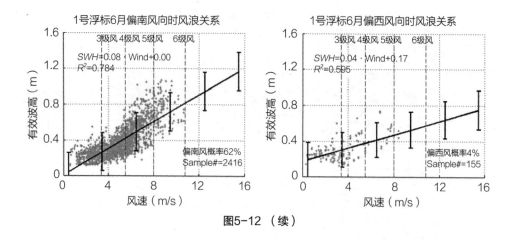

图5-12 （续）

4）6月风浪关系分析-浮标，见图5-13。

5）6月有效波高日变化，见图5-14。

6）海浪预报结论，见表5-4。

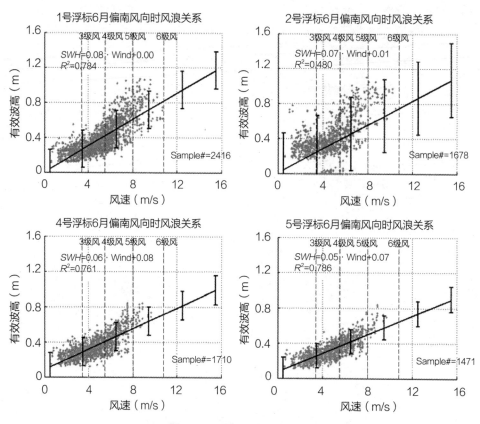

图5-13　6月风浪关系分析-浮标

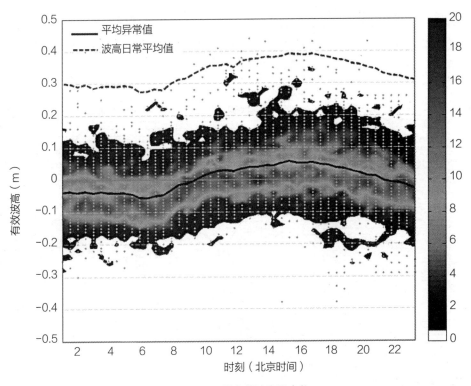

图5-14　6月有效波高日变化

<table>
海浪预报结论　　　　　　　　　　　表5-4
</table>

日期	浪高（m）
6月25日	0.2~0.5
6月26日	0.2~0.5
6月27日	0.2~0.4，中午至傍晚0.4~0.6
6月28日	0.2~0.4，中午至傍晚0.4~0.7
6月29日	0.2~0.4，中午至傍晚0.4~0.8
6月30日	0.2~0.4，中午至傍晚0.4~0.9

（3）E18沉管海流预报

大窗口预报-潮位

2015年6月5~29日施工海域潮位预报：实线部分为预报值，虚线部分为波潮仪观测值。6月23~28日为小潮期。详见图5-15。

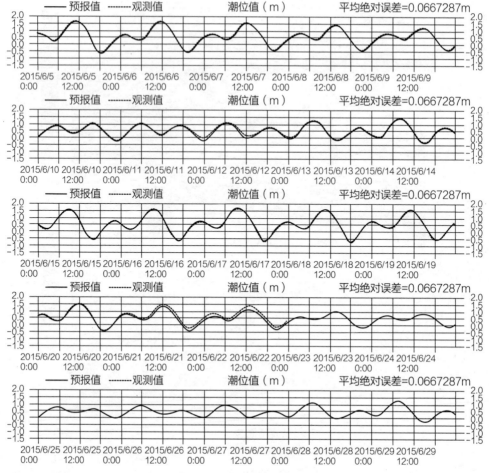

图5-15　施工海域潮位预报

2015年6月5~29日施工海域2～10m平均海流预报：实线部分为预报值，虚线部分为4号浮标观测值。6月23~28日为小潮期，流速较小，其中施工窗口中6月25~26日流速最小，详见图5-16。

由上述预报曲线可知，小潮期流速较小，是合适的大窗口。其中6月23~28日，6月25~26日流速最小。

（4）浮运窗口预报

6月26~28日浮运窗口如下：

窗口1：6月25日23：00~6月26日14：00；

窗口2：6月27日00：00~6月27日15：00；

两个窗口表层10m流速基本小于0.8m/s，具体见图5-17。

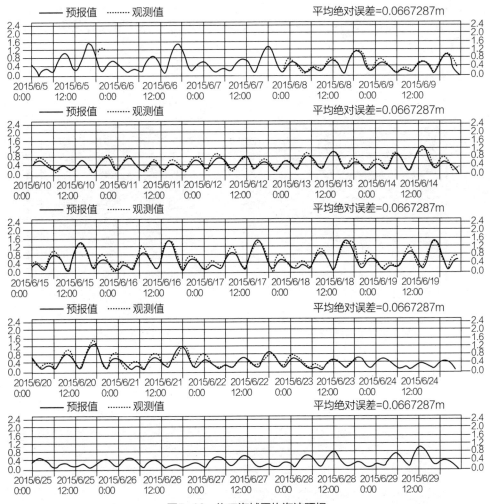

图5-16 施工海域平均海流预报

（5）对接窗口预报

首选窗口：6月27日16：00 ~ 28日00：00；

备用窗口：6月28日16：00 ~ 29日00：00。

具体见图5-18。

4. E18沉管泥沙回淤预判会

（1）基槽回淤基本特点：

1）内伶仃岛北侧采沙活动是自E15沉管沉放以来出现的最大风险源。采沙活动停止后，对隧道沉管施工环境大为改善。

2）E15、E16沉管基槽淤积相对较轻，E17、E18沉管基槽淤积较重，E19沉

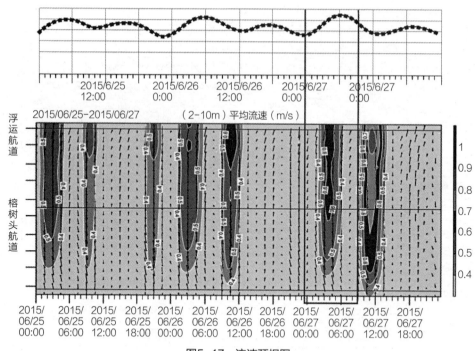

图5-17　流速预报图

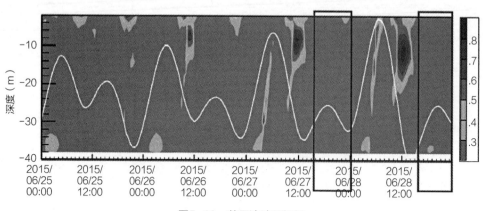

图5-18　整层流速预报图

管之后淤积会更重（E21沉管基槽积淤量大约为E15沉管的2.1～2.7倍）。

3）基槽泥沙淤积受潮汐、潮流、风浪、径流及人为活动等多种因素影响，特别是风浪和径流变化的随机性较大，因此，基槽泥沙淤积具有一定的不确定性。

（2）E18沉管沉放窗口期基槽回淤初步预报结果：

如表5-5所示，按照现有的预报情况，考虑到已有的减淤措施的效果，基本上可达到设计要求（E17沉管碎石基床落淤厚度0.062m、0.059m）。

E18沉管沉放窗口期基槽回淤厚度初步预报结果　　　　　　　表5-5

泥沙容重（g/cm³）	多波束法	回淤盒法
1.05	0.210m	
1.15	0.130m	0.113m
1.26	0.065m	0.060m

根据基槽回淤情况的分析，攻关组认为E18沉管基床具备碎石铺设条件：

1）按照前期预报成果，根据临近安装期的跟踪情况，含沙量、回淤盒、多波束测量及潜水探摸结果表明均在正常范围内。未来几日气象预报值偏高，径流具有一定的不确定性。

2）考虑到已有减淤措施的实际效果，基槽的淤积基本可控制在设计要求范围内。

3）下一步将继续密切关注气象、径流、含沙量及基槽淤积等变化，作好跟踪监测及预警，及时作出临近预报，为E18沉管浮运、安装决策提供可靠依据。

5. E18管节第一次安装决策会

第一次安装决策会由各相关单位汇报了E18沉管浮运安装前的准备工作（表5-6），并对E18沉管浮运安装工作相关信息进行了沟通和确认。会议要点如下：

（1）E18沉管二次舾装正在进行中，确认E18沉管浮运安装窗口暂定为2015年6月26日；6月27日和28日为备选窗口；

（2）碎石基床铺设等工作正在按计划实施，须加强监测；

（3）密切关注南海低气压及径流的变化情况，及时通报。

6. 沉管浮运安装风险评估第十八次专家咨询会

E18沉管风险评估第十八次专家咨询会主要是审议风险排查结果及对重大风险源作分析评估。

E18沉管浮运安装第一次决策会（样表）　　　　　　表5-6

项目	区域	名称	负责单位	是或否	签字
1	已安管节	已安管节舾装情况	Ⅴ工区		
2		结合腔排水管系检查、调试			
3		已安管节管内施工通道			
4		钢端壳清理			
5	坞口区域	坞口航道情况			
6	待安管节	压载系统检查、调试	Ⅴ工区		
7		二次舾装准备情况			
8		深坞沉放调试			
9	出坞	出坞准备情况			
10	浮运软件	浮运软件调试情况满足要求			
11	浮运航线	浮运航道验收记录	测量队		
12		航道封闭情况	总部		
13	拖船	安排情况	拖轮公司		
14	沉管区域	设备工具（卷扬机，压载系统，位置测量系统）	Ⅴ工区		
15		系泊准备情况			
16		碎石基床的施工			
17		基础回淤检测			
18	测量船	测量船器具工作确认和到位情况	测量队		
19	文件	浮运、系泊和沉管安装方案	Ⅴ工区		
20	总项目部	综合判断（Go/No Go）	总部		

总指挥：

（1）概述

1）评估内容

此次风险评估的对象为即将安装的E18沉管，评估内容包括与沉管浮运安装密切相关的基槽清淤、块石夯平、碎石垫层铺设、管节舾装、管节进出坞、浮运系泊、沉放对接和管内作业（部分）等施工的风险管理。

2）施工特点分析

E18沉管为本工程第一次在一个月内连续安装沉管的第二根沉管，凸显任务重、工期紧的特点，加上受航道地形、强回淤和大径流的叠加影响，致使回淤态势严重，需增加清淤工序，迫使安装窗口首次选择小潮后期，现场异常复杂的外部环境对沉管安装窗口的影响较大。

（2）E18沉管风险排查

采用动态管理的方法，对E18沉管开展了全面的风险自查与相互排查。自查与排查对象主要包括9类通用风险和3类专项风险，共计185项，如表5-7及表5-8所示。

E18沉管通用风险排查表　　　　　　　　　　　　表5-7

序号	风险名称	风险项数	序号	风险名称	风险项数
（1）	环境	17	（6）	进出坞	10
（2）	人员	6	（7）	系泊浮运	19
（3）	装备	31	（8）	沉放对接	15
（4）	碎石基床	21	（9）	管内作业	9
（5）	沉管舾装	22	累计		148

E18沉管专项风险排查表　　　　　　　　　　　　表5-8

序号	风险名称	风险项数	序号	风险名称	风险项数
（1）	台风恶劣天气	9	（3）	深水深槽	7
（2）	潜水作业	19	累计		35

经过专家咨询会的讨论和分析，E18沉管新增风险源共3项：小潮后期叠加大径流的安装风险、浮标异物碍航风险、整平船技改后的拖航定位风险。新增风险类别及项目数见表5-9。

E18沉管风险统计表　　　　　　　　　　　　表5-9

类别	一般关注风险	重点关注风险	新增风险
通用风险	102项	48项	3项
专项风险	21项	14项	0项
累计	123项	62项	3项

根据专家咨询会的讨论意见，E18沉管新增应急预案2项：碍航物清除应急预案、安装船主副船间应急供电预案。应急预案项目数对比如表5-10所示。

E18沉管施工应急预案　　　　　　　　　　表5-10

应急预案	项数（个）
原有应急预案	14
新增应急预案	2

（3）重大风险分析与评估

针对E18沉管施工特点，除了持续关注常规重大风险以及风险排查中提出的新风险源之外，尚需重视下述10项重大风险：

1）小潮后期叠加大径流的安装风险

① 风险分析：

a．E18安装窗口位于端午节后几天，加之处于龙鼓西天然水道中心位置，"龙舟水"带来的大径流造成基槽流态复杂、海水盐度跃层明显，安装经验不足；

b．受地形影响，基槽东部海域水流流向多变，较西部流速流向有明显变化，船舶稳定及系泊风险增大；

c．受清淤作业影响，安装窗口延至小潮后期，窗口内满足作业的限制条件已接近上限，意外情况下启用备用窗口决策困难，沉管安装窗口期仍存在不确定性。

② 应对措施及预案：

a．评估各施工船舶锚机、缆绳等设备工况，对存在隐患的设备进行维修或更换，同时需增加浮运安装过程中的备用拖轮，提高突发情况的应对能力；

b．开展模拟推演，对各道工序可能出现的突发情况制定完善的应急措施；

c．运用临近预报与实测海流相结合的方法，系统分析施工期间所能遇到的风、浪、流，为出坞时机、对接窗口的选择提供可靠的决策依据；

d．强化船机保障，加强施工组织协调，避免因意外情况的发生而延误工程进度。

2）台风、强对流天气

① 风险分析：

6月最主要的影响因素为热带气旋和西南季风。E18沉管安装期间，热带气旋已开始在西太平洋地区活跃，短时雷雨大风和西南季风频繁出现；受偏南风影响，施工海域每日下午浪高显著增大。8号热带风暴"鲸鱼"预计24日前后登陆，但其强度和路径仍存在不确定性，可能会影响基床整平作业，严重时存在延误安装窗口的风险。

② 应对措施和预案：

a. 加强同国家海洋环境预报中心、珠海气象局、海事部门与广州港集团拖轮分公司的沟通，建立防台防汛联动机制，提高防台应急处置能力；

b. 加强对台风、强对流等恶劣天气的宣贯工作，按照防台、强对流天气应急预案，开展船舶防台撤离与强对流天气应急演练；

c. 委托国家海洋环境预报中心协助本工程建立强对流天气预报预警体系，实行由专人监测雷达图，一旦发现不利动态，须在2小时内通知到现场船舶，及时做好应急处置措施。

3）基槽回淤

① 风险分析：

a. 汛期、大径流引起施工区域流速显著增大，监测发现基槽内回淤强度较之前增大；

b. 虽然采取了多项清淤、减淤措施，但仍存在回淤量超限的风险。

② 应对措施和预案：

a. 继续开展日常回淤监测和分析对比工作，完善回淤预警预报系统；

b. 在基槽内设置横向截淤堤坝，抑制隧道沉管基槽内底部浮泥沿轴线方向运动；

c. 利用清淤船动态截淤和潜水员水下扰动，减小碎石基床面上的回淤强度；

d. 加快对整平船清淤功能的改造和调试进度，为处理基床异常回淤提供更好的清淤设备。

4）边坡回淤物失稳

① 风险分析：

a. 汛期叠加大径流，边坡回淤速度较前期加快，边坡回淤厚度较大时或受到船舶锚缆剐蹭后，可能导致边坡局部失稳坍塌；

b. 排查发现部分辅助船舶锚缆较短，当其锚缆位于边坡上方时，可能刮擦边坡局部失稳。

②应对措施和预案：

a. 采用专用清淤船对边坡清淤，开展边坡回淤日常监测，提供及时有效的决策依据；

b. 对大马力全回转锚艇带缆作业进行标准化管理，调整系泊时机和系泊位置，尽量减少在系泊、绞移过程中缆绳对边坡的剐蹭现象；

c. 根据现场评估，对部分船舶的较短锚缆及锚机进行更换、加长或改造。

5）沉管连续安装作业风险

①风险分析：

a. 连续安装管节任务重、工期紧，若施工中任一环节出现问题，都有可能导致作业窗口延误；

b. 因为连续安装E18沉管，会较以往增加3.5天的清淤时间，给按期执行工期计划增加了新的风险；

c. 现场施工人员在高温高湿环境下连续高强度作业，职业健康及疲劳作业风险加大；

d. 天气潮湿，专用船机设备休整、检查、保养的时间短，设备发生故障的风险增大。

②应对措施和预案：

a. 总结以往的连续作业经验，将施工工序和操作要领标准化，统一调配人机料，各道工序合理穿插作业，确保各环节顺畅；

b. 加强沟通与协调，积极配合清淤作业，合理安排潜水探摸与多波束扫测时间，减少干扰和窝工，提高作业效率；

c. 做好防暑降温工作，避开中午炎热时段露天作业，采购充足的药品、饮品，采取多项遮阳等降温措施，改善一线作业人员的施工、休息环境；

d. 认真完成船机设备专项检查，评估关键设备、元器件的工况，根据元器件状态，提前保养、维修或更换。

6）交叉作业过程中船舶安全风险

①风险分析：

a. 整平施工期间，清淤船与供料船间距不足200m，锚缆交叉，送料船上料时易发生船舶擦碰或锚缆刮擦风险；

b．沉管安装期间，清淤船进行动态截淤，各船舶排列紧凑，夜间施工定位，易发生锚缆剐蹭、缠绕的风险。

② 应对措施及预案：

a．加强各船舶之间的沟通与协调，密切配合，对外来运输船舶的动态及时交底；

b．船舶抛锚、起锚前，现场再次检查锚缆，一旦发现锚缆异常，需及时解决；

c．增加值班人员数量，加强瞭望；增设夜间照明设施；安排大马力拖轮现场值守应急；海事船艇现场巡航警戒，确保施工船舶作业安全。

7）整平船技术改造后的拖航定位风险

① 风险分析：

a．整平船增加清淤系统后，船舶荷载增加且有偏心，通过增加压载水使船体保持平衡，整体吃水增加约20cm，船舶所受的水流阻力也相应增加；

b．整平船在增加清淤系统后，按照目前的拖力配备，拖航速度即变缓慢，整平船的姿态控制难度增大，尤其在穿越伶仃航道时船舶安全风险增大；

c．基槽东部流场复杂，从E17、E18沉管施工整平船实际定位情况来看，船舶定位难度加大，曾出现过一次走锚现象。

② 应对措施及预案：

a．计划采购6口10t的AC-14大抓力锚，更换原来的8t锚，提高整平船的系泊定位能力；

b．选择在平潮小流速时拖航，增加一艘拖轮，为应急所需；

c．拖航前，向海事部门申请航道警戒，做好现场的安全警戒工作。

8）浮标异物碍航风险

① 风险分析：

a．E17沉管浮运过程中发生航标碍航问题；

b．汛期上游洪水携带大型漂浮物进入航道会阻碍编队浮运。

② 应对措施：

a．移除F6警戒标，联合海事部门，加强对施工警戒区、禁航区标识的定期巡查；

b．出坞前，工区项目部组织对浮运航道海域状况进行详细的检查及水深测量，同时将各航道边的浮标标注在浮运导航软件界面上；

c.编制应对碍航物等突发情况的应急预案，浮运期间，在编队前方1km范围增加两艘大马力锚艇，发现碍航物提前清除，浮运编队放慢航行速度，保障安全。

9）潜水作业风险

① 风险分析：

a.受近期大径流影响，表层流速大、盐度跃层明显，故满足潜水作业条件的窗口明显减少；潜水作业频繁，存在超限作业的风险；

b.表层流速大，潜水员连接的脐带在水下难以固定，易发生人身安全风险；

c.E17沉管水力压接期间，潜水员出现下水困难等问题，若持续时间长，容易造成现场等待作业现象，甚至出现延误安装窗口的风险。

② 应对措施和预案：

a.增设潜水吊笼，抵抗表层大流速，在水面以下10m左右位置增加一名潜水员，辅助收放脐带缆等；

b.收集资料，开展对潜水钟的市场调研，为应对在较大流速条件下潜水作业提供备用装备。

10）关键设备保障风险

随着设备不断老化，发生不可预见故障的几率也会增加。如整平船液压油管曾多次出现破损的现象，须对此类问题作专项报告，及时化解设备故障风险。

7. E18沉管浮运安装气象窗口、安装窗口会商会

2015年6月26日上午，项目总经理部组织召开了E18沉管安装气象窗口条件确认会，参会单位有：国家海洋环境预报中心，岛隧工程项目总经理部、Ⅴ工区、Ⅲ工区一分区和Ⅲ工区二分区。会上，国家海洋环境预报中心和Ⅴ工区汇报了E18沉管安装施工海域内海流、风浪等实测资料，并与气象窗口条件进行比较，会议确认实测资料满足E18沉管浮运安装要求，一致同意于2015年6月26日20：00正式启动E18沉管浮运安装作业。

8. E18沉管安装确认会

E18沉管安装确认会分为项目部确认会及作业班组确认会。首先是由项目总经理部组织召开由总工程师主持的安装确认会，工区领导、各部门负责人、技术主管、安装船长、起重班以及潜水队、航修队等分别派员参加了会议。会议听取了测量控制、基础整平、舾装浮运、安装、设备保障等五个方面的工作情况汇

报，并作审议，布置了近期工作。会议的结论意见主要有：E18沉管测量控制、基础整平、舾装浮运、调试安装、设备保障五个方面的报告总体框架可行，基础整平和设备保障两个报告内容及格式相对简单，需完善施工细节，提供内容完整的支撑文件和应急预案。具体审议意见摘要如下：

（1）测量控制报告：

1）补充完善各工序之间技术参数的确认及交接流程；

2）汇报内容中需增加各证明文件的签字材料。

（2）基础整平报告：

1）汇报内容较简单，需补充完善施工准备及施工期间各工序的确认过程及相关的证明文件，如人机料配备、地质条件复核、插拔桩腿的受力、边坡扫测情况确认、潜水扰动、石料抽检等；

2）材料中缺少拦淤坝抛填及回填的相关工作内容；

3）相关材料整理完善后，内部再进行一次专题汇报和审查。

（3）舾装浮运报告：

1）高度重视锚系安全，按要求对受损的锚缆尽快予以更换；

2）明确舾装件维护保养责任，提高舾装件维护质量；

3）补充完善安装船坞外防台应急预案，确保重要船机设备及人员的安全；

4）考虑人孔井水下切割后造成结构损坏，同意增加2套A型人孔井，并尽快书面上报总部确认。

（4）沉管安装报告：

1）完善管内二次舾装安装审核流程，需航修队等单位领导签字确认；

2）增加西岛管内施工的相关证明文件及附件；

3）补充完善主、被动拉合单元钢丝绳的更换及记录；

4）汇报材料中增加对各项应急预案的准备情况；

5）工序确认签字等证明文件建议放在汇报材料正文中。

（5）设备保障报告：

1）完善日常船机、设备检查的内容及确认流程；

2）查阅规范，确认是否可以增加钢丝绳的无损检测用以检查钢丝绳质量；

3）补充增加整平船齿轮、齿条的维修保养方案；

4）建议将设备风险排查范围延伸至外租船舶，加强对所有船舶的安全管理；

5）完善船机、设备的管理体系；

6）针对本次对安装船、整平船的风险排查、评估，督促振华公司尽快提交风险排查评估报告及部分设备检查方案和应急预案。

会后，各相关部门针对会议的反馈意见都进行了整改和落实。

9. E18沉管浮运安装第二次决策会

决策会上各相关单位汇报了E18沉管安装前的准备工作，并对第一次决策会所确定的工作的落实情况进行了反馈。与会人员听取了E18沉管安装工作相关信息汇报，并进行了审议，要点如下（表5-11）：

（1）E18沉管碎石基床铺设，二次舾装，拖轮、作业软件等各项工作已准备就绪；海事水上通航安全保障工作正按有关要求落实；施工海域内的水流、风、浪等窗口条件满足E18沉管浮运安装要求；一致同意E18沉管于2015年6月26日进行浮运安装。

（2）受大径流影响，最终浮运安装计划待6月26日现场实测流速数据会商分析后再行确定。

E18沉管浮运安装第二次决策会主要内容（样表）　　　表5-11

单位	内容	Yes or Not	签字
国家海洋环境预报中心	未来72+72小时气象预报		
海事局	通航保障情况		
V工区	基槽、系泊、安装准备情况		
拖轮公司	船只确定		
测量队	浮运软件和监测船性能良好		
监理单位	确定满足施工要求		
总项目部	已具备浮运安装作业的条件		

总指挥：
时间：

10. E18沉管海流实测分析、安装推演和窗口决策会

E18沉管的流速实测分析、安装推演以及对接窗口决策共有三部分内容：

（1）上一年同期浮运安装计划推演

将2015年6月26~28日（农历五月初十至十三日）预报潮位数据与2014年6月

8~10日（农历五月初十至十三日）、2014年7月5~9日（农历六月初十至十三日）
实测潮位进行比对，参见图5-19~图5-21。

　　从潮位图和潮位数据比较看，E18安装期潮位和2014年7月、6月同期的潮型
接近。

　　按照2014年6月8~10日（农历五月初十至十三日之平均径流量12193m³/s）
现场实测潮位、2号和5号标实测数据推演E18沉管浮运安装计划，初步结论
如下：

　　1）出坞：临近预报比实测数据略小；出坞期间最大流速在0.35m/s以内；落
潮–涨潮的转流点实测比预报推后1.5～2小时；

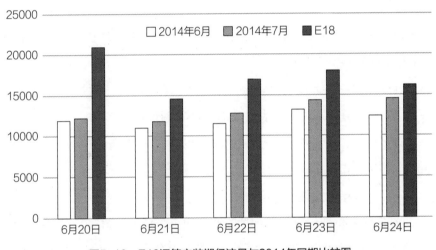

图5-19　E18沉管安装期径流量与2014年同期比较图

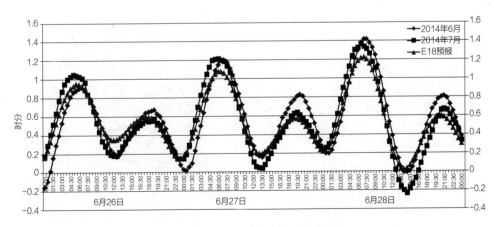

图5-20　2014年6月与7月潮位图

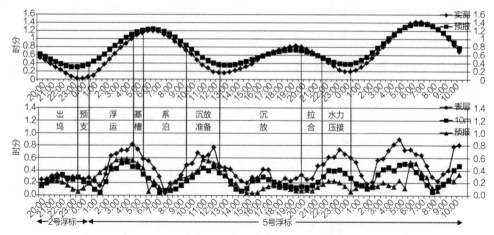

图5-21　2014年6月与7月实测与预报数据对比图

2）浮运：临近预报和实测数据接近；10m平均流速均在0.6m/s以内；表层
2m流速不超过0.8m/s；

3）沉放准备：临近预报比实测数据略大；实测时刻比预报推后1小时左右；
10m平均流速均在0.6m/s以内；表层2m流速不超过0.8m/s；

4）对接窗口：10m平均流速在0.4m/s以内；水力压接期间表层2m流速超
过0.5m/s，最大为0.74m/s。

（2）6月25日浮运安装计划推演

从近期实测潮位数据看，预报潮差比实测小。具体见图5-22~图5-24。

根据近期现场场实测潮位、2号、4号标和基槽实测流速数据推演6月25日浮
运安装计划，初步结论如下：

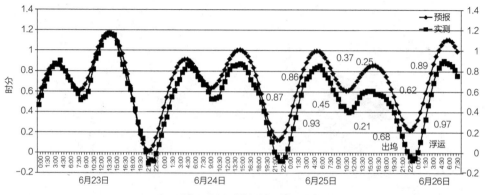

图5-22　潮位数据比对

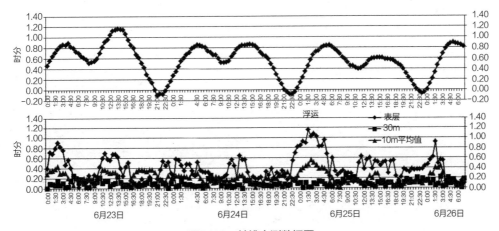

图5-23 基槽实测数据图

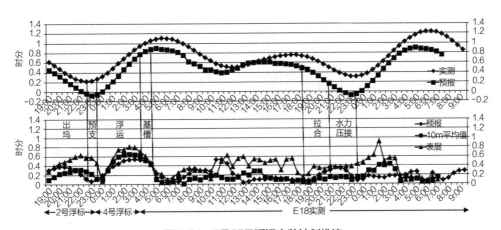

图5-24 6月25日浮运安装计划推演

出坞：10m平均流速小于0.35m/s；表层流速小于0.6m/s；

浮运：10m平均流速小于0.65m/s；表层流速小于0.81m/s；

基槽：10m平均流速小于0.43m/s；表层流速小于0.92m/s。

（3）对接窗口分析

对接窗口包括的作业内容为已安管节和待安管节即将接触的时刻，即对接过程中的拉合作业期。潮汐条件是对接窗口因素中的关键因素，对接作业窗口的条件为涨极之后，35m深的水流速度小于0.25m/s。E18首选的对接窗口是6月27日16：00～24：00，备用窗口是6月28日16：00～24：00，如图5-25所示。

11. E18管节浮运安装水上交通安全保障总决策汇报会

2015年6月24日，交通部海事局大桥办在珠海组织开展港珠澳大桥岛隧工程

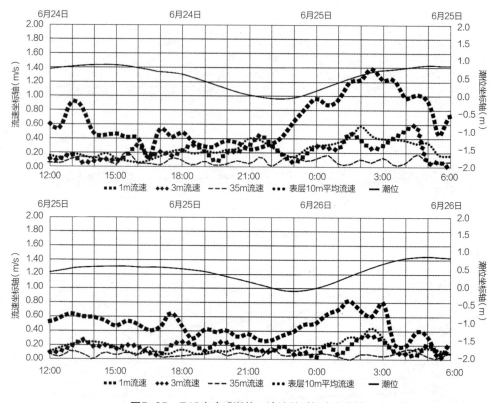

图5-25　E18坐底式潮位、流速随时间变化曲线

E18沉管浮运安装水上交通安全保障决策会，会议听取了各参建单位对于E17沉管浮运安装作业、现场监管、交通组织、航标设置等相关议题的总结汇报，审查了《港珠澳大桥岛隧工程E18管节浮运安装施工方案》（以下简称《施工方案》）、《港珠澳大桥岛隧工程E18管节浮运安装水上交通安全保障工作方案》（以下简称《水上交通安全保障工作方案》）和《港珠澳大桥岛隧工程E18管节浮运安装航标撤除设置方案》（以下简称《航标撤除设置方案》），讨论布置了E18沉管浮运安装水上交通安全保障相关工作，明确了以下时间节点安排：

（1）修改完善后的施工方案、水上交通安全保障方案和标撤除设置方案在6月24日前提交交通部海事局大桥办；

（2）本次安排11艘船艇参与E18沉管浮运安装现场警戒工作（10艘海事警戒船艇，1艘渔政快艇），具体为：广州海事局6艘，后勤管理中心3艘，深圳海事局1艘和珠海渔政支队1艘。上述海事警戒船艇相关工作的落实由广州海事局牵头负责，所有海巡船艇应在6月26日16：00前抵达现场"海趸1550"集中并进行具体工作分工；6月26日20：00前，全部海事警戒船艇均要按工作分工抵达现场警戒水域；渔政快艇于6月26日20：00前抵达桂山牛头岛预制场水域；所有现场船艇调度和现场指挥及后勤保障工作均由广州海事局负责；

（3）珠海渔政支队于6月25日12：00前，将调派船艇名单、联系人名单等报备总指挥部办公室；

（4）广州港珠澳大桥海事处和广州航标处应于6月26日白天派出足够海巡船对浮运航道水域进行巡航检查；涉及清障工作事项，请中交岛隧V工区配合完成；

（5）在管节抵达系泊点至安装船撤离前，广州海事局组织4艘海巡船艇（广州局2艘，后勤管理中心2艘）继续执行安装现场警戒工作；中交岛隧V工区调派3艘船艇作为现场警戒船艇管控基点；

（6）安装船撤离后至回填结束，广州海事局组织2艘船艇继续执行现场警戒工作。

结合施工作业通航安全保障需求，明确了以下主要通航管控措施［封航时间如有变化，海事部门将及时通过交管中心（VTS中心）、现场海巡指挥船艇发布航行信息］：

（1）6月26日19：30～6月27日4：30，榕树头航道封航；

（2）6月26日22：30～6月27日6：30，伶仃临时航道LS5~LS9灯浮之间航段封航；

（3）6月26日22：00～6月27日5：30，龙鼓西临时航路封航；

（4）6月27日6：30～7月2日12：00，通过伶仃临时航道LS5~LS9灯浮之间航段的船舶船速控制在10节以内，该航段内禁止追越、对遇、横越；

（5）7月2日12：00～7月18日18：00，通过伶仃临时航道LS5~LS9灯浮之间航段的船舶航速控制在12节以内；

（6）在上述施工作业实际启动前，中交岛隧V工区安排指定人员提前向广州VTS中心、深圳VTS中心和现场警戒负责人员报告作业动态，广州VTS中心和深圳VTS中心播发相应的航行安全信息公告，协同现场警戒船艇做好交通管控工作。涉及提前或推后解除封航管制措施的，由安装船施工指挥人员与现场海事工作人员沟通确定后，报告现场警戒指挥船、广州VTS中心和深圳VTS中心。

按照施工单位的作业计划，E18沉管浮运安装安排6月26日夜间作为首选窗口，27日夜间为第一备选窗口，28日夜间为第二备选窗口。上述相关工作时间均按照首选作业窗口布置，并要求相关单位做好备选窗口工作布置。同时，中交岛隧项目总经理部应进一步加强对气象的预测，密切关注天气动态，如施工作业计划须作紧急调整，应及时向大桥办通报相关信息，大桥办根据此信息及时通报各参与部门。

5.5.3　E18沉管施工过程阶段风险管理

E18沉管施工过程中的风险管理活动流程见图5-26。

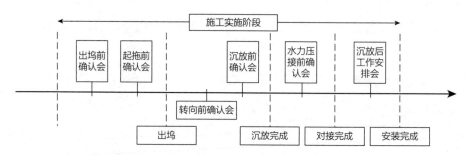

图5-26　E18沉管施工过程阶段风险管理活动流程图

1. E18沉管出坞前确认会

汇报以下情况：E18沉管浮运安装总计划、船机准备情况；二次舾装、出坞准备情况；浮运、安装测控系统，航道和碎石基床扫测情况；沉放对接施工准备情况；海事护航警戒组织及气象水文临近预报情况。

2. E18沉管起拖前确认会

汇报以下情况：E18沉管起拖前检查确认情况；海事护航警戒及航道封航情况；气象水文临近预报及海流实测情况；碎石基床最新扫测情况。

3. E18沉管转向前确认会

汇报以下情况：E18沉管转向前检查确认情况；系泊准备情况；气象水文临近预报及海流实测情况；施工区海事护航警戒及航道封航情况和系泊时边坡保护注意事项。

4. E18沉管沉放前确认会

确认各系统在操作室的操作人员和在船甲板上的巡视人员是否已到位;汇报沉放前检查确认情况,边坡多波束扫测情况,气象水文临近预报及海流实测情况;提出沉放及监测要求;确定对接窗口时段。

5. E18沉管水力压接前确认会

汇报水力压接前检查确认情况,海流监测情况;确认沉管运动姿态;确认潜水员到位。

6. E18沉管沉放后工作安排会

汇报贯通测量等安装后续工作安排;汇报锁定回填过程中的安全措施;指挥长对后续工作作出指示。

5.5.4 E18沉管施工完成阶段总结会

E18沉管安装完成后,召开施工总结会,对施工过程中发现的问题及其处置措施进行全方位的总结,为下一个沉管施工提供借鉴的资料。施工总结会的流程及内容与E17沉管相似,分为E18沉管概述、沉管浮运安装施工情况、海事护航警戒及现场值守、存在及发现的问题以及对E18沉管施工情况的总结。

（1）E18沉管概述

E18沉管为首次实施单月连续安装的第二个沉管,任务重,工期紧;沉管块石基床顶自5月25日清淤后至6月14日出现了约40cm厚度的回淤,日回淤强度超过2cm,被迫再次进行基槽清淤,故迫使安装窗口首次选择在小潮汛后期;施工主线上清淤、整平、潜水探摸、回填等施工船舶排列紧凑,作业空间受限,锚系相互交叉,施工、协调难度增大;在浮运安装过程中遭遇了高温和强对流恶劣天气,现场施工难度增大。

E18沉管总体施工完成情况:

1）2015年6月17～25日完成E18沉管碎石基床整平作业、验收,验收检测数据满足设计要求;

2）2015年6月13～25日完成E18沉管二次舾装及各项安装准备工作,内部自检和监理方验收均合格;

3）2015年6月26～28日完成E18沉管出坞、浮运和沉放对接,其中自正式出坞至贯通测量的关键工序共历时30.5小时，施工全过程平稳受控，沉管对接后贯通测量结果满足设计要求；

4）2015年6月28日完成E18沉管的点锁回填作业，7月3日完成安装船撤离。

浮运安装计划用时与实际用时见表5-12。

E18沉管浮运安装计划与实际用时对比 表5-12

工序	计划安装时间			实际安装时间		
出坞	20：00	23：30	3.5h	19：45	23：26	3.5h
浮运	23：30	5：30	6h	23：26	5：00	5.5h
系泊	5：30	9：30	4h	5：00	9：00	4h
沉放准备	9：30	12：30	3h	5：30	8：50	3.5h
绞移	12：30	13：00	0.5h	9：06	9：15	0.15h
管节沉放	13：00	20：00	7h	10：16	14：51	4.5h
拉合	20：00	22：00	2h	15：14	16：10	1h
水力压接	22：00	0：30	2.5h	16：13	18：41	4.5h
管节压载至1.05倍浮力的安全系数	0：30	4：30	4h	18：41	21：39	3h
开启人孔门	4：30	7：30	3h	21：57	23：46	2h
贯通测量	7：30	10：30	3h	0：00	2：00	2h
合计	38.5h			30.5h		

（2）施工工艺

1）回淤监测及应对

① 监测：

a．回淤攻关组每日进行水体含沙量的监测和分析，掌握施工区周边含沙量的变化情况；

b．每天对E18～E27沉管基槽进行多波束扫测，定期对E5～E17沉管进行扫测，掌握每日回淤情况；

c．安排专人、专船每天两次进行施工现场浑浊带观察及视频记录；

d．每日安排基床潜水探摸、潜水水下录像，确认回淤程度；

e．每日取放回淤盒，实时掌握回淤强度变化情况；

f. 系泊后和沉放前对基槽边坡进行多波束扫测，确认边坡稳定情况。

② 应对措施：

a. 碎石铺设前，安排清淤船进行基槽清淤和边坡定点清淤；

b. 在E16沉管顶部设置截淤堤坝；

c. 安排专用清淤船"捷龙"在E20沉管进行动态截淤；

d. 每天安排潜水员进行水下扰动减淤。

2）碎石垫层铺设

E18沉管基床整平共包括7个船位的整平。第一个船位为8条垄，其余每个船位为9条垄，设计坡度为0，碎石基床验收检查情况如下：

① 碎石垫层顶标高测点平均合格率为93.2%；

② 碎石垄纵向宽度合格率为100%；

③ 碎石垫层两侧顶边线与设计位置平面偏差合格率为100%；

④ 单个沉管相邻整平船位基面偏差均在2cm之内。

以上指标皆满足设计要求，验收合格。

3）二次舾装及施工准备情况

与E17沉管一个月内连续安装作业，E18沉管准备时间仅有11天时间，只有提前筹划和采取合理的施工组织措施，方可保证E18沉管的顺利安装。6月22日E18沉管二次舾装经监理验收，质量合格。E18沉管及浮运安装各专项系统调试工作均正常开展，调试未发现异常。二次舾装现场见图5-27。

4）出坞浮运

沉管出坞作业全程受控，未出现异常。受大径流引起的海水密度变小影

图5-27　E18沉管二次舾装现场图

响，沉管干舷过低，管顶带缆、解缆困难。为确保作业人员安全，现场决策组决定排出安装船部分压载水，待解缆完成并在沉管起拖前重新压载。为确保沉管浮运安全，本次浮运使用12艘大马力拖轮；在浮运导航软件上标出出坞锚、系泊锚漂以及榕树头岛的位置。浮运导航系统总体运行良好。浮运编队前方1km处设置两条护航清障锚艇，对浮运航道进行观测、清障。"津安2号"和各拖轮增加专职瞭望员全程值班，加强对浮运航道内情况的监控。图5-28为浮运现场实况照片。

图5-28　E18沉管出坞浮运现场实况

5）系泊及沉放准备

本次系泊作业使用10艘锚艇操纵，其中2艘全回转锚艇送缆，6艘抓锚漂，2艘备用，作业顺畅，沉管全程受控。管顶沉放准备与系泊作业同步展开。图5-29为系泊及沉放准备现场实况照片。

图5-29　E18沉管系泊及沉放准备现场图

6）沉放对接

E18沉管沉放分7次完成，每次驻停约15～20min，沉放过程顺利，沉管姿态可控。沉管着床后经过潜水员检查，确认GINA止水带和端钢壳间无异物，然后进行拉合和水力压接作业，以及潜水测量检查工作，最终确认GINA压缩正常，平均压缩量为156mm。

7）贯通测量

E18沉管贯通测量检查结果见表5-13。

E18沉管贯通测量检查表　　　　　　　　　　　　　表5-13

序号	检查项目		检查结果
1	轴线偏差		首端偏北31.3mm，尾端偏北32.0mm
2	沉管底高程	首端	中心点偏高0.2mm
		尾端	中心点偏高17.1mm
3	相邻沉管相对偏差	横向	E18偏南16.5mm
		竖向	中心点E17偏低5.3mm
4	纵坡		实测纵坡-0.009%（设计坡度为0.000）

注： 1. 利用E18沉管进洞导线测量成果进行测量；
　　 2. 沉管安装到位后沉管西端为首端，沉管东端为尾端；
　　 3. 参考的设计标高包含碎石基床整平预抬台量，E17沉管碎石基床整平预抬量为4.0cm，E18沉管碎石基床整平预抬量3.5cm。

（3）海事护航警戒与现场值守

1）海事护航警戒

10艘海巡船艇和1艘渔政执法快艇参与了E18沉管浮运和安装现场护航警戒工作，海事指挥中心、广州交管中心、深圳交管中心等全程监控施工水域，及时驱除外界干扰，为E18沉管成功安装创造了良好的外部环境。

2）现场值守

系泊作业完成后，现场安排5艘大马力全回转拖轮、9艘起锚艇和2艘起重船在E18沉管四周警戒值守，并做好现场抗流准备。为保证已安沉管尾端安全，安装船撤离后现场安排5艘起锚艇在E18沉管尾端值守警戒。

（4）发现及存在的问题

1）在E18沉管施工过程中发现的主要问题是海水密度变化对浮力的影响；

2）大径流期表层海水密度变化大，且落潮时表层海水密度接近淡水，沉管干舷较以往减小约10cm。现场海水密度表层和底层变化剧烈，沉放过程中进行过4次压载水调整，保证了沉管负浮力的可控和姿态的稳定；

3）应对措施：参照E17、E18沉管沉放时受海水密度影响的应对经验，后续沉管沉放演练时将继续加强海水密度的实测和比对，以及沉管沉放前现场海水密度的实测和计算。

（5）总结

面对强回淤、大径流和深水深槽等不利自然条件，开展了泥沙回淤预判、大径流预报、基槽测流推演与临近预报分析以及基础回淤监测等基础性工作，克服了强对流天气、连续安装作业工期紧、现场施工船舶密集、高温高湿作业环境等困难，各单位、各部门密切合作，终于使出坞、浮运、沉放、对接作业一气呵成，圆满地完成了安装任务，创造了一个月连续安装两节沉管的纪录。后续隧道东段海流、泥沙等环境条件更为复杂，强回淤、深水深槽等问题依然存在，同时面临新的第三浮运线路浮运拖航风险，整体安装形势依然严峻，需要用动态管理的方式，遵循实时的、连续的、循环式的风险管理思路，持续跟进，不断深化和完善风险管理科学体系。

沉管浮运安装施工作业风险管理不仅体现了上述全过程的特点，同时还体现了全方位和全员参与的特点。第6章将以多个案例来展示其过程。

风险管理的典型案例

沉管浮运安装作业存在许多风险因素，在碎石基床整平、管节出坞、浮运、系泊、管节沉放、对接以及管节回填等工序中，各撷取几则风险管理的典型案例，以资说明风险数据库的引导作用，以及风险动态分析评估的过程和相应处置措施对规避、化解、弱化施工过程中的各项风险所起到的积极作用和推动作用；同时，通过展示这些作业工序风险管理的实操过程，即风险计划、风险识别、风险分析、风险评估、风险处置及风险管控的过程，可作为类似项目施工开展风险管理的参考示例。

本章所采用的风险源编号均引自第4章和附表。

6.1 通用风险和专项风险典型案例

6.1.1 碎石基床整平作业

1. 案例1：GPS失锁或假锁定

（1）所属风险源：专项风险（ZF-5）-GPS失锁。

（2）沉管情况：E31沉管基床整平共包括7个船位的整平。第一个船位为8条垄，其余每个船位为9条垄，设计坡度为-2.147%，基础平面布置见图6-1。

（3）风险简述：E31沉管施工期间，GPS出现假锁定状态，导致局部两条垄出现异常高点，声呐检测时发现问题。

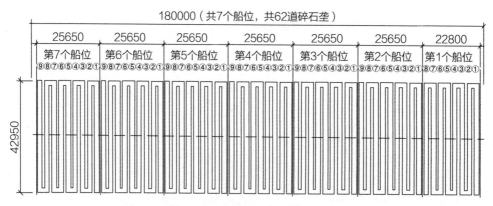

图6-1 E31沉管基础平面布置示意图（单位：mm）

（4）原因分析：GPS假锁定后，造成定位系统出现数据异常，油缸按照错误指令操作，导致局部高点的产生。

（5）后果评估：GPS"假锁定"时影响碎石垫层铺设精度，GPS失锁时不能施工，整平作业时间延长。

（6）现场处置措施：对局部高点进行重新刮除，潜水员水下辅助，通过多波束扫测（图6-2）及声呐重新检测，满足设计要求。

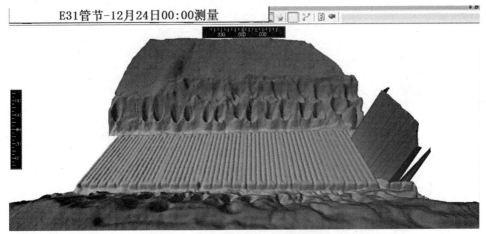

图6-2 E31沉管多波束扫测成果图

（7）后续应对措施：对GPS测控定位系统进行改进，增加监测手段，发现GPS异常时暂停施工，待信号恢复正常后继续施工。

（8）结论：按照风险管理程序对照风险数据库对每一道工序、每一个环节进行监测和评估，方可及时发现问题，提出处置措施，化解风险。风险管理小组将会同作业班组对上述过程进行风险登记，作为该工序风险管理的记录文件。

2. 案例2：E33沉管作业窗口风险

（1）所属风险源：专项风险（ZL-06）-施工窗口预报精度。

（2）案例描述：每年7~10月是施工海域台风频发季节。2016年9月12日，根据中长期气象预报结论初步规划E33沉管浮运安装作业窗口。2016年10月7日2：00，第1619号热带气旋"艾利"在南海生成。热带气旋与北部冷高压配合，将会给施工海域带来大风和强降雨，在台风外围形势的影响下，如何精准地制定作业窗口，存在预测风险。

（3）风险后果：

1）另选施工作业窗口，工期延后；

2）变更已有作业计划和现场施工安排。

（4）应对措施：海洋气象实时预报人员与工程技术、管理人员密切配合，共同决策，不断提高选择作业窗口的准确性。气象预报保障决策过程如图6-3所示。

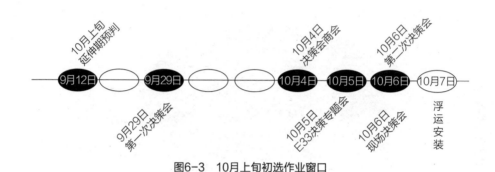

图6-3   10月上旬初选作业窗口

1）中长期气象预报及作业窗口预测

影响施工区域的冷空气整体较常年同期偏少、偏弱；季风槽偏弱；有利于台风生成位置偏西，影响南海海域的台风个数较常年同期略偏多（2~3个）。初步确定E33沉管的浮运安装作业窗口为10月初。

2）第一次决策会

E33沉管浮运安装作业窗口期主要关注热带气旋和弱冷空气活动，随着1618号台风"暹芭"北上转向并入西风槽，上游西风带较为平直，大陆西环副高加强，控制华南和南海北部，2016年10月6~9日，晴间多云，南-东南风3~4级。上旬后期，副高呈东西分布，南海南部云团较为活跃，菲律宾以东洋面的台风易取西-西北行路径进入南海。9月29日云导风图如图6-4所示。预报中心提供的天气展望如表6-1所示。

根据施工海域气象窗口条件预报，第一次决策会确定2016年10月7日为E33沉管浮运安装首选窗口，10月8日、9日为备选窗口，如图6-5~图6-7所示。

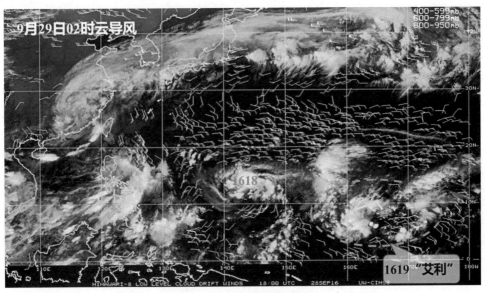

图6-4 9月29日云导风图

E33沉管施工窗口天气展望　　　　　　　　　　　　表6-1

日期/时刻	天空状况	天气现象	风向	风力	有效波高
6日08：00~7日08：00（初六）	晴间多云		南-东南风	3~4级	0.2~0.5m
7日08：00~8日08：00（初七）	晴间多云		南-东南风	3~4级	0.2~0.5m
8日08：00~9日08：00（初八）	晴间多云		南-东南风	3~4级	0.2~0.5m
9日08：00~10日08：00（初九）	晴间多云		南-东南风	3~4级	0.2~0.5m
10日08：00~11日08：00（初十）	晴间多云转阴		东南风	3~4级增大到4~5级	0.2~0.5m增大到0.4~0.7m
11日08：00~12日08：00（十一）	阴	大雨	偏东转偏南风	5~6级	0.6~1.0m
12日08：00~13日08：00（十二）	阴	阵雨	南-东南风	5~6级减弱为4~5级	0.6~1.0m减小到0.4~0.7m

注：本表日期均为2016年10月。

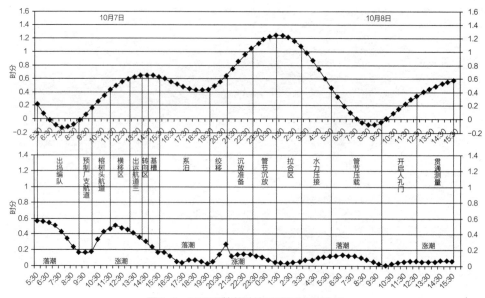

图6-5　E33沉管首选窗口浮运安装计划

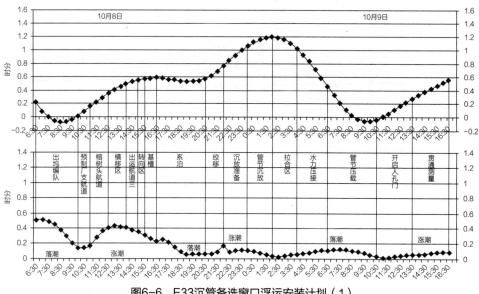

图6-6　E33沉管备选窗口浮运安装计划（1）

3）E33沉管决策会商会

　　受强大的副热带高压及18号台风"暹芭"扰动影响，菲律宾以东洋面上出现了新的台风胚胎，很可能发展成2016年第19号台风，给原定于10月7日进行的E33沉管浮运安装施工带来极大影响。2016年10月4日，召开专题决策会商会，分析E33沉管施工窗口期天气与海洋环境条件。

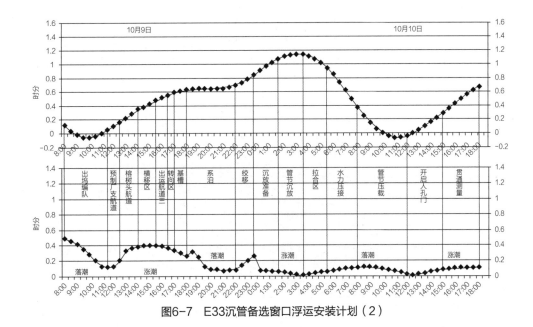

图6-7 E33沉管备选窗口浮运安装计划（2）

会上，国家海洋环境预报中心团队介绍了南海及西太平洋上空热带云团发展运动情况：

① 随着1618号超强台风"暹芭"逐渐北上转向，上游西风带较为平直，大陆西环副高建立，控制华南和南海北部。2016年10月4~6日，施工区以晴间多云，东-东北风3~4级；

② 10月上旬，南海南部和西北太平洋热带云团较为活跃；西北太平洋副热带高压西伸加强，呈东西分布；热带气旋易取西-西北行路径进入南海。10月5~6日，在菲律宾以东洋面活动的热带云团，可能编号成为今年的19号台风。7日，该系统位于南海东北部海域；8~9日，在西行过程中增强，届时施工区有偏东风6级或6级以上大风、降水过程。19号台风的预报路径如图6-8所示；

③ 上旬后期，西风槽东移，其后部冷空气影响施工区，10~11日，有偏东风5级。

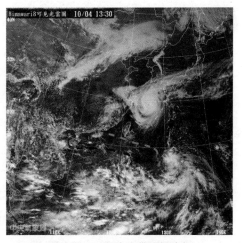

图6-8 19号台风的预报路径

决策专题会预报结论 表6-2

日期/时刻	天空状况	天气现象	海面风
6日08：00~7日08：00（初六）	晴间多云		东-东北风3~4级
7日08：00~8日08：00（初七）	多云转阴	阵雨	东北风4~5级增大为6级
8日08：00~9日08：00（初八）	阴	雨	偏东风转东-东南风6级
9日08：00~10日08：00（初九）	阴	阵雨	东-东南风5~6级
10日08：00~11日08：00（初十）	多云转阴	阵雨	偏东风5级
11日08：00~12日08：00（十一）	多云转阴	阵雨	偏东风4~5级
12日08：00~13日08：00（十二）	多云		东-东南风3~4级

注：本表日期均为2016年10月。

4）决策专题会

2016年10月5日，项目总经理部会同国家海洋环境预报中心连续两次召开E33沉管浮运安装施工海洋环境窗口预报决策专题会。会议结论如表6-2所示。

国家海洋环境预报中心团队进一步分析了南海及西太平洋上空热带云团发展运动状态，认为当时存在的菲律宾东部热带云团必将发展形成热带风暴，但其生成位置及强度发展还存在很大的不确定性，一旦形成后将一路向西进入南海，而且进入时间正值E33沉管浮运安装作业期间，届时施工海域可能会有大风和强降雨过程。5日14时台风预报路径如图6-9所示。

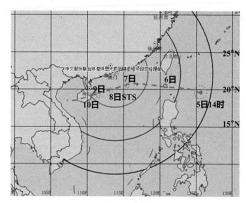

图6-9　5日14时台风预报路径

5）第二次决策会

10月6日下午召开第二次决策会，主要结论如表6-3所示，根据施工区域内作业窗口气象条件及气象预报有如下结论：

① 6日2：00，在菲律宾以东洋面活动的热带云团，已编号成为1619号热带

风暴"艾利";

② 6~10日，该系统自东向西贯串南海北部海域，最强可达为台风级或强台风；其中7日夜间至9日上午时段，距离施工区最近（200~300km），届时施工区有东-东北风6级的大风及降水过程；

③ 上旬后期，8~9日，我国中高纬度地区西风槽东移；槽后冷空气南下与台风外围云系配合共同影响施工区，10~12日，施工海域有偏东风5~6级。

第二次决策专题会预报结论　　　　　　　表6-3

日期/时刻	天空状况	天气现象	海面风
6日08~7日08：00（初六）	晴间多云		东北风3~4级
7日08~8日08：00（初七）	多云转阴	阵雨	东北风4~5级夜间增大为6级
8日08~9日08：00（初八）	阴	雨	东-东北风6级
9日08~10日08：00（初九）	阴	雨	偏东风5~6级
10日08~11日08：00（初十）	阴	雨	偏东风5~6级
11日08~12日08：00（十一）	多云转阴	阵雨	偏东风5~6级
12日08~13日08：00（十二）	多云		东-东南风4~5级

注：本表日期均为2016年10月。

6）现场决策会

10月6日晚上在桂山沉管预制厂组织现场决策会，对施工区域的海流实测情况和预测数据进行比对分析，研究沉管浮运安装各工序时段相关海域的流速、流向、风力、天气等自然条件对施工影响的程度，在此基础上，一致决定于10月7日5：30正式启动E33沉管浮运安装作业。E33沉管浮运安装作业计划如图6-10所示。

（5）结论：此例显示了在台风期作业窗口非常有限的情况下，如何加强监测，识别风险，把握时机，及时抉择，从而实现了规避风险的效果；这也是如何开展风险动态管理的一个例子。

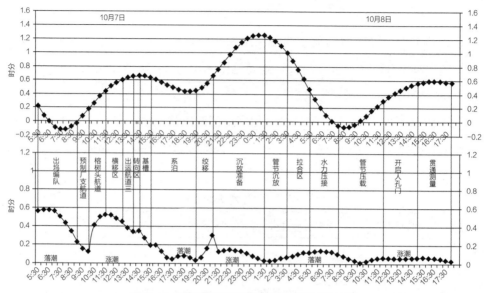

图6-10　E33沉管临近预报浮运安装工艺计划

6.1.2　管节出坞作业

1. 案例3：缆绳发生位移

（1）所属风险源：专项风险-缆系
安全（ZG-03），见图6-11。

（2）案例简述：E6沉管出坞期
间，缆绳刮碰拉合千斤顶主动单元框
架，发生位移。

（3）风险后果：

1）安装船及沉管姿态失控，发生
意外碰撞；

图6-11　管节出坞缆绳

2）安装船、GINA止水带、端钢
壳碰撞破损；

3）安装船进坞时待安沉管GINA端尼龙缆断裂。

（4）现场处置措施：采用小型千斤顶予以调整、固定。

（5）后期改进措施：增加拉合系统保护罩。

（6）结论：对照风险数据库，在专项风险中"管节出坞"有11项风险源，这是第3项。本案例显示缆系操控风险是经常会发生的，而且会引发许多严重的后果。风险控制的目的就是要事先防范，做好处置预案，把改进措施列入风险登记表中，为以后的施工提供参考资料。

2. 案例4：出坞速度失控

（1）所属风险源：管节出坞-出坞操控（ZG-10）。

（2）案例描述：E8沉管从2014年1月7日7：10开始出坞，出坞时缆系布置如图6-12所示。

8：47~8：55，7号卷扬机（非自动控制出缆）出现两次故障：第一次是电阻箱"冒烟"，但尚未影响卷扬机正常工作；第二次是控制台报警，卷扬机停止工作。

8：47，现场指挥人员正指挥W-7（卷扬机25t，钢丝绳ϕ40mm）、W-10中速放缆，此时听到对讲机81号频道紧急提醒："冒烟！"现场指挥人员随即改为调整W-10，由拖轮6号和拖轮7号中速顶推，调整沉管姿态。

8：50，现场对讲机再次提醒"故障！冒烟！"此刻W-7缆绳瞬间张紧，落入海中；坞顶的缆绳扯断H-18-2导缆器的导向换轮（55t），打落H-19导缆器外侧的缆绳防磨托辊，打断H-19导缆器的导向滑轮；W-7缆绳拉断了底座上的销子，击歪旁边的W-8卷扬机转盘。破损的导缆器如图6-13所示。

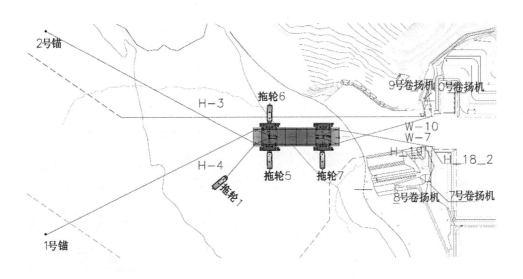

图6-12 E8沉管出坞缆系示意图

8：52，指挥人员要求沉管GINA端起重工打钩，准备打钩时W-7瞬间张紧，起重人员迅速远离快速脱钩器。8：54，W-7缆绳松开，W-7起重工打钩。

图6-13　H-18-2、H19导缆器破损

（3）可能造成的后果：

1）安装船、沉管发生碰撞；

2）沉管偏离航道，造成管节破损。

（4）后期改进措施：

1）出坞前应加强出坞设备的检查和维护；

2）拖轮指挥与出坞指挥联系保持迅捷、畅通；

3）严格控制出坞速度，出坞时间应控制在2.5~3小时左右；

4）实行出坞方案、卷扬机操作和出坞指挥的标准化管理；

5）加强安全技术交底，落实风险管理实操程序。

（5）结论：此例说明风险隐于细节中，细节管理有赖于标准化程序的建立。通过此案例，使风险管理数据库的内容更加充实。

6.1.3　管节浮运、系泊作业

1. 案例5：航标碍航

（1）所属风险源：专项风险-水中异物碰撞（ZH-19）。

（2）沉管浮运线路：E17沉管采用浮运线路二浮运，线路二与正在通航的伶仃临时航道交叉，浮运编队穿越伶仃临时航道时计划封航4.5小时。

（3）案例描述：浮运编队拖航至伶仃航道处出现航标碍航问题。1：53沉管浮运编队拖航至伶仃航道，发现1号拖轮前有一个航标（F6）碍航（图6-14），浮运编队采取紧急制动措施。受径流影响沉管姿态控制难度较大，

图6-14　E17沉管浮运中发现碍航的F6航标

现场12艘拖轮协同控制沉管姿态，调整浮运编队航向后绕过碍航航标继续前行。

（4）原因分析：浮标被社会航运船舶碰撞后导致实测位置与设计位置存在较大偏差。

（5）可能造成的后果：

1）GINA破损，钢端壳损坏，端封门损坏、渗漏；

2）水下线缆损坏；

3）施工作业窗口延误。

（6）应对措施：与海事部门沟通，取消碍航的F6航标，航标位置见图6-15；进一步规范浮运前航道巡查的时间和责任方；在浮运编队启拖前增派一艘起锚艇对航线作仔细巡查，若发现碍航物须及时清障。

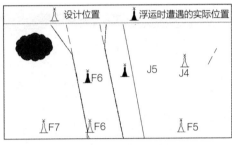

图6-15 F6航标的位置

（7）结论：只有在操作中尽可能细化对风险源的排查工作，才能减少偶然性风险出现的机会。将应对措施程序化就是风险管理深入开展的结果。

2. 案例6：安装船走锚

（1）所属风险源：专项风险-系泊锚系（ZH-04）。

（2）沉管系泊安排：E13沉管系泊采用3艘全回转起锚艇进行送缆作业，6艘起锚艇负责抓锚漂，1艘备用。E13沉管碎石基床施工与E14沉管的清淤、E15沉管的块石夯平三者紧邻作业，平行施工，锚系交叉较多，E13沉管位置见图6-16。

（3）风险描述：2014年9月19日8：00左右，"津安2号"安装船之H3安装锚在启动绞车后，当缆绳力稳定在50～54t（缆绳回收长度约3～4m）时，出现了H3安装锚走锚现象，给沉管安装带来较大的作业风险。锚系平面布置见图6-17。

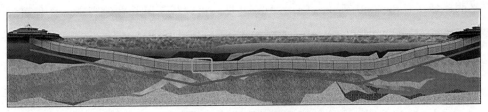

图6-16 E13沉管的位置

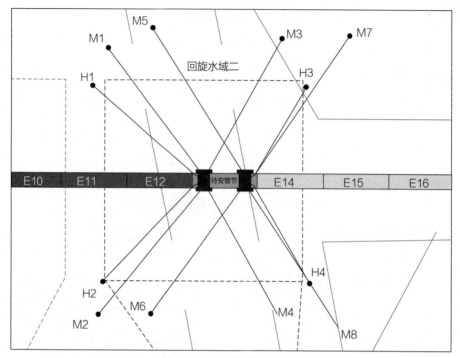

图6-17　E13沉管锚系平面图

（4）分析原因：该海域位于航道交叉地带，基槽较深，地质条件复杂，缆绳出缆角度不理想，导致安装锚抓力不足。

（5）可能造成的后果：

1）走锚会直接影响系泊作业；

2）钢缆锈蚀和任其磨损会引起断缆，危及人身和作业安全。

（6）现场应急措施：适当降低H3锚的缆绳力；沉管安装期间，密切关注锚抓力变化，发现异常，立即通报。

（7）后续应对措施：① 锚重增至8t，增大锚抓力；② 优化锚定布置方式，包括带缆角度设计；③ 沉管安装期间，监测锚抓力变化，做好记录，谨防走锚。

（8）结论：狭小的施工作业面和众多的船机设备使风险因素叠加。本案例列举的现场应急措施和后续应对措施十分重要，将记载于风险登记表中，具有启示作用。

3. 案例7：长距离绞移

（1）所属风险源：特属风险–长距离绞移风险（SM-02）。

（2）E33沉管浮运方案：E33沉管采用浮运线路三，由浮运航道三进入回旋水域三（参见第2章图2-12）。浮运到指定位置后，用绞移方式将沉管长距离绞移到对接位置。

（3）案例描述：E33沉管系泊绞移路程长，受东人工岛岛头挑流影响，现场海流条件复杂，且受外围台风影响，风浪较大，气象环境恶劣。此外，设置导流堤后，掩护体外存在一个挑流区，给E33沉管长距离绞移定位带来了很大风险。

（4）可能造成的后果：

1）基槽狭窄，浮运难度大，沉管可能发生碰撞；

2）在长距离绞移过程中，沉管姿态难以控制；

3）多次换缆，绞移时间长，难以满足作业窗口期限要求；

4）抛锚带缆方案设计和操作不周，会增加走锚风险。

（5）应对措施：

1）在现场进行安装船长距离绞移试验，验证施工方案的可行性；

2）开展岛头系泊、长距离绞移模拟试验；在导流堤上设置导缆钢管，防止磨缆；增加备用缆绳，应对断缆风险；

3）开展东岛岛头区的流场实测，修正预报中心提供的临近预报数值，制定绞移作业窗口期；

4）浮运安装期间，根据现场实测流速选择沉管浮运船队通过挑流区的时机；

5）制定夜间绞移施工（图6-18）的安全措施，在岛头周围设置夜间照明设施。

图6-18　E33沉管夜间作业

（6）结论：长距离绞移所带来的定位风险是E33沉管具有特殊性的特属风险。在不可避免的情况下，采取模拟试验和现场试验是严谨的处置方式，也是本工程开展风险管理活动的特色之一。

4．案例8：夜间浮运拖航

（1）所属风险源：专项风险-夜间浮运拖航（ZH-03）。

（2）沉管浮运方案：E25沉管采用浮运线路三，由4艘大马力全回转拖轮主拖，4艘全回转拖轮绑拖，2艘拖轮在基槽进行辅助作业，2艘拖轮备用，共12艘

图6-19　E25沉管出坞浮运

大马力全回转拖轮参与作业，见图6-19。

（3）案例描述：受大雾天气的影响且夜间航行，浮运时能见度较低。

（4）可能造成的后果：

1）易造成船队碰撞、沉管姿态失控；

2）瞭望距离受限，船队与海上漂浮物碰撞风险大。

（5）应对措施：

启动雾航应急预案：

1）做好船舶雾航设备检查，航行时开启雾灯（图6-20），鸣雾笛；

2）安排1艘拖轮参与海事护航警戒编队护航，另配备2艘拖轮作为外围应急拖轮，与海事部门全程保持联络；

3）加强与海洋环境预报中心的联系，时刻关注气象动态，做好沉管姿态控制，确保船队浮运拖航安全。

图6-20　E33沉管夜间作业开启雾灯

6.1.4 管节沉放、对接作业

1. 案例9：沉放过程中船舶和人员的安全风险

（1）所属风险源：专项风险-沉放准备管顶交叉作业（ZI-03）；专项风险-拉合系统搭接（ZI-06）。

（2）案例分析：

E33沉管安装后，尾端舾装件距水面仅2~3m，且东岛岛头区施工海域依然十分狭窄，因此E32沉管施工过程交叉作业十分多，且工期紧，压力大。为此，项目总经理部/风险管理委员会事前策划，组织相关工区研究关键工序和交叉作业的施工组织，编制E32沉管施工计划，制定交叉作业的风险管理和风险处置方案。

在实际施工过程中，因沉放E32沉管的施工海域狭窄，清淤船作业时，将E33沉管尾端管顶的被动拉合单元刮碰移位，破坏了拉合对接条件。

（3）可能造成的后果：

1）人身伤害；

2）舾装件受损；

3）无法进行拉合作业。

（4）应急处置措施：

由潜水员打捞起被动拉合单元进行全面检查，发现部分构件已损坏，立即组织现场抢修，又对被动拉合台座进行水下探摸检查，确认其状态良好。沉管安装前将修好的被动拉合单元再进行水下准确安装，保证沉管拉合对接施工安全到位。现场检查照片如图6-21、图6-22所示。

为避免类似的风险事故再次出现，制定了如下措施：

1）加强施工船舶之间的沟通与协调，提前将因交叉作业构成风险隐患的问题进行交底宣贯；

2）沉管安装前，给导向托架及被动拉合单元安装保护罩，舾装件顶部海域悬挂锚漂等标识物；

3）每个沉管安装后，将尾端管顶舾装件的准确位置告知相关交叉作业船舶，施工期间注意避让；

4）交叉作业期间，船舶绞移时将缆绳适当张紧，避免滑落后刮碰舾装件，

图6-21 被动拉合单元检查图

图6-22 被动拉合单位保护罩

引发后续施工风险。

（5）结论：因施工条件受限，已事先做好预案，这类风险本来是可避免的。但由于作业时疏忽大意，导致事故依旧发生。为此，事后制定了程序性操作要领，这就是风险管理的意义所在。

2. 案例10：沉放前压载系统断电故障

（1）所属风险源：专项风险-沉放操控（ZI-03）。

（2）案例分析：E18沉管安装期间正值夏季，气温高，湿度大，管内一个电箱的保险丝短路，发生断电故障，压载系统无法正常运行。

（3）可能造成的后果：沉管姿态失控，导致导向杆、导向托架碰损，严重时沉管发生碰撞。

（4）应对措施：根据预先制定的风险处置方案，现场启动应急预案，打开人孔井盖板，作业人员进入管内，更换已短路的保险丝，系统恢复正常。

为此，项目部根据实际情况制定了《关键设备关键件评估与更换管理办法》，并规定每个沉管在安装前须对所有船机设备进行三次专项检查；对具有安全隐患的元器件提前予以更换；增加关键设备关键元器件的防潮保护措施，由这些措施来保障各设备及系统的正常运行。

（5）结论：风险管理的特点之一就是对风险控制不断总结，不断改进，不断提升，将实操程序规范化、制度化。

3. 案例11：拉合系统故障

（1）所属风险源：专项风险-拉合系统搭接（ZI-06）。

（2）案例分析：E20沉管拉合搭接作业期间，拉合系统2号单元数据显示异

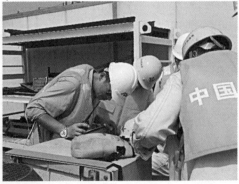

图6-23　拉合控制柜检查

常，作业班组人员随即进行事故风险排查（图6-23），发现2号单元（南侧）油泵控制柜内变压器烧毁，检查后确认无法修复。

（3）可能造成的后果：

1）无法进行拉合作业；

2）错失对接窗口期。

（4）应对措施：

1）启动应急预案，利用油管将两台千斤顶串联至1号单元油泵控制柜，利用一台油泵带动两台千斤顶运转，在沉管现场拉合作业及配合水力压接过程中，保持拉合系统运转良好；

2）适当增加备用关键零部件，并在坞内进行多次调试演练，确保设备正常运转。

（5）结论：对设备故障风险的排除，适当增加备用关键零部件不失为一良策。将此记载到风险登记表中会有一定的提醒作用。

4．案例12：船行波影响

（1）所属风险：通用风险—船行波（TA-01）；专项风险—深水区沉管结构安全（ZI-18）。

（2）案例分析：2015年4月14日11：08，在E16沉管安装后拆除测量塔时，突然遭遇船行波影响，悬吊的测量塔在水中摇摆，最大摆幅达2～3m，如图6-24所示。

（3）可能造成的后果：

1）海上船舶施工安全风险增大；

2）沉管浮运、安装安全风险增大。

（4）应对措施：立即启动应急措施，打开扩音器，警示安全，停止吊运和拆除作业。现场指挥人员立即联络广州交管中心，交管中心人员查看电子屏幕后发现有一艘驶向深圳蛇口港的大型集装箱班轮"海辰号"（长

图6-24　船行波实例图

369m、宽51m、吃水13.3m）航行经过附近施工海域，航速10.1kn，而此时伶仃临时航道限速为10kn以下，通过沟通协调，由交管部门落实对大型船舶的实时管控。

沉管安装和舾装件拆除期间，伶仃临时航道船舶限速应保持在10kn以下，不宜放宽。按照事前控制原则尝试建立大型船舶航行预告制度，与海事部门实现互通互联。现场施工船舶值班员要加强瞭望，密切注意大船动向，并及时通报作业班组。

（5）结论：项目风险管理是一项全员参与的活动，包括所有的项目参与方、合作方和利益关联方。本例中承包商与广州交管中心配合进行风险处置就是一个很好的例子。

5. 案例13：深水区域沉放单一测控系统定位风险

（1）所属风险源：专项风险—现场测控系统操作（ZK-21）。

（2）案例简述：E1～E3沉管安装地址位于海域浅水区，沉管安装使用双测量塔定位系统，其安装精度和安装效果较佳。E4沉管安装地址位于海域深水区，计划使用深水无线声呐定位系统，以控制整个沉管轴偏。该定位系统安装在沉管首端，相对定位精度较高。但在E4沉管安装过程中却发现深水无线声呐定位系统极不稳定，测控精度实际上较差。

（3）风险评估：无线声呐定位系统对于海底隧道沉管安装来说，在世界上尚属首次使用，缺乏操作经验；另外，深坞环境与设备安装现场环境存在差异，导致对无线声波的传输产生很大影响。较低的定位精度，勉强指导首端导向杆进入导向托架，但尾端的定位精度就无法保证了。如果尾端轴偏无法控制，在偏差较小的情况下虽然可以通过精调作业纠偏，但是施工风险和施工成本极高；若偏差较大，就须脱开重新安装，需要较长时间，也有可能回拖返工，等待下一个作业

窗口，延误工期，付出的经济成本更高。

E4沉管安装过程无线声呐定位系统不稳定期间系统界面情况见图6-25。

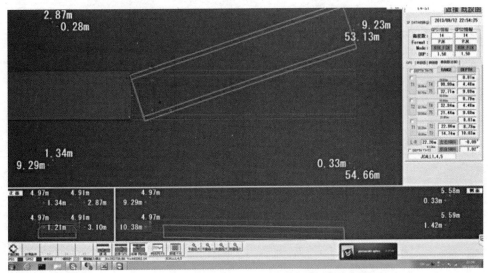

图6-25　E4沉管无线声呐定位不稳定期间系统界面图

（4）可能造成的后果：

1）沉管发生碰撞；

2）沉管对接出现较大偏差；

3）无法进行沉放对接作业。

（5）应对措施：

在E4沉管安装前，测量团队制定了周密的应对措施，在沉管尾端增设单测量塔，作为应急保障测控系统。在无线声呐定位系统出现故障或精度较差时，立即使用尾端单测量塔辅助指导安装，确保尾端定位精度达到质量标准。E4沉管单测量塔辅助定位系统实物见图6-26。

图6-26　E4沉管尾端单测量塔辅助定位系统

此外，随着沉放距离及深度的变化，需要现场调整无线声呐设备位置，提高无线声呐定位系统的稳定性。稳定期间无线声呐定位系统界面见图6-27。

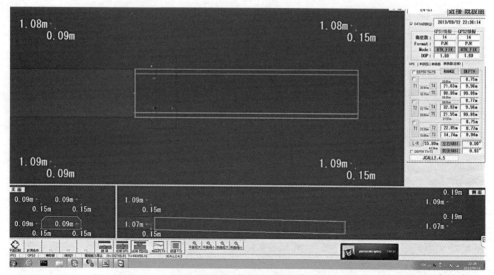

图6-27　E4沉管无线声呐定位稳定期间系统界面图

（6）结论：E4沉管的安装案例显示了测控风险管理的重要性。组合测控系统的使用，规避了单一测控系统定位的风险，也为以后深水海域沉管安装测控积累了经验。

6. 案例14：沉放操控风险

（1）所属风险源：专项风险—沉放操控（ZI-05）。

（2）沉管情况：E11沉管在第一次和第二次下沉期间，对应的L缆总吊力小于设定负浮力，沉管沉放至槽底附近时吊力出现下降现象，即会出现沉管姿态失去控制或难以控制的风险。

（3）专家分析原因：由于基槽深度超过40m，基槽内上下层海水密度存在差异，坞内调试环境下的海水密度与现场深槽内海水密度也存在差异。若海水密度差0.004t/m³，沉管排水量产生的浮力差将达到300t。

（4）可能造成的后果：

1）沉管姿态失控会导致导向杆、导向托架碰损，严重时沉管会发生碰撞；

2）损坏水下线缆。

（5）应对措施：

1）根据风险管理的应急预案，在第二次沉放过程中和沉放后适当补充压载水，使沉放时的负浮力与原计算值保持一致。

2）后续沉管安装时，沉管初次沉放后和沉放过程中比对缆力数值和安装船吃水数据，根据情况调整压载水量。

（6）结论：沉管姿态失控的表象隐藏着别样的风险源，及时邀请专家进行风险分析评估会避免盲目采取措施。此经验应在风险登记表中记载。

6.1.5 沉管回填作业

案例15：锁定回填不及时风险

（1）所述风险源：专项风险—锁定回填不及时（ZJ-12）。

（2）案例分析：2015年7月，E19沉管安装完成，即将进行沉管回填作业，受台风和清淤作业等影响，存在沉管锁定回填不及时的风险。

施工期间，正值台风多发季节，台风"莲花"和南海土台风连续影响施工海域，作业窗口期短暂，沉管安装各工序安排工期很紧，E19沉管锁定回填作业时间受限。

同时，隧道基槽受强回淤的影响，E19沉管基槽较E18沉管基槽日回淤强度增幅约1.4cm，E20沉管基槽淤积亦有增大趋势。因此，为保障E20沉管的安装质量，E20沉管基槽清淤强度及清淤面积都较之前有显著增加，施工主线占用时间也因此增加近一倍，从而导致E19沉管无法及时进行锁定回填和一般回填作业，沉管水下稳定安全风险明显增大。

（3）可能造成的后果：沉管晃动，造成沉管定位偏差大，甚至出现漏水。

（4）处置措施：为有效应对E19沉管可能出现锁定回填不及时的风险，制定和采取了如下处置措施：

1）制定局部锁定回填施工方案，并由设计部门复核沉管的稳定性，主要是对接时沉管的整体稳定性，以及未完成一般回填前沉管抗浮稳定系数是否满足设计要求。

2）组织、协调现场施工，在不影响清淤的前提下，采用皮带船（图6-28）快速进行部分锁定回填（图6-29）、一般回填以及后续的护面层回填（图6-30），以适当提高成本的代价（材料损耗增大）确保沉管安装的稳妥安全。

（5）结论：本案例从风险管理"实用性"理念出发，综合平衡风险、利益及费用的关系，在合理可行的基础上，将风险降至可接受的范围内，从大的方面（工期、质量）来保障沉管安装施工稳妥安全。

图6-28 回填作业船机设备

图6-29 点锁回填作业图

图6-30 护面层回填作业

6.2 特属风险案例

　　港珠澳大桥沉管隧道工程位于珠江口伶仃洋海域，水下浅滩与深槽相间，地形复杂，岛屿众多，受地形、潮汐、径流等综合作用，水动力条件复杂，在外海施工条件下将出现独有的特属风险。典型案例如下所述。

6.2.1 岛头区风险

案例16：岛头挑流风险

（1）所述风险源：特属风险-岛头挑流风险（SM-01）。

（2）案例描述：E33沉管既是岛头区沉管，又是曲线段沉管，受东侧大屿山沿岸流、东岛头挑流影响，其流场复杂程度远大于直线段沉管，岛头区流场分布如图6-31所示。

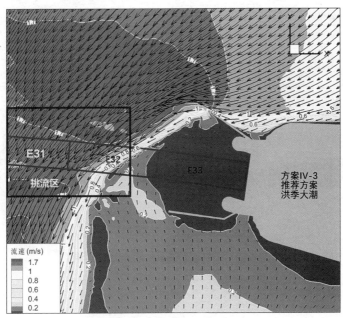

图6-31　岛头区流场分布图

（3）可能造成的后果：沉管安装姿态控制难度大。

（4）处置措施：针对E33沉管安装时出现的岛头区挑流问题，制定了相应的应急预案和处置措施。

1）联手专业设计单位开展数模分析（图6-32），研究导流堤的布置方式，通过导流堤的合理布设，将岛头挑流风险有效转移。

2）设置导流堤后，掩护区内的水动力条件变差，易发生基床回淤。为有效地降低基床回淤等衍生风险，制定有针对性的防淤、减淤技术方案并采取系列防淤、减淤的措施和手段，如下所述：

① 针对岛头区B区尚无有效的防淤手段，制定了国内首次采用的外海防淤屏方案（图6-33），并开展防淤屏减淤试验。试验结果表明：设置防淤屏后，掩护区内回淤强度是原来的50%左右，防淤屏减淤效果较为明显。

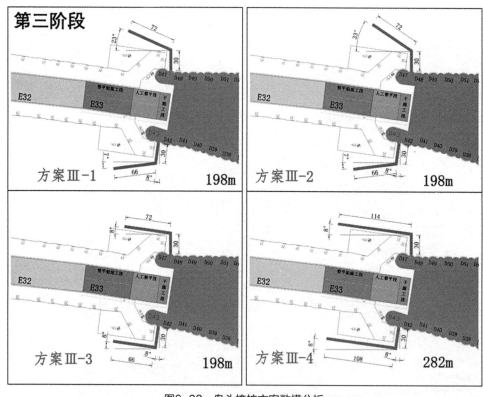

图6-32　岛头掩护方案数模分析

② 安装防淤钢盖板

靠近岛头暗埋段海域狭窄，常规清淤手段不能满足要求，制定了岛头防淤钢盖板方案：在已铺设好的基床上安装防淤钢盖板（图6-34），有效隔离回淤物，但需要定期清理钢盖板上的回淤物。

图6-33　岛头防淤屏布置

③ 岛头清淤手段

岛头区内侧清淤船无法进入需要清淤的海域，由潜水员在水下辅助作业，使用吸沙泵进行不间断的清淤；岛头区外侧采用专用清淤船"捷龙号"清淤，将回淤物彻底清除干净。

2016年7月30日受台风"妮妲"影响，岛头区出现了大面积回淤，局部回淤厚度大于1m。项目总经理部和风险管理委员会启动了岛头清淤应急预案：基础监控组跟踪监控，严控清淤标准；作业班组投入人力连续作业，保障对岛头区清淤工作不间断，于9月5日完成了岛头区的全部清淤工作，见图6-35。

④ 回淤监测

岛头区的回淤监测采用多波束扫测（图6-36）、潜水探摸、回淤盒取样等多种手段同时监测、监控，取得对比资料。

图6-34 防淤钢盖板

（5）结论：由于特属风险具有项目的特殊性，采用具有针对性的处置方案往往需要开展风险动态管理。本项目的做法是：数值模拟和方案比较并进；现场试验和全程监测监控互动互证；突发情况果断应急处置，最终取得控制风险、克服衍生风险的效果。

图6-35 现场清淤情况

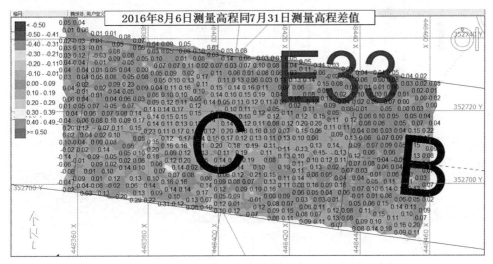

图6-36 多波束扫测

6.2.2 最终接头风险

1. 案例17：最终接头和E29、E30基础沉降协调风险

（1）所述风险源：特属风险—最终接头和E29、E30基础沉降协调风险
（SN-30）。

（2）案例描述：最终接头的基床结构具有以下特点：

1）E29、E30沉管和最终接头块处的基础形式及作用荷载数值不一致，正常
回填加载时间前后差异大，沉降不一致，即三者间存在荷载—时间—沉降效应不
同步的问题，见图6-37和图6-38。

2）刚接头合拢焊接后，若最终接头回填加载发生新的沉降，将在新形成的
刚接头处产生附加应力，严重时危及结构安全。

（3）可能造成的后果：

1）E29和E30沉管尾端标高不一致将直接影响最终接头对接质量。

2）最终接头尾端基础形式（碎石与注浆混合基础）和刚度与其他部分（碎石
基础）不一致，回填过程中出现的基础沉降不协调导致刚接头处产生较大的附加
应力，严重时影响接头质量。

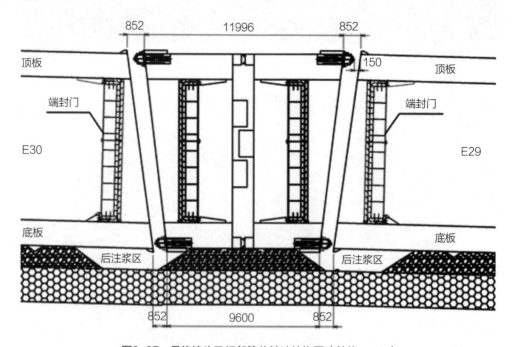

图6-37　最终接头及相邻管节基础结构图（单位：mm）

（4）风险处置措施：

1）开展最终接头碎石基础1∶1比例之模型稳定性试验，见图6-39，采用水箱立柱拼接钢结构作为压载体的底座基础，通过其在碎石基床上的压载，进行沉降等观测数据的测试。按照最终接头对基床压载为1000t、2000t进行设计，最终接头对碎石基床的压强分别为（按接触面计）：5.16t/m²、10.3t/m²。为掌握荷载影响碎石基床变形规律，考虑适当超载。

	E29	最终接头	E30
	1000t	2000t	1000t
安装	1.5 kPa	50 kPa	1.5 kPa

图6-38　最终接头及相邻管节基底应力图

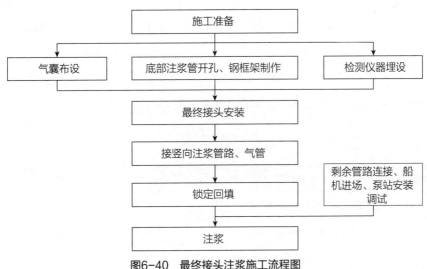

图6-39　最终接头碎石基础1∶1比例模型稳定性试验

2）为保证E29、E30沉管与最终接头沉降保持均匀一致性，制定最终接头基础注浆专项施工方案。施工流程如图6-40所示。

3）开展E29/E30沉管超载回填专题研究，采取管内预压载、管顶超载回填（H=1.5m）和安装荷载块（E29-S8和E30-S1位置，见图6-41）等方式加速完成沉降过程，减小三者间刚接头处的后期差异沉降。

4）开展刚接头处结构加固措施研究，通过在接头处对底板植筋，利用压载混凝土层实现结构补强。

```
                    ┌──────────┐
                    │  施工准备  │
                    └──────────┘
        ┌──────────────┼──────────────┐
  ┌──────────┐ ┌────────────────────┐ ┌──────────┐
  │ 气囊布设  │ │ 底部注浆管开孔、钢框架制作 │ │ 检测仪器埋设 │
  └──────────┘ └────────────────────┘ └──────────┘
                    ┌──────────┐
                    │ 最终接头安装 │
                    └──────────┘
                    ┌──────────────┐
                    │ 接竖向注浆管路、气管 │
                    └──────────────┘                ┌────────────────┐
                                                    │ 剩余管路连接、船 │
                                                    │ 机进场、泵站安装 │
                                                    │     调试        │
                    ┌──────────┐                    └────────────────┘
                    │  锁定回填  │
                    └──────────┘
                    ┌──────────┐
                    │   注浆    │
                    └──────────┘
```

图6-40　最终接头注浆施工流程图

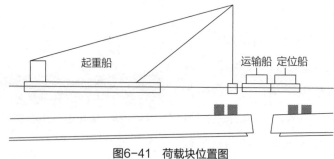

图6-41　荷载块位置图

5）对刚接头处的应力和结构变形进行监测，制定通过预留注浆孔进行管底压浆调整预案。

（5）结论：本工程的最终接头形式是一项创新成果，辨识其安装特属风险是需要的。本案例对风险源的认定和可能产生的后果有明晰的结论；对于采取的措施是用现场试验的方式来解决，不失为稳妥可靠，具有非常实用的意义。这样做因少走弯路而缩短了工期，节约了成本，保证了工程质量。这是用生产要素法有效辨识风险和正确掌握处置风险措施的一个案例。

6.2.3　深水深槽风险

1. 案例18：深水深槽条件下管节运动风险

（1）所属风险源：特属风险——基槽底部紊流（SO-04）。

（2）沉管情况：2014年3月24日，E10沉管顺利安装完成，沉放流程与既定方案基本一致，沉管沉放总体受控，各安装缆和系泊缆的缆力均在合理范围内。

开启端封门人孔后进行贯通测量，结果显示E10沉管相对于E9沉管整体偏北、偏高，E10沉管贯通测量结果见表6-4。贯通测量完成后，分别从沉管外侧和内侧对GINA止水带进行了检查，GINA压缩量为13~15cm，确认水密性良好。

E10沉管验收参数统计表　　　　　　　　　　　　　表6-4

项次	检测项目	3月25日
1	相邻沉管端面横向相对偏差	101.3mm，E10偏北
2	相邻沉管端面竖向相对偏差	6.5mm，E10偏高
3	沉管轴线与设计轴线间横向绝对偏差	首端127.3mm，偏北；尾端132.3mm，偏北

续表

项次	检测项目	3月25日
4	沉管轴线与设计轴线间竖向绝对偏差	首端25.5mm，偏高；尾端28.7mm，偏高
5	里程偏差	首端120mm，偏西；尾端137mm，偏西
6	GINA平均压缩量	142mm

注：参考的设计标高包含碎石基床整平预抬量，E9沉管碎石基床整平预抬量为5.5cm，E10沉管碎石基床整平预抬量5.0cm。

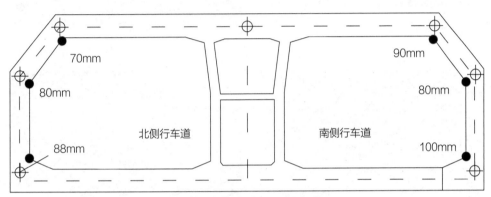

图6-42　E10沉管错牙测量结果

对管内钢端壳间错牙进行测量，平均错牙85mm。错牙测量结果见图6-42。

沉管首端定位主要通过导向杆、导向托架控制，将首端偏差控制在规定范围内，导向杆、导向托架如图6-43所示。E10沉管贯通测量发现错牙后，检查发现导向杆有明显的刮擦痕迹、导向托架有滑移痕迹，见图6-44、图6-45。分析这些刮擦和滑移痕迹，认为沉管在沉放对接过程中存在沉管运动、导向杆碰撞导向托架的异常情况，从而导致了托架滑移和导向杆刮擦。

（3）原因分析：在沉管隧道施工海域，伶仃航道、龙鼓西航道及伶仃临时航道在此汇集，复杂多变的海况，对沉管水下安装对接产生极大的安全风险。

E10沉管安装期间，沉放水深超过40m，槽深超过30m，沉放对接期间遭遇海底异常紊流，导致沉管出现较大的对接偏差。

（4）可能造成的后果：

1）对接精度不满足设计要求；

2）潜水员水下作业风险高；

3）沉放对接碰撞风险高。

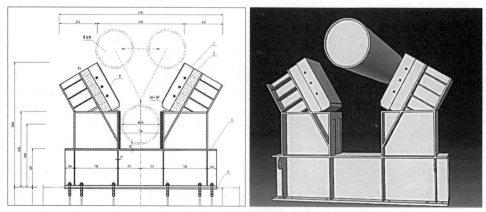

图6-43　导向托架、导向杆示意图

图6-44　导向托架滑移

图6-45　导向杆擦痕

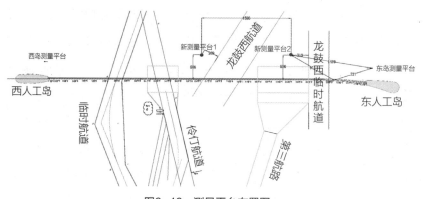

图6-46　测量平台布置图

（5）处置措施：综合考虑深水深槽施工特点和难点，制定了以下深槽安装专项应对措施。

1）在E17和E24沉管沉放基槽北侧新建两座测量平台（图6-46），测量平台上设置GPS参考站、全站仪，以光学测量作为沉管尾端测量塔GPS-RTK测量控制的校核和备用手段。

2）沉管安装前利用坐底式海流计定点对沉放管节基槽内的海流进行观测；在安装船上增设海流计，在沉放对接过程中进行槽内海流的实时监测。

3）利用设在管内的姿态仪监测沉管在安装过程中的运动姿态，掌握沉管的晃动幅度和晃动频率。

4）优化导向托架的结构形式，取消原设计导向托架调位用的两侧钢垫板，并在导向托架两侧增设限位用螺旋千斤顶，螺旋千斤顶如图6-47所示。

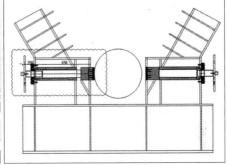

图6-47 导向托架增加限位用螺旋千斤顶图

5）加强二次舾装的质量控制，在导向托架和导向杆舾装时采用底角限位措施。

6）对安装缆的预张力和沉放各个阶段的缆力加强控制，在设计缆系使用范围内适当增大缆力值，同时注意缆系各缆力的相对均匀性。

7）增加潜水检查内容，优化潜水配合方案。

8）在导向杆、拉合千斤顶上安装3台高清水下摄像头，增设水下可视化系统。

9）在作业大窗口"安装窗口管理系统"的基础上，增加小窗口"对接窗口"。对接窗口包括的作业内容为对接过程中的拉合作业期（已安沉管和待安沉管即将接触的时刻），对接作业窗口的条件为到涨极之后、流速小于0.25m/s。

（6）结论：在深水深槽中沉管安装出现偏差是在安装后通过贯通测量发现的，由此开展了风险评估，制定了九项非常有针对性的、可操作的风险处置措施等一系列工作。透过此例的总结评审，将这些具体措施作为规范化要求来指引以后的施工作业，可以发现坚持风险管理目标和流程，将会提升项目风险管理的水平。

6.2.4　强回淤风险

1．案例19：E15管节突淤

（1）所属风险源：特属风险—强回淤（SP-1）。

（2）沉管基础情况（图6-48）：原始海底高程：-13.600~-10.200m；基槽开挖底部高程：-46.462~-45.922m；边坡坡度：自上而下为1:5和1:2.5两种；设计纵坡：-0.03%；复合基础：天然地基土+抛填块石及夯平（厚2m）+碎石垫层（厚1.3m）；碎石基床形式：沟垄相间，沟宽1.05m，垄宽1.80m。

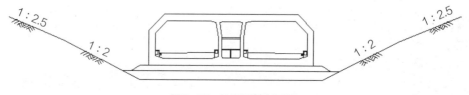

图6-48　E15沉管剖面图

（3）案例描述：2014年11月16日8：00，潜水员对E15沉管基床进行安装前检查发现：基床垄顶存在黏稠状回淤物，厚度大多数为2~3cm，局部4~6cm，且回淤土质具有一定的强度。11月18日对E15沉管基础再次进行多波速扫测（图6-49），基础垄顶上的回淤整体呈北厚南薄的态势，且回淤厚度有一定发展。18日扫测数据显示垄顶的平均回淤厚度为9.6cm，较13日扫测数据增加约9.6cm，较15日扫测数据增加约5.5cm。

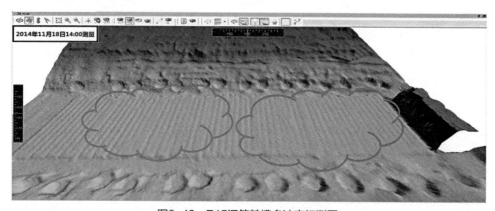

图6-49　E15沉管基槽多波束扫测图

（4）原因分析：

1）对基槽边坡发生坍塌的可能性分析：根据E15沉管基槽范围内边坡横断面叠加线分析，E15沉管基槽的边坡坡面结构正常，未出现大面积滑坡、塌方等现象，基槽边坡处于相对稳定状态。

2）径流量变化（图6-50）：根据监测，从2014年11月4日起由于上游降雨，径流量开始增加，尤其是11日以后超过了6000m³/s，而在14日当天达到了最近10天的一个峰值，超过了8000m³/s。

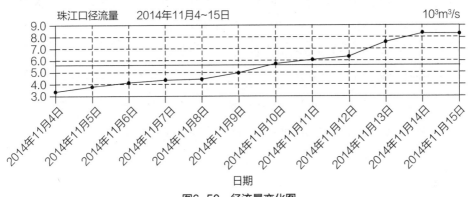

图6-50 径流量变化图

3）寒潮大风的持续影响：在预定的E15沉管浮运安装窗口前5～7天内由于寒潮南下及不断补充，工程海区出现了大风天气，海浪相对较大。根据回淤物样品的颗分试验结果，回淤物黏粒含量较少，而粉粒含量较多，整体呈粉土状，该种特性的泥沙较易在恶劣海况条件下起动。

4）潮流变化的影响：施工海域自2014年11月12日完成E15沉管的碎石基床铺设后，从11月13日开始转入小潮汛的周期，潮流动力处于一个持续减弱的过程，并于15～16日到达低谷，而且海面波浪状况相对良好，非常有利于沉管安装。但同时，根据回淤物样品的颗分试验，判定粉土的悬移质在这样弱小的潮流动力下极易落淤并快速沉淀，现场发生的情况与这种回淤物的一般特性吻合。

5）地形因素：E15沉管位于刚刚离开伶仃航道的位置上，处于伶仃航道和岛隧工程沉管基槽两条人工开挖的深基槽的交汇点的边缘。沿伶仃航道的归槽流与隧道基槽中的西向流在此交汇，会在E15沉管基槽处形成索流，一定程度上有利于回淤物的落淤。

（5）可能造成的后果：

1）碎石垫层可能发生夹淤现象，瞬时沉降大，引起后期沉管差异沉降大。

2）碎石垫层铺设过程中回淤超标，需要进行清淤作业，作业时间延长。

3）碎石垫层铺设过程中和沉管安装前发生突淤时，会造成后续工序延后，工期延长。

4）铺设好的碎石垫层回淤量超标，导致无法安装沉管。

5）施工作业窗口延误。

（6）应对措施：按照清淤典型施工取得的成果，对E15沉管基床实施处置的方案是采用清淤+挖除碎石+重新铺设碎石的综合方案。

1）清淤+挖除碎石+重新铺设碎石。

2）基床开挖前开展典型施工，初步拟定按照原设计厚度0.8m挖除碎石，厚度偏差允许+20cm/−50cm。根据典型施工结果确定最终开挖厚度及高差控制标准。

3）碎石重新铺设采用二次铺设，恢复基床至原设计高程。

4）基床处理过程由基础监控组全程监控并记录。

（7）结论：因自然环境突发变化，形成新的风险因素，这是工程施工并非罕见的情况。本案例不是简单地对照以往的经验采取处置措施，而是按照风险管理的程序认真分析边坡稳定、径流变化、风浪骤变、潮流影响、地形特点等因素，对可能造成的后果作全方位的评估，然后制定相对稳妥的综合处置方案，这是执行ALARP原则的体现。

6.2.5　曲线段风险

案例20：曲线管节对接风险

（1）所属风险源：特属风险—曲线管节压接控制（SQ-06）。

（2）案例分析：E29～E33沉管平面位于曲率半径为5500m的圆曲线段上，为本工程最后施工的5个沉管，其安装顺序如图6-51所示。曲线段设计里程长度793.362m，沉管安装纵坡2.202%～3.013%，沉管底板底部设计高程−31.962～−12.500m。

受沉管曲率影响，沉管受到的周围水压力和基底摩阻力不对称，这将会加剧直线管节中原来就存在的压接不均匀问题。先铺法曲线沉管对接控制和精度保证

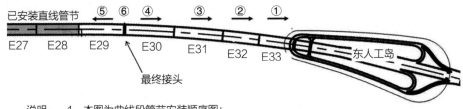

图6-51 曲线段沉管安装顺序图

说明：1. 本图为曲线段管节安装顺序图；
　　　2. 序号①~⑥表示管节（包括最终接头）的安装顺序；
　　　3. 箭头表示管节的对接方向

难度更大，沉管拉合时可能会在基床上产生不规则运动，影响密闭结合腔的形成；水力压接过程中GINA橡胶止水带也会因受力不一致引起更大程度的不均匀压缩，导致沉管尾端轴线不受控的风险突出。

（3）可能造成的后果：

1）GINA止水带压缩不均匀。

2）沉管尾端轴线不受控。

（4）处置措施：采用管内压载水配载结合沉管吊索调整综合应对，同时利用沉管姿态监测系统全程实时监控。

首先，按照理论计算结果在桂山管节预制工厂深坞区进行压载水调整配载试验，确定沉管在漂浮状态、消除干舷和提供负浮力等不同阶段调平配载方案，同时制定在基槽表、底层海水密度发生变化时的配载调整方案。

其次，在整个浮运沉放过程中密切关注沉管姿态监测系统对沉管平稳状态的监测数据和系泊安装绞车系统的缆力数据，及时调控管内压载水的配载保持管节稳定平衡，必要时采用吊索辅助拉曳进行姿态调整。

（5）结论：曲线沉管对接是工程施工的难点。本案例以控制沉管沉放姿态为主线，采用姿态监控系统和设置、调控管内配载以及调控缆绳拉力的方法来化解操作风险，实践证明是成功的。

第7章

风险管理和科技创新

7.1 风险管理与科技创新的相互关系

创新是科学技术发展中的永恒主题。风险在工程建设中普遍存在，高风险和不可逾越的风险则直接影响工程进度和工程质量。采用科技创新可以化解风险，而新的风险因素又会伴随创新而生。但这不会挫伤人们对坚持创新的积极性，却会以加强风险管理来促进科技创新。在工程建设过程中，风险管理与科技创新互相依存、互相促进的关系可概括为：

风险管理需要科技创新；科技创新支撑风险管理；

风险管理保障科技创新；科技创新推动风险管理。

工程风险主要影响施工工期、工程造价、产品质量、生产安全、作业健康、生态环境保护等方面。沉管隧道是限制性条件最多的一类工程，所以也是隐藏风险最多的一类工程。遵循可实施的合理的最低风险原则，在工程风险管理可控范围内，现有的技术能力和工程措施均可把控风险；而超出可控范围的高风险区的风险，则是传统手段和常规技术难以解决的问题，这就需要另辟创新途径。创新往往可以化解风险或降低风险等级；然而，创新方案有时亦因认知局限导致在实施过程中产生新的潜在风险或者叠加风险和累积风险。风险管理正是在这种情况下，为创新方案提供辨识风险、评估风险和处置风险的平台。

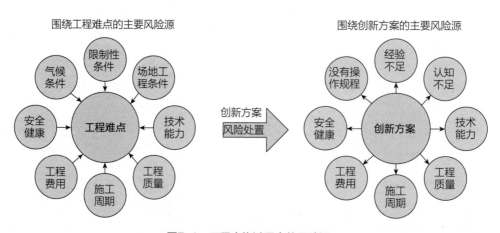

图7-1 工程实施过程中的风险源

港珠澳大桥沉管隧道工程通过风险管理活动对工程风险源进行了系统梳理，坚持创新之路，开展科学攻坚和技术攻关。图7-1显示了由工程客观条件形成的风险源与科技创新可能派生的风险源发生交织的情况。由图可知：通过实施创新方案，解决和改善了因气候环境、场地条件和其他制约因素而产生的各类风险，使工程施工得以顺利进行。

下面用工程实例来详细阐述科技创新是如何来化解工程风险和支撑风险管理的？以及风险管理又是如何引导和促进科技创新的？

7.2 科技创新对风险管理的支撑作用

E33沉管的浮运安装作业是科技创新支撑风险管理的一个典型案例，对于面临技术风险和技术挑战的沉管隧道工程，该案例具有可供借鉴的参考价值。

E33沉管位于东人工岛岛隧结合部，与东人工岛暗埋段相接，总长135m，东侧约45m进入人工岛内，其余位于岛外，是港珠澳大桥沉管隧道工程中首个安装的曲线段沉管，参见图7-2。

E33沉管浮运安装作业的主要困难有：

（1）海况复杂，自然条件风险多

E33沉管安装地址—岛头区的海流、回淤以及地形条件复杂，沉管在此安装风险多、难度大。

（2）施工海域狭窄，交叉作业多，现场施工组织协调难度大

E33沉管碎石基床铺设分为岛内干施工、水下人工整平、机械整平等工序，交叉作业互有干扰；施工时间长，易造成基床面回淤，清淤作业面狭窄，沉管基础质量控制难度高。

（3）施工期作业窗口抉择难度大

E33沉管安装作业工期较长，且作业窗口正值汛期和台风多发期，台风、强对流等极端天气、大径流、高温、高湿等复杂环境对沉管基础铺设、沉管浮运安装都会带来巨大风险。

（4）对首个曲线段沉管安装缺乏经验

E33沉管安装计划会涉及东人工岛岛头钢圆筒结构拆除的施工安排，这对东

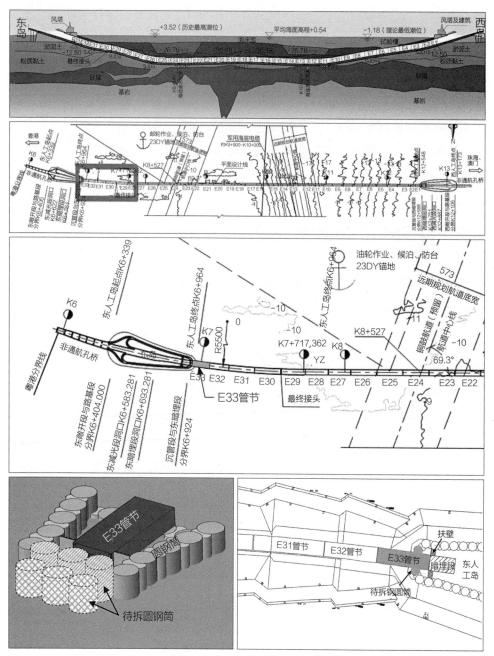

图7-2　E33沉管安装位置示意图

岛岛头的工程进度和已有设施的安全都会产生重大影响。所以，E33沉管能否如期顺利安装也将直接影响岛隧工程的总工期。

在E33沉管浮运安装作业前用了近10个月的时间进行相关风险辨识、风险评估和风险处置等风险管理活动。在沉管安装作业过程中穿插进行风险排查，精心策划各个施工环节的风险处置措施；全员管控风险，开展技术攻关活动化解重大风险。整个施工过程以风险防控为主线，以风险排查推动技术攻关，以技术攻关降低风险，使E33沉管安装施工风险始终处于可控状态。围绕E33沉管施工的主要风险源见图7-3。

图7-3　围绕E33沉管施工的主要风险源

7.2.1　E33沉管安装风险管理总体过程

2016年1月项目总经理部及项目风险管理委员会召开第一次东岛岛头E33沉管浮运安装风险评估报告专题讨论会，提出要针对E33沉管浮运安装风险源进行深入研究。

E33沉管浮运安装施工作业风险管理活动大致分为三个阶段：

1. 第一阶段

2016年1月对E33沉管开展了第一次全面的风险源辨识，共辨识出重大风险源四大类、17大项（表7-1）。

第一阶段风险源列表　　　　　　　　　　　　　　表7-1

序号	分类	风险源	序号	分类	风险源
1	环境类	台风和强对流风险	9	安装类	超长窗口期决策风险
2		大径流叠加风险	10		受限水域长距离横拖、系泊风险
3		岛头区强紊流风险	11		首个曲线沉管安装认知风险
4		高温高湿环境风险	12		工期风险
5	岛头区	深厚软土及硬夹层地质风险	13	岛头区	钢圆筒拆除后岛头安全风险
6		碎石基床质量控制风险	14		挡流块体稳定性风险
7		回淤风险	15		暗埋段端封门安全风险
8		基床异物风险	16		特殊区域边坡稳定风险
			17		安装完成后E33沉管安全风险

2．第二阶段

针对上述17项风险，2016年1月22日召开岛隧工程第二次专题讨论会（总工程师咨询会），确定8项重大风险（表7-2）。2016年4月，经过全员风险排查和各方面专家的分析评估，编制了《E33管节安装风险评估中期报告》，对8项重大风险进行全面分析、评估，提出处置方案。

第二阶段重大风险源列表　　　　　　　　表7-2

序号	风险源
1	遭遇台风的风险
2	东岛岛头潮流、紊流、大径流、回淤叠加风险
3	掩护体范围内的回淤风险
4	第一个曲线段管节安装风险
5	地质风险
6	保障系统失效风险
7	洪汛期沉管安装风险
8	工期风险

3．第三阶段

2016年9月底按照"动态管理"的要求，对E33沉管开展全员风险排查，包括11类通用风险和4类专项风险，共计242项（表7-3~表7-6）；对前期的8项重大风险的应对措施进行补充、优化，增加了新的风险评估内容。

第三阶段通用风险源列表　　　　　　　　表7-3

通用风险					
序号	风险名称	风险项数	序号	风险名称	风险项数
1	环境	20	7	进出坞	11
2	人员	7	8	浮运系泊	22
3	装备	34	9	沉放对接	20
4	碎石基床	22	10	回填作业	13
5	沉管舾装	24	11	管内作业	10
6	隧道基础	11	累计		194

第三阶段专项风险源列表 表7-4

专项风险		
序号	风险名称	风险项数
1	台风恶劣天气	10
2	潜水作业	19
3	通航安全	11
4	岛头段	11
累计		51

第三阶段关注风险源列表 表7-5

类别	一般关注风险	重点关注风险	新增风险
通用风险	140项	54项	0项
专项风险	21项	20项	0项
累计	161项	74项	0项

第三阶制定的应急预案数 表7-6

应急预案	项数（个）
原有应急预案	18
新增应急预案	0

通过对E33沉管浮运安装作业风险源的辨识和梳理，归纳出主要技术风险是（图7-4）：

（1）沉管沉放地址海流、泥沙等海况不满足施工条件；

（2）基床回淤；

（3）拉合期曲线沉管所受水压力和基底摩阻力不对称。

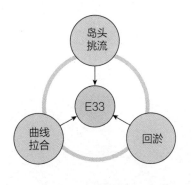

图7-4 E33沉管施工主要技术风险示意图

7.2.2 E33沉管安装重大技术风险及其处置

1. 岛头海况分析及风险处置措施研究

（1）风险源辨识：东岛岛头潮流、絮流、大径流、回淤叠加等。

受大屿山沿岸流和人工岛岛头挑流的影响，E33沉管安装区海流流速大、流向偏角大，基槽内流态复杂。每年4～9月为珠江口的洪汛期，径流量最高时达到约5万m^3/s。并且岛头大圆筒围堰掩护区内水动力条件差，易引起基槽或基床回淤，基床回淤将直接影响沉管安装质量，严重时须重新清淤或对部分工序返工。综上分析，E33沉管安装区存在东岛岛头潮流、絮流、大径流、回淤叠加等高风险因素，如果避开这些环境风险源，则安装窗口期很短，甚至短期内无作业窗口可供选择。E33沉管的安装是否如期顺利进行，将直接影响工程总工期计划的执行。

（2）风险类型：环境类风险，即限制性条件类风险。

（3）研究课题和风险处置措施：

1）岛头挑流：以在东岛岛头E33沉管安装区形成良好的水流条件为目标，由项目总经理部牵头联合开展岛头水流数值模拟研究、物理模型试验、海流观测和分析，最终确定在岛头区岛隧结合部南北两侧布置导流堤以疏导水流、改善流态、维护基槽（图7-5）。

2）气象、水文预报：加强中长期珠三角及珠江流域的气象预报，结合现场海流实测资料及相邻区域水文气象预报数据，科学合理地确定安装作业窗口。

（4）研究责任单位：浮运安装作业工区（Ⅴ工区），国家海洋环境预报中心，南京水利科学研究院（南科院），交通运输部天津水运工程科学研究所（天科所）。

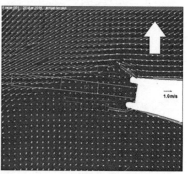

图7-5 岛头区导流堤设置

（5）处置效果检验与改进：

通过现场实测和监测验证，南北两条导流堤可以解决E33沉管流场问题，确保沉放对接作业窗口有效可靠。

后续监测和流场观测发现，虽然增设导流堤可以在E33沉管位置创造良好的水流条件，但也使岛头区域水流动力条件变差，回淤强度超过1cm/d。其原因是增加导流堤形成掩护体后，在东岛岛隧结合部形成了相对稳定的静水区域，水动力条件差，促使泥沙淤积，在掩护范围内形成淤积敏感区，且淤积区域存在不确定性（图7-6）。后经进一步分析研究，优化调整导流堤布置方式，使淤积敏感区外移，得到较为满意的结果——在创造良好水流条件的前提下尽可能将回淤影响降至最低程度。

2. 回淤风险及其处置方案研究

（1）风险辨识

1）风险源

岛头E33沉管安装区产生回淤的主要风险源是：

① 洪汛期上游来沙多；

② 导流堤掩护体在岛隧结合部形成静水区域，水动力条件差，在导流堤掩护范围内形成淤积敏感区；

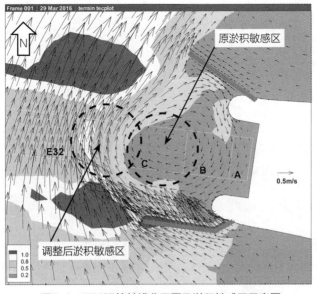

图7-6　E33沉管基槽分区图及淤积敏感区示意图

③ 据西岛E1沉管施工经验，基槽淤积强度较大，且淤积区域存在不确定性；

④ 从基床施工到沉管安装间隔时间超过40天，在这段时间内掩护体范围造成泥沙淤积的不确定性因素多。

2）风险类型：环境类风险。

（2）研究责任单位：疏浚作业工区（Ⅳ工区），浮运安装作业工区（Ⅴ工区），南京水利科学研究院（南科院）。

（3）研究课题和风险处置措施：

1）研究课题：导流堤布置方案优化，在沉管沉放地址避开淤积敏感区，制定外海区防淤措施。

分析导流堤掩护体内淤积敏感区范围，优化导流堤掩护体布置方式，将回淤影响程度降至最低。利用多波束、潜水探摸、回淤盒等手段加强岛头基础回淤监测。汲取前期E29沉管沉放铺设经验和研制开发的整体式清淤船清淤。

2）风险处置常规方案：

根据场地条件，E33沉管基槽整平分为三个区域（图7-7）：干施工A区（5条垄）、水下人工整平B区（15条垄）和整平船整平C区（26条垄）。

三个区域采用不同的清淤方案。

①A区防淤清淤方案：干施工段，采用防淤盖板覆盖法处置落淤（图7-8）。

② B区防淤减淤方案：水下人工整平施工段，采用防淤盖板覆盖法处置落淤。

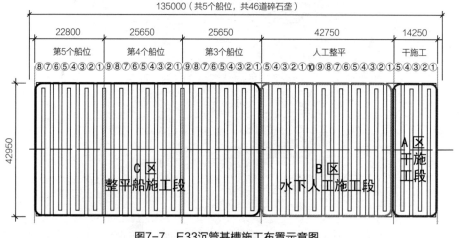

图7-7 E33沉管基槽施工布置示意图

③ C区防淤减淤方案：整平船施工段，采用整体式整平船清淤（图7-9）。

图7-8　防淤盖板图

其中风险比较大的区域是B区，防淤盖板覆盖法主要工序如图7-10所示。

3）防淤盖板方案评估

该方案是一项较为成熟的施工方案，但是施工比较费工费时，尤其是盖板上的落淤清除和钢盖板拆除工作量大，岛头作业场地窄、作业难度大。最早铺设几垄的基槽在水下裸露的时间大约有30天，按照1cm/d的回淤强度，这些基床的回淤量将大大超过规程允许值。其次，盖板水下定位安装难度较大，盖板有可能对碎石基床造成损坏，影响基床整体质量。如果采用防淤盖板方案施工，其面临的主要风险有：

① 工期风险（重大风险）；

② 施工难度风险；

③ 基础质量风险（重大风险）。

鉴于这种情况，开展科技创新，提出导流堤-防淤屏组合方案。

4）导流堤-防淤屏组合方案：

导流堤布置优化后淤积敏感区即可基本移出B区段，防淤的重点转为降低回

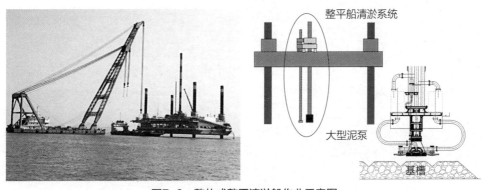

图7-9　整体式整平清淤船作业示意图

钢盖板铺设安装 ➡ 清除钢盖板上回淤 ➡ 钢盖板拆除

图7-10　防淤盖板覆盖法主要工序

淤强度。项目总经理部及项目风险管理委员会召集有关各方开展技术咨询、专题研究、效果评估，最终确认采用防淤屏阻隔泥沙的思路是可行的，能够满足场地环境条件。

防淤屏的基本原理就是利用土工布将浑水—海水中细颗粒固体挡在岛头区域外侧（图7-11），从而达到防止和减少碎石垫层回淤的目的。通过科学、严谨的减淤效果实验研究和获取现场试验监测数据，逐步改进、优化防淤屏方案。从监测数据来看，优化后的防淤屏方案减淤效果甚为明显，回淤强度是原来的50%左右。

E33沉管基槽B区段最终采用导流堤–防淤屏组合方案为实施方案，安全有效地降低了人工整平施工段的回淤风险（图7-11、图7-12）。

3. 首个曲线段沉管安装风险及科技攻坚

曲线沉管在安装、对接、测控等技术环节上均有别于一般直线沉管，不仅有安装操控沉管姿态难度大的风险，而且还存在对首个安装的曲线沉管认知不足的风险。曲线沉管在浮运安装过程中不仅存在重心和浮心的偏心、压接控制、安装轴线控制等显像问题，而且岛头施工的各种控制性条件，诸如作业水域狭窄、外界限制条件多、人工岛挑流影响使流态复杂等隐像问题，也会使沉管在移位和沉放时缆系操控难度加大，季节性气候影响也会使总体施工安全风险增高。

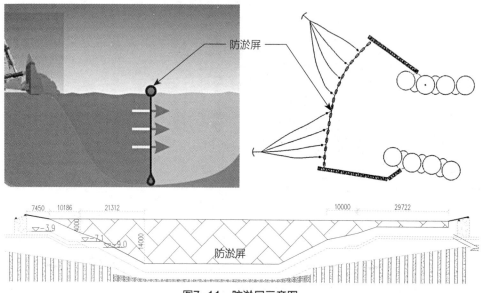

图7-11　防淤屏示意图

图7-12 防淤屏现场施工图

这些风险可能导致的后果是：

① 安装偏差大，超过设计要求；

② 首个曲线段沉管水力压接后，尾端轴线偏差超过质量控制标准；

③ 测控技术不完善导致对接偏差较大，影响最终接头的安装精度。

因此，在风险评估阶段将"首个曲线段沉管安装"列入具有重大质量风险的风险源项目中（表7-7）。

E33沉管浮运安装作业风险登记表 表7-7

风险编号	风险名称	最初风险等级评定					综合风险等级
		安全健康	环境	质量	时间	成本	
SM-07	首个曲线段沉管安装	低	低	高	中	中	高

（1）风险源：首个曲线段沉管安装。

（2）风险类型：安装类风险。

（3）风险处置措施：

1）开展关于曲线段沉管安装、测控技术的研究，编制专项施工方案；

2）开展曲线段沉管安装模拟推演，合理控制E33沉管安装线形与隧道线形一致；

3）研究曲线段沉管水力压接时的沉管姿态控制方法。

（4）责任团队：设计分部，浮运安装作业工区（Ⅴ工区）安装组，测量队。

（5）研究课题：E33沉管曲线拉合工艺。

针对曲线段沉管拉合难题，项目总经理部会同设计分部开展了专题研究，用理论解析的方法分析曲线拉合原理，根据基本原理指导现场施工；按照理论计算结果在管节预制厂深坞区进行压载水配载试验，在沉放拉合过程中实施全程实时监控，利用沉管姿态监测系统和系泊安装绞车系统获取沉管姿态监测数据和绞车缆力实测数据，及时调控配载，使沉管姿态保持平稳；与此同时，制定沉管在各种状态下的配载方案和沉管姿态调整方案。

沉放安装施工前召开风险评估会，对E33沉管安装施工风险的处置方案，和对延伸风险或再生风险转移等后果再进行一次风险评估。针对曲线管段安装测控技术复杂和沉管姿态控制难度较大、尾端轴线偏差存在不确定性等具体问题，继续开展综合沉放演练，在坞内进行双测量塔测控系统调试，对测控参数进行反复校核，对管顶二次舾装件进行仔细检查，对螺栓预紧力作二次复核，进行日常压载水系统开机调试和系泊锚系日常检查，确认坞内各项准备工作已经完备。

10月5日安装前，项目总经理部召开专题会议，讨论和布置曲线段沉管拉合压接工作。

10月7日浮运系泊过程中，浮运安装总指挥与风险管理决策组成员进一步梳理曲线段拉合操作流程，完善适合的曲线段拉合方案。

10月8日上午7时20分，经过持续26个小时的施工作业，E33沉管完成水力压接，实现与东人工岛的成功对接，安装精度达到毫米级，曲线沉管安装技术取得圆满成功。

此例说明：面对不可回避的环境风险、操纵技术风险和认知不足风险，科技创新和模拟推演可以化解风险，取得经验，推进施工；科技攻关和技术创新对风险管理起到了不可估量的支撑作用。

7.3　风险管理对科技创新的保障与促进

沉管隧道的科技创新是基于风险管理的需要而出现的，是为风险管理提供技术支持的。工程项目的科技创新具有明确的目的和要求,工程项目为其提供资金、人力、物力和项目信息,提供现场试验、效果检验和成果应用的平台;创新成果也必须为工程项目的风险管理提供规避风险、化解风险或降低风险等级的有效方法。因此,工程项目的风险管理既是培育科技创新的良好平台,也是促进科技创新取得成功的有力保障。

整体式主动止水最终接头实例显示了风险管理是如何保障和促进科技创新的,是一次成功的实践。

7.3.1 整体式主动止水最终接头方案概述

港珠澳大桥沉管隧道最终接头位置在靠近东岛的E29沉管与E30沉管之间(图7-13)。此处位于水下,底标高-27.937m,适合采用水下最终接头施工工艺。水下止水板法是一个较为成熟、最常用的水下接头施工方法,初步设计阶段采用的是这个方法。

水下止水板法施工流程简单,工法成熟,适用于水流条件稳定的江河沉管隧道和浅海区域。该法主要依靠潜水完成水下工作,需要具备连续的适合潜水作业

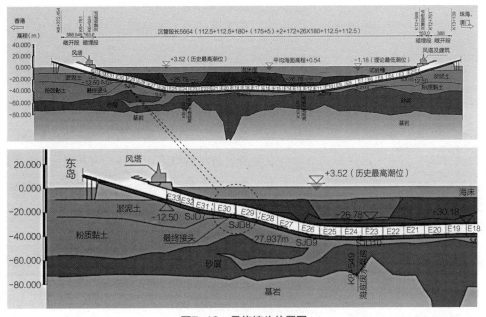

图7-13 最终接头位置图

的时间。水下止水板法现场施工时间长，并且只有止水板一道止水措施，就本工程而言，渗水风险较大。

沉管隧道最终接头施工风险要素为：

（1）横截面尺度较大，隧道纵向长、埋深大，最终接头处施工误差不易控制；

（2）最终接头处于外海环境，工程地质和环境条件复杂，适合潜水作业的气象及潮流窗口少；

（3）受潮流中大、中、小潮变化以及深槽紊流、东岛岛头绕流、冬季寒潮等复杂水文气象因素影响，很难找到满足潜水作业要求的长时间连续的作业时间窗口，潜水作业存在断断续续、难以保证质量的风险；

（4）最终接头处于回淤环境，回淤强度约为1～2cm/d，最终接头如果长时间在水下施工，则可能使回淤量超过设计要求，清淤作业也将会影响施工进度。

按主要风险要素归纳出采用水下止水板法会存在如下风险：

（1）现场施工时间长（工期风险）；

（2）潜水作业条件恶劣，水下施工时间长，潜水员水下操作风险大（安全健康风险）；

（3）施工期间出现超量回淤，清淤作业影响施工进度（工期风险）；

（4）止水板单一措施存在渗水风险（质量风险、工期风险）。

因此，接头若采用水下止水板法，在安全健康、工程质量、施工进度等方面均存在较高风险。

最终接头工法除了临时围堰干作业法和水下止水板法之外，具有成功案例的还有端部块体工法、V形块体工法和"Key"管节工法等方法。而选择一个合适的施工方法需要考虑施工安全、工程质量、施工进度、工程造价等多方面因素。经过分析，上述工法并不完全符合港珠澳大桥沉管隧道工程条件和技术要求。因此，结合本项目所处环境及工期要求，提出了开展整体式主动止水最终接头的研发任务，新型的最终接头须具有施工周期短和误差修正能力强的特点，整体式主动止水最终接头被认为是沉管隧道最终接头风险处置的首选措施。

整体式主动止水最终接头的基本概念是（图7-14~图7-16）：最终接头采用预制倒梯形钢壳混凝土结构，选择作业气象窗口运输至管址，下沉至最终接头位置就位；内藏千斤顶系统，联动压缩临时止水系统，实现与海水隔离；抽排结合

图7-14 最终接头沉放示意图

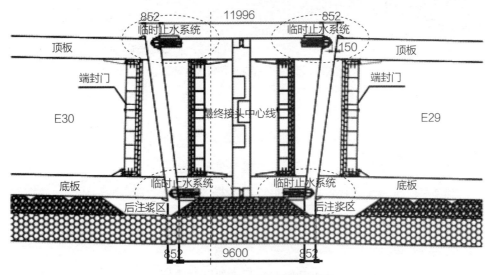

图7-15 最终接头总体构造示意图

腔水，快速实现主动止水；形成管内干作业环境后，在管内干环境条件下施工最终接头，与其两侧已就位的沉管结构实施连接作业，实现隧道贯通。这是具有创新设想的接头形式，不仅可以避免、降低场地环境条件限制所带来的各种作业风险，而且较易调整施工误差。此工法无须水下作业，且接头采用工厂预制法保证产品质量可靠。主动止水系统实现施工过程可逆，既能消除隧道纵向长度误差，又能灵活主动控制止水带的压缩量，保证沉管隧道的顺利贯通。

整体式主动止水最终接头结构在海底沉管隧道中的应用，在世界范围内尚属首例，无相关设计标准可遵循、无工程经验可借鉴，有很多问题有待研究探索。整体式主动止水最终接头研发工作包括下述6项研究专题：

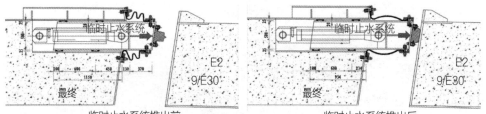

临时止水系统推出前　　　　　　　　临时止水系统推出后

（a）最终接头临时止水系统示意图

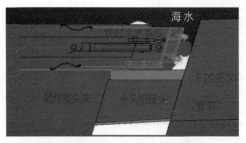

（b）永久刚性接头焊接干作业环境示意图

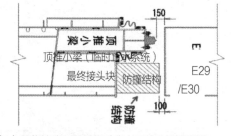

（c）最终接头下沉时临时止水系统防护示意图

图7-16　最终接头总体概念示意图

专题一：沉管隧道整体式主动止水最终接头机理研究；

专题二：沉管整体式主动止水最终接头设计方法；

专题三：沉管整体式主动止水最终接头制造关键技术研究与应用；

专题四：外海深水超长沉管龙口形态控制技术；

专题五：沉管整体式主动止水最终接头安装关键技术；

专题六：沉管体外后注浆基础成套技术研究与应用。

　　沉管隧道在建设过程中，设计与施工共同面对崭新的最终接头的总体设想，设计方案与施工措施同步并进，适度超前，互相启迪，互为修正，其紧密合作为推进科技创新、把控风险环节起到了积极作用。

7.3.2　整体式主动止水最终接头施工方案

1. 概述

　　港珠澳大桥海底隧道沉管由33个管节组成，其中曲线段管节5个，曲率半径5000m。管节安装顺序为E1～E28（直线段管节）→E33～E30（曲线段管节）→E29管节，最终在E29管节与E30管节之间安装最终接头，实现隧道贯通。与最终接头衔接的E29-S8节段和E30-S1节段为特殊楔形节段，外端面与最终接头块端面平行，最终接头布置见图7-17和图7-18。

最终接头本体结构由两个对称的倒直角梯形单元组成，两单元相向端设置与标准管节相同的永久接头（GINA+Omega）；在组装、运输和安装阶段，通过实施临时预应力将两个对称单元连接成整体，安装后预应力予以解除。最终接头总体构造见图7-19。

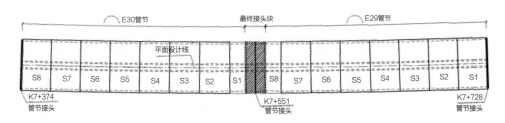

图7-17　最终接头与相邻管节平面布置图

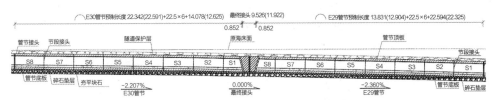

图7-18　最终接头与相邻管节纵面布

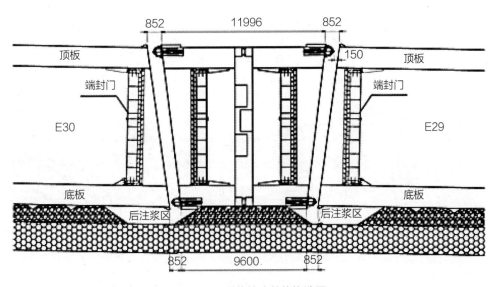

图7-19　最终接头总体构造图

　　最终接头本体采用在钢壳内灌注高流动性混凝土形成的钢壳混凝土组合结构，其横截面形式、尺寸均同标准管节。最终接头自重约5000t，采用起重船吊装的方式进行安装。如图7-20~图7-22所示。

　　最终接头基础采用先铺碎石基床，平坡（$i=0$）。最终接头沉放着床后，采用设置在两侧周圈的顶推小梁临时止水系统，使其与E29/E30沉管间的结合腔形成干作业环境，然后在管内焊接并注浆，形成钢混结构永久性刚性接头（图7-23）。

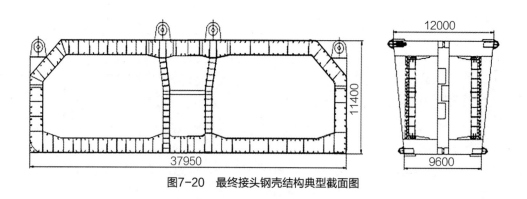

图7-20　最终接头钢壳结构典型截面图

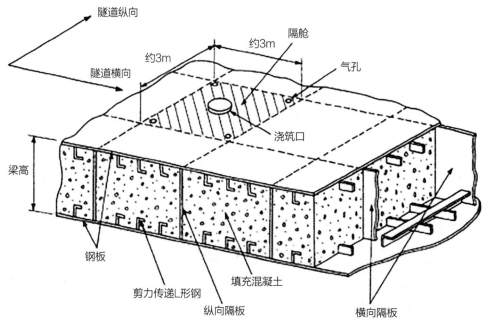

图7-21　最终接头钢壳混凝土结构示意图

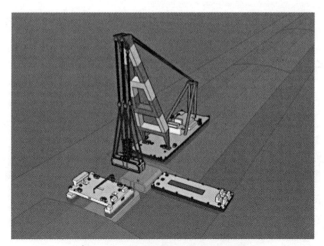

图7-22 最终接头起吊沉放示意图

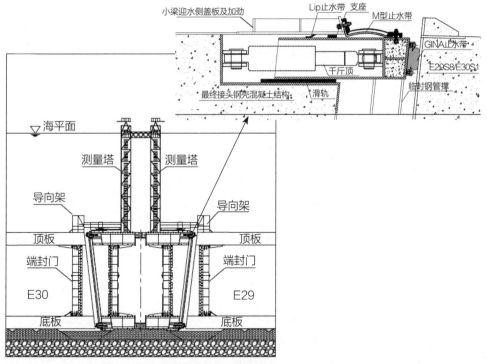

图7-23 顶推小梁和结合腔示意图

2. 最终接头总体施工流程

最终接头钢壳结构在工厂制造，用驳船运至沉管管节预制厂，完成在钢壳内浇筑高流动性混凝土、舾装件安装及调试等工序；待现场碎石基床施工完成后，选择合适的气象窗口进行最终接头浮运沉放，沉放就位后，进行接头临时止水并

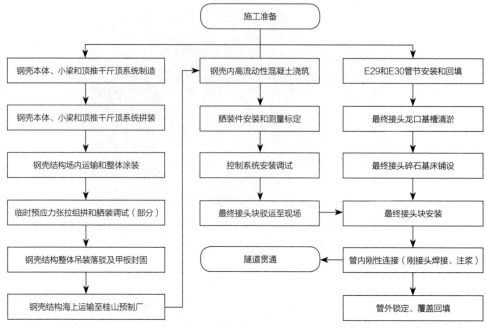

图7-24　最终接头总体施工流程图

与E29、E30沉管实施刚性连接，实现隧道贯通并完成后续管内管外施工作业。施工总体流程见图7-24。

3. 最终接头主要施工难点及风险辨识

（1）钢壳混凝土结构相对复杂，加工制作精度要求高；

（2）钢壳内高流动性混凝土浇筑质量控制难度大；

（3）顶推小梁临时止水系统的实施难度和风险均较高；

（4）超大件海上吊装安全风险高；

（5）安装空间受限，沉放姿态控制难度大；

（6）管内施工环境受限，刚接头焊接质量要求严，健康、安全风险高；

（7）总体工期紧，工序衔接多，施工组织和保障风险大。

按照《沉管安装风险管理指南》的指引，深水接头风险等级属于专项风险类别，具有独特风险。

本工程采用的梯形块整体预制安装最终接头方式是一项全新的用于沉管隧道最终接头的施工工艺，其中高流动性混凝土浇筑、大体量楔形块水下吊装、小梁顶推止水、刚接头焊接等诸多施工工艺均为国内首次采用，施工难度大，相关施工经验少，总体施工风险非常高。为了成功实施这一创新科技成果，风险管理活动贯穿了方案实施由始至终全过程，为施工方案的制定和实施提供可靠支撑。

第一，对最终接头实施全过程中的风险源进行全面辨识、分析和评估；第二，风险评估与最终接头施工方案编制工作同步推进，按照适度超前的计划，引导实施过程；第三，在技术攻关和方案研究过程中以风险管理为手段，不断辨识、评估风险、化解风险，制定措施；第四，对残余风险和不能完全化解的风险要素制定专项应急预案和应对措施。

通过一系列有序的风险管理活动降低了重大风险等级，为安全施工提供了决策保障。

7.3.3 整体式主动止水最终接头施工风险管理

新型最终接头方案实施过程风险管理工作思路是对设计、施工全过程的风险源进行全面辨识、分析、评估和处置，发挥风险管理"透视"问题的功能，对工程实施起到预警预控的作用。通过系统辨识、分析评估、专家咨询、设计与施工互动等一系列有

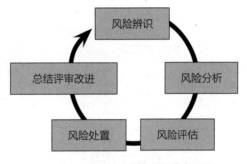

图7-25 施工过程中风险管理活动流程图

针对性的方法逐一进行风险处置，将风险处置落实到设计细节中，从而制定周密的施工方案（图7-25）。在方案实施过程中，又不断地以科技创新手段处置风险，同时利用风险管理的整个体系保证了施工作业流程能有序稳妥地进行。

最终接头风险管理总体流程如图7-26所示。风险管理总体分为三个阶段：

1. 第一阶段：风险辨识

整体式主动止水最终接头采用头脑风暴法和内部专家法相结合的方式，在最终接头方案实施前开展全方位（从最终接头制作到安装完成）的风险源辨识。历经由上而下和由下而上的风险辨识过程，逐步明晰风险辨识内容，统一梳理风险属性并进行分类，形成专项风险辨识报告提交外部专家咨询，根据外部专家咨询意见进一步完善报告。2016年11月第三十次沉管安装风险评估专家咨询会，确定整体式主动止水最终接头实施风险为10类50项风险（表7-8）。

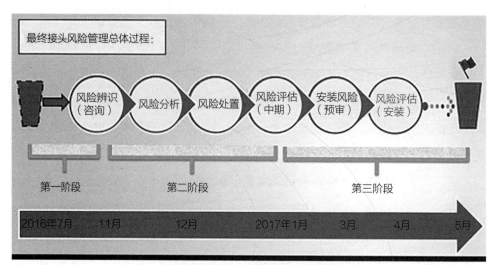

图7-26　最终接头风险管理总体流程图

最终接头风险管理动态过程和浮运安装前风险评估状态表　　　表7-8

编号	类别	风险源	处置前	处置后	状态	仍需重点关注项	处置应对
ZG-01	综合	恶劣天气风险	高风险	低风险	开放	—	—
ZG-02		海上作业风险	高风险	低风险	开放	—	—
ZG-03		高空作业风险	高风险	低风险	开放	—	—
ZG-04		龙口流场预测推演偏差	高风险	中风险	开放	★	海流实测 +数模分析
ZG-05	设计	三明治结构实际受力与理论计算偏差	高风险	低风险	开放	—	—
ZG-06		小梁设计、制造、吊装转换过程中的匹配风险	高风险	中风险	关闭	—	—
ZG-07		吊点设计风险	高风险	低风险	开放	—	—
ZG-08		高流动性混凝土浇筑孔道设置合理性风险	高风险	低风险	关闭	—	—
ZG-09	测控	参数计算偏差	高风险	低风险	开放	—	—
ZG-10		线形预控风险	高风险	中风险	关闭	—	—
ZG-11		最终接头段基床精度测控风险	高风险	中风险	开放	★	精细操作 +检校比对

续表

编号	类别	风险源	处置前	处置后	状态	仍需重点关注项	处置应对
ZG-12	测控	最终接头加工尺寸评估风险	高风险	低风险	关闭	—	—
ZG-13		E29、E30姿态测量精度偏差评估风险	高风险	低风险	关闭	—	—
ZG-14		测控定位系统稳定性敏感性可靠性风险	高风险	中风险	开放	★	持续关注
ZG-15	钢壳制造运输	加工质量控制风险	高风险	低风险	关闭	—	—
ZG-16		预应力张拉控制风险	高风险	低风险	关闭	—	—
ZG-17		制造运输过程中的安全风险	高风险	低风险	关闭	—	—
ZG-18		小梁加工匹配及组装风险	高风险	低风险	关闭	—	—
ZG-19		小梁顶推止水系统综合调试风险	高风险	中风险	关闭	—	—
ZG-20		临时性孔洞的水密性风险	高风险	低风险	开放	—	—
ZG-21	混凝土浇筑	高流动性混凝土浇筑质量风险	高风险	中风险	关闭	—	—
ZG-22		浇筑加载引起结构变形	高风险	中风险	关闭	—	—
ZG-23		浇筑加载引起甲板变形	高风险	低风险	关闭	—	—
ZG-24		码头区浇筑搁浅	高风险	消除	关闭	—	—
ZG-25	舾装调试	永久GINA、Ω止水带损坏	高风险	低风险	关闭	—	—
ZG-26		临时止水带安装质量及损坏	高风险	中风险	开放	★	持续关注
ZG-27		舾装作业HSE风险	高风险	低风险	开放	—	—
ZG-28		顶推系统损坏	高风险	低风险	开放	—	—
ZG-29	最终接头基础	回淤控制风险	中风险	低风险	开放	—	—
ZG-30		碎石基床（三垄）精度控制风险	高风险	低风险	开放	—	—
ZG-31		E29、E30和最终接头基础沉降协调风险	高风险	中风险	开放	★	持续关注

续表

编号	类别	风险源	处置前	处置后	状态	仍需重点关注项	处置应对
ZG-32	最终接头安装	超大构件吊装安全风险	高风险	中风险	开放	★	持续关注
ZG-33		沉放姿态控制风险	高风险	中风险	开放	★	持续关注
ZG-34		沉放过程意外碰撞	高风险	低风险	开放	—	—
ZG-35		安装过程水密性风险	高风险	低风险	开放	—	—
ZG-36		测量塔和长人孔安全	高风险	低风险	开放	—	—
ZG-37		精调系统故障	高风险	中风险	开放	★	持续关注
ZG-38		小梁顶推系统故障	高风险	中风险	开放	★	持续关注
ZG-39		监控监测保障系统故障	高风险	低风险	开放	—	—
ZG-40		着床定位操控风险	高风险	低风险	开放	—	—
ZG-41		排水对接体系转换风险	高风险	低风险	开放	—	—
ZG-42	管内外作业	管内作业期间水上安全	高风险	低风险	开放	—	—
ZG-43		刚接头焊接的高温火灾	高风险	低风险	开放	—	—
ZG-44		刚接头压浆密实风险	中风险	低风险	开放	—	—
ZG-45		刚接头合龙焊接HSE风险	高风险	中风险	开放	★	大型足尺模型演练
ZG-46		止水结构及其他设施损坏	高风险	低风险	开放	—	—
ZG-47		锁定回填风险	中风险	低风险	开放	—	—
ZG-48		管底基础后注浆部分回淤	中风险	低风险	开放	—	—
ZG-49		管底基础后注浆施工风险	高风险	低风险	开放	—	—
ZG-50	体系转换	最终接头体系转换操控制及结构安全风险	高风险	中风险	开放	★	持续关注

注：★为需重点关注项。

2. 第二阶段：风险分析、评估和处置

最终专项风险辨识报告发至各技术攻关小组，开展风险分析、评估，研究制定控制和降低风险等级的应对措施，开展了一系列风险处置行动，逐项制定应对措施，有如下程序：

（1）制定专项应急预案；

（2）调整、细化作业流程；

（3）专项课题研究、试验、测试；

（4）优化、细化设计；

（5）专家咨询，专题评估；

（6）施工演练；

（7）严明作业安全纪律。

2017年1月，组织第三十二次沉管安装风险评估专家咨询会，对辨识出的10类50项风险进行了全面分析。经评估，其中33项风险降为低风险，1项风险消除，16项风险仍为中等级风险。随着工程的进展，以及在施工方案中不断采取应对措施化解风险，在中期报告中辨识出的50项风险源共有16项关闭，在保持开放状态的34项风险中，包括低风险23项、中风险11项。

进一步分析评估上述仍处于开放状态、需要重点关注的11项中等级风险中，其中3项通过采取有针对性应对措施和相应的资源投入后即处于可控状态，其余8项风险需要持续关注和应对。

3. 第三阶段：安装专项风险评估

最终接头安装前，按照重点分析可能导致安装失败或出现重大质量风险等不可逆风险原则，开展了最终接头安装专项风险评估工作，对安装所面临的施工风险重新进行梳理，提出了9项最终接头安装重大风险和相应的应对措施。

随着最终接头风险动态跟踪、评估工作持续推进，针对各项风险所采取应对措施的逐渐明确，以及安装方案的不断细化，对后续施工面临的风险和问题开展进一步的辨识、分析和评估，重新确定在安装施工前需要重点关注的9项重大风险和处置措施（表7-9）。

遵循全员、全过程、全方位、动态管理的风险管理理念，在最终接头安装专项风险动态评估工作中，对风险要素进行了逐项分析和处置；通过试验、模拟、测试、演练、技术攻关和编制预案等手段降低风险等级。全员关注每一项后续施工环节风险的应对措施落实情况，评估残余风险，注重细节，不断寻找问题，化解风险，为隧道贯通提供支持。通过三个阶段的全员风险管理活动，使最终接头的施工方案稳妥而可靠。

最终接头风险源动态更新表   表7-9

最终接头安装专项风险评估风险项			重新辨识、分析、评估后的重大风险项		
序号	风险名称		序号	风险名称	
1	最终接头段基础沉降协调风险		1	基础沉降不协调风险	
2	临时止水带安装质量及过程水密风险		2	临时止水系统水密风险	
3	临时性孔洞封堵质量和水密风险		3	12000t起重船横流定位风险	
4	测控定位系统稳定性敏感性可靠性风险		4	水下测控定位风险	
5	超大构件吊装安全风险		5	6000t级构件吊装风险	
6	沉放姿态控制风险		6	吊装结构体系安全风险	
7	结合腔压力管理和控制风险		7	测量塔长人孔安全风险	
8	控制和监测系统设备（线缆）故障风险		8	突发恶劣天气	
9	体系转换控制及结构安全风险		9	工期延误风险	

（动态风险管理 ➡）

7.3.4 风险管理保障和推动新型最终接头方案的实施

整体式主动止水最终接头的研制确定了六个研究专题。这六个专题研究内容贯穿最终接头方案实施的全过程，其研究成果充分体现在整体式最终接头的施工特点上。当最终接头原理、机理等理论性问题解决之后，研制就与施工技术密不可分了，而且施工技术可能会主导研制过程。整体式主动止水最终接头形式一经确定，研究、设计、施工就是一个攻关团队，他们各尽其责、相互配合、相辅相成，同心互动，围绕着施工方案、外海环境对施工的制约，以及对新型最终接头的各参数的测试试验等，对总体施工流程和施工工艺细节、控制性参数稳定进行技术研究。每个攻关小组就是一个风险管理行动小组，为新型最终接头研发和实施提供可靠的支持。

设计、施工人员和专家团队参与的风险分析、评估，厘清各项风险的成因、相互关系、引起风险的控制性因素、风险类型、风险严重程度、风险发生概率等，在此基础上确定风险等级，进而有效地制定风险处置应对措施，明确技术攻关方向。这个环节是一个理性梳理过程，将表象显得庞杂无序的问题梳理清楚，由定性认知转为定量化、指标化。使目标清晰可操作。

技术攻关小组分头处置各自领域的风险。随着技术攻关和工程进展，对前一轮风险处置结果进行评估审核，并且按风险源逐项筛查，评估处置后风险状况，关闭已经完成工序的风险源。对于残余风险、不能完全化解的风险，以及随着工程进展深化新暴露出的风险进行重新评估，调整和制定新的处置措施，从而使风险管理按施工进度贯穿整个施工过程的各个环节。

随着科研和工程进展，重大风险的处置已逐渐显示成效，在2017年1月第二阶段风险评估时，如下风险处置工作已经完成：

（1）设计文件的细化和设计方案的优化工作；

（2）最终接头钢壳运抵沉管管节预制厂，优化钢壳结构构造和通过实验获得高流动性混凝土配合比、浇筑工艺流程等重要参数，使最终接头混凝土浇筑顺利完成，质量完好；

（3）通过设计优化、细化止水系统安装工序、止水带安装后临时防护等措施，基本化解了临时止水系统的风险；

（4）编制最终接头沉放姿态监控方案，制定沉放防碰撞预案；

（5）对超大件海上吊装问题包括吊点安全、设备安全、操作安全、海上稳定安全保障等进行模拟演练，掌握各种真实数据，进一步细化沉放操作方案，确保最终接头在沉放过程中可控，起重船工况可控。

原50项重大风险通过化解和关闭，剩下11项，其中3项可控，8项仍需要重点关注。

最终接头实施进入安装前的最后关头，根据重点分析可能导致安装失败或出现重大质量风险等不可逆风险原则，对后续工程面临的风险开展进一步辨识、分析和评估，明确需要重点关注的下述重大风险源，并制定处置措施。

（1）基础沉降不协调风险；

（2）临时止水系统水密风险；

（3）12000t起重船横流定位风险；

（4）水下测控定位风险；

（5）6000t级构件吊装风险；

（6）吊装结构体系安全风险；

（7）测量塔长人孔安全风险；

（8）突发恶劣天气风险；

（9）工期延误风险。

2017年5月2日最终接头运抵现场，2017年5月3日最终接头沉放对接成功，2017年5月25日永久刚性接头施工完成，港珠澳大桥沉管隧道全线贯通。

整体式主动止水最终接头方案不仅成功地解决了港珠澳大桥沉管隧道复杂施工环境所带来的结构稳定、止水、沉降、工期和环保等关键性技术难题，同时也创造了一系列意义深远的科技创新成果。

第一，整体式主动止水最终接头在沉管隧道发展史中，是一个里程碑式的符号；这种工法可以大大减少水下潜水作业，缩短工期，为沉管隧道接头形式和施工工法增加了一个选择。

第二，在工程实践中初步形成了一系列整体式主动止水最终接头的设计、施工、检验技术规程和标准，为推广整体式最终接头奠定了较好的基础。这些规程和标准有：

（1）《整体式主动止水最终接头设计指南》；

（2）《港珠澳大桥岛隧工程最终接头混凝土施工质量控制技术规程》；

（3）《港珠澳大桥岛隧工程最终接头混凝土施工质量验收标准》；

（4）《港珠澳大桥岛隧工程最终接头基础后注浆混凝土施工及质量验收标准》等。

第三，整体式主动止水最终接头机理分析理论和设计方法、整体式主动止水最终接头制造的关键技术、外海深水超长沉管合龙口形态控制技术、沉管整体式主动止水最终接头安装关键技术、沉管体外后注浆基础成套技术以及整体式主动止水最终接头新工法等应用于港珠澳大桥沉管隧道最终接头建设的各个环节，对缩短施工工期、保障工程质量和施工安全、环境保护等发挥了重要作用。

整体式最终接头工法的技术创新点包括：

（1）首次研发折叠结构整体安装最终接头，实现了主动止水、可逆安装，揭示了最终接头结构受力变形、止水等机理，提出了可逆式主动止水最终接头的计算理论和设计方法，更新了世界沉管隧道最终接头关键技术；

（2）首次研发了沉管隧道最终接头可逆式顶推结构及控制系统、GINA止水带和M形止水带+Lip止水带的止水体系，实现了最终接头和已安装管节的快速对接以及止水压接的精准控制；

（3）研发了外海深水超长沉管隧道龙口形态控制技术，提出了双线形联合锁网新型贯通测量技术，以及多种测量技术相互校核的沉管龙口形态控制新方法，实现了沉管隧道龙口形态毫米级的精准控制；

（4）研发了高精度水下吊装姿态控制及定位控制系统，实现了6000t级接头块体28m深水龙口内15cm间隙快速吊装就位；创新研发了水下实时测量定位技术和精确调位技术，实现了沉管隧道最终接头毫米级对接精度；

（5）研发了钢壳混凝土沉管钢结构制造和高流动性混凝土配制与浇筑技术，并成功应用于最终接头本体结构；

（6）研发了水下不离析超低强度混凝土、沉管体外后注浆工艺及监控技术；实现了深水沉管基础填充和压密的功能，形成了沉管基础垫层体外后注浆成套技术。

这一重大创新成果的研究、实施的过程表明：处置重大风险需要科技创新，科技创新是处置重大风险的重要手段；而风险管理能够保障科技创新成长，科技创新也能够在风险管理平台上将创新成果得到很好的应用。

表7-10给出了沉管隧道项目风险管理和科技创新互动关系。

沉管隧道项目风险管理和科技创新互动关系一览表

表7-10

序号	项目	重大风险源分析		研究课题	成果	创新与价值
		控制项	风险因素			
1	外海快速成岛方案与施工工艺技术。	施工工期、施工造价	(1) 原筑岛方案无法满足在两年内完成第一个管节和西人工岛暗埋段对接的工程关键节点工期要求； (2) 工程的建设费用将会大大超过初步设计概算。 风险分析结论：两项均为不可接受重大风险，需采取风险处置措施和手段	快速成岛的筑岛施工法	研发了大型插入式钢圆筒形成止水围堰与施工工法。 (1) 仅用了221天就在软土地基上完成了120个钢圆筒振沉、围成了两个大型深水离岸人工岛，实现岛内和同步施工，缩短了整体施工时间，书约两年半建设工期，创造了"当年开工、当年成岛"的工程奇迹； (2) 经核算表，西人工岛的建造费用虽然使用了7万多吨的钢材，但还是控制在初步设计概算以内	外海快速成岛新技术为在外海弱软基上修筑人工岛等建筑提供了崭新的、快捷的、可靠的施工方法，已经超越了国内外传统的成岛技术，达到了世界领先水平。 其优点： (1) 快速形成止水围堰，大大提高了在陆上干作业工况下的施工速度； (2) 另外，与传统的常规大开挖换填方式相比，不用大开挖和砂的回填料的置，减少了淤泥的开挖量，大大减少了对环境和海洋生态造成的破坏，具有广泛的应用前景； (3) 可以应用在海上人工岛、海上机场、防波堤、护岸等工程的建设
2	沉管复合地基+组合基床初步设计沉管基槽地基处理方案：岛上段为嵌岩的钻孔灌注桩，过渡段为钢管桩复合地基沉桩，中间段为天然地基+碎石基床。	隧道沉降控制	(1) 隧道段软土地基变化大、0~30m，最大埋深45m； (2) 回填荷载大，并且不均匀； (3) 岛隧结合部沉载突变； (4) 深水下施工质难控制等独有的工况 风险分析结论：沉管刚度弱协调，基础总体沉降和差异异沉降控制存在巨大风险，其后果会严重危害120年的沉管隧道使用寿命，为不可接受风险	变更初步设计方案	采用复合地基+组合基床结构： (1) 岛上段PHC桩与高压旋喷地基； (2) 过渡段挤密砂桩复合地基； (3) 中间段为天然地层+碎石基床组合基床+复合地基方案将港珠澳大桥沉管隧道沉降控制在5cm左右，国外同类隧道一般沉降量控制在10~20cm	在软土地基上建设沉管隧道，沉降的控制和质量是沉管质量的关键，也是一项控制世界级难题。国外同类隧道一般沉降在10~20cm。本项目在世界首次研究采用了复合地基+组合基床方案，成功地将隧道沉降量控制在5cm左右，解决了软土隧道沉降控制的难题
3	沉管管节的工厂化预制工艺技术；原初步设计方案沉管隧道管节采用干均法预制	管节预制质量、工期进度、施工造价	(1) 深埋大回淤条件下的节段沉管，世界范围内无案例； (2) 钢筋混凝土结构，耐久性要求高； (3) 构件数量多，断面尺寸大； (4) 预制精度要求高； (5) 自防水，需一次性浇筑并有效温湿防裂	变更初步设计方案	借鉴国外工程案例，采用工厂法干均生产模式，措施中头中全场地浇水及管节节存放等问题；进口引进了钢筋切割和加工数组机床，集成开发了生产线、大型全断面自控模板、混凝土浇筑流水生产线，管节养护和顶推工艺技术等，实现沉放精度及预制质量，大幅度提高了工效和质量，有效地控制了成本造价	

续表

序号	项目	重大风险源分析		研究课题	成果	创新与价值
		控制项	风险因素			
4	半刚性管节结构设计方案：初步设计方案为沉管隧道采用柔性结构管节方案	管节适应地基不均匀沉降；结构满足抗震要求	(1) 柔性结构管节对地基不均匀沉降适应能力较强，但抗震能力较差于刚性结构管节； (2) 港珠澳大桥的沉管隧道埋深在水下46m的较弱地基上，地基不均匀沉降要求大，抗震设防烈度要求高（8度） 风险分析结论：若管节结构采用纯柔性结构或纯刚性结构，都无法很好地同时满足上述抗震要求和地基不均匀沉降的要求	变更初步设计方案，采用半刚性结构管节	沉管管节由8个节段组成，节段通过预应力串结起来，在节段接头区域设置为无结合预应力 (1) 预应力提供的节段接头接头预应力与节段接头摩擦力共同作用，提高抗剪安全； (2) 节段接头能在较小张开精况下适应管理的变形，使变小能在接头张开精况下适应沉降，同时降低接头渗漏水风险； 港珠澳大桥的沉管隧道已全部安装完成，管节和节段每个接头沉降量……接头水密性达到良好的状态，做到"滴水不漏"	半刚性管节的设计哲学理念突破非"刚"即"柔"的传统工程设计理念，集成了国外刚性结构隧道和柔性结构隧道的优点，既能保证整体抗震，又能确保整体抗基间的不均匀沉降，增加了可适用于地震带、深埋地区，特别适用于地质不均匀沉降要求大的软基，作为一个革命性的创新，填补了国际沉管隧道设计理论上的空白，并创造出了沉管隧道能做到"滴水不漏"的世界工程奇迹
5	管节浮运安装	工程质量、施工安全、工程进度、成本造价	(1) 在外海敞开条件下实施沉管隧道施工我国暂无先例，没有工程经验； (2) 地质和海况条件复杂，风、浪、流环境条件复杂，水深大、大径流的影响； 1) 风： ①工程位于珠江口，台风、季风、强对流多发； ②6级以上大风年平均161天； 360年中正面影响的热带气旋21个。 2) 波浪： ①地处敞开海域，波浪条件复杂； ②长周期波严重影响管节浮运安全。 3) 海流： 受地形、流经、潮汐、盐度等因素综合影响，海流条件异常复杂。 ①径流：受流量、地貌、水流动力、采砂活动等因素影响，水流动力增加，基槽回淤异常影响明显； ②对施工区流场有显著影响。 4) 径流：近流量最大近5万m³/s； 5) 回淤： ①受流量、地貌、水流动力、采砂活动等因素影响； ②E15管节施工两次遭遇异常回淤。 (3) 管节体量巨大： 1) 浮运安装控制难度大； 2) 近4km管节放水超过3km，最大约45m； (4) 深水深基槽： 1) 对接精度要求高； 2) 深槽且总长超过3km，深水深35m； 深水深约30m，最大挖深35m	研制沉管节浮运安装成套施工工艺技术	研发出完善的管节浮运安装成套施工工艺技术，有效地实施了重大风险专项的处置手段： (1) 攻克了深水深槽、基槽突淤、大径流等世界级难题； (2) 成功应用沉管对接窗口预报监测系统； (3) 运动姿态实时监测系统； (4) 泥沙回淤预警预报系统； (5) 完成了深水整平船精准淤渣技术改造，实现了深水深对接技术的突破，创造了沉管隧道"一年安十管"的中国速度； (6) 实现沉管隧道"一年安十管"的中国速度； 第28根管节通过贯通测量认定管节在定管节在30多米水深对接，接头对接位实测达到了3mm以内，创造了世界沉管对接精度的新水准	具有自主知识产权的外海管节浮运安装成套施工工艺技术，包括： (1) 外海沉管浮运安装技术标准； (2) 外海沉管浮运安装施工规范； (3) 外海深水沉管安装； (4) 管节导号航定位； (5) 管节拖运拖定位系统； (6) 管节压载控制系统； (7) 管节拉力拉压系统； (8) 深水测控系统； (9) 沉管动态对接精调系统； (10) 沉管水力对接径导控制系统； (11) 作业窗口管理系统； (12) 管节对接保证系统； (13) 管节运动姿态实时监控系统； (14) 基槽回淤监测及预警预报系统； (15) 异常波浪监测预警系统

续表

序号	项目	重大风险源分析		研究课题	成果	创新与价值
		控制项	风险因素			
6	E33管节安装—曲线段管节与岛头对接	工程质量、施工安全、工程进度	(1) 流场条件复杂，受拢流影响造成沉放期间海流条件超限； 1) 遭遇台风的问题和风险； 2) 东岛岛头潮流、紊流、大径流、回淤叠加风险； (2) 回淤问题，掩护体范围内的回淤风险； (3) 施工水域淤积大，作业交叉季节多； (4) 施工期处于台风多发季节，浮运安装作业面临口头安装难度大； (5) 曲线段拉合阻力不均匀； (6) 其他风险； 1) 第一个曲线段节安装风险； 2) 地质风险； 3) 保障系统失效风险； 4) 洪汛期沉管安装风险； 5) 工期风险	(1) 利用数模计算研究挑流导流堤的布置； (2) 防淤措施	(1) 岛头排流：利用数模计算研究导流堤的布置方案；增设导流堤，防淤防淤以及加强岛头清淤，防淤防淤； (2) 综合治理清淤：以防止因增设导流堤而导致的基床淤回淤，强岛头清淤； (3) 曲线拉合：用理论解析的方法分析曲线拉合原理，理论指导现场施工，从理论上解决曲线拉合难题	(1) E33沉管水力压接安装技术达到毫米级，曲线管节沉管安装得到重大突破； (2) 开创性地在外海工程中首次采用了防淤屏防淤减淤方案
7	最终接头： 初步设计阶段最终接头采用止水板法，主要依靠潜水成本下工作，需要连续的适合潜水作业的时间周期	工程质量、施工安全、工程进度	(1) 初步设计阶段最终接头采用止水板法，主要依靠潜水成本下工作，需要连续的适合潜水作业的时间周期； 2) 同时最终接头处于回淤较大的环境，回淤可能使最终接头长时间处在水下作业期间的回淤为1~2cm/d，最终接头处来带标的回淤，清淤作业将影响施工进度； 1) E29、E30管节和最终接头处于基础出现不均匀沉降的环境，在荷载一时间一沉降效应不同步的问题； 2) 加载期的时间有差异； 若新形成的侧接头处大基础出现不均匀的沉降，会在沉降过程中产生附加应力，危及结构安全； (3) 小GINA临时也的止水环境，以及因设备故障和人为失误引起的失压、渗漏风险	结合本项目所处环境及工期要求，提出研制完成整体式主动止水最终接头	整体式主动止水最终接头采用内藏在最终接头内的千斤顶为动力的，形成落下作业环境，达到完成最终接头与岛头已构结构的连接，形成海中暗埋段，快速、安全、实现隧道贯通，保证实现隧道贯通。 其主要成果： 1) 新型整体式主动止水机理及设计方法，形成整体式主动止水最终接头； 2) 首次提出主动止水最终接头，系统中27个千斤顶分区，可实现单独或同时工作，能实现智能控制，保证了主动止水的精确控制； 3) 最终接头采用新型M形、GINA、L-口多道止水系统，防水体系复杂，能最大化利用各种止水带的防水效果无须分发挥新技术方案的协同作用，员有极好的借鉴意义； 4) 整个防水系统中多个水系能体现水下安装的可逆性，保证最终接头安装的可逆性； 5) 最终接头中多个水系结合成并连结构，具有良好的措置意义； 1) 钢壳本体加工精度对最终接头止水和小梁剪制作安装工艺流程、精度控制至关重要，创新研制了水下实时测量定位技术和小梁结构变形控制方法，实现了沉管隧道最终接头毫米级对接精度。	(1) 国际上首次研发折叠式结构整体安装最终接头，实现主动止水，可逆安装。止水等机理，揭示了主结构受力与变形，止水等机理，提出可逆式主动止水最终接头的计算理论和设计方法，创新了世界沉管隧道最终接头关键技术。 (2) 首次研发了沉管隧道贯通测量技术，推结构减沉控制系统，GINA止水带和M形L-口止水带的快速对接以及止水压连接的精确对接，实现了世界首例M形整体式主动止水最终接头的快速对接以及止水压连接的精确对接； (3) 研发了外海深水超深沉管隧道龙口形态控制技术，提出了双线形联合锁新型测量技术，以及多种测量技术相互校核沉管隧道龙口形态的精确控制，控制新方法的精确控制； 实现了6000级接头块在28m深水口内15cm间隙快速吊装就位；创新研制了水下实时测量定位技术和精确定位控制系统。

续表

序号	项目	重大风险源分析		研究课题	成果	创新与价值
		控制项	风险因素			
7			1) 发生轻微渗漏会直接影响刚接头焊接质量和工程进度; 2) 发生因顶推千斤顶失压等重大安全事故;漏问题将直接引发重大质量风险、浇筑加载引起结构变形风险、浇筑加载引起起重板变形风险		3) 钢壳高流动混凝土施工的原材料、配合比、性能指标等工艺参数,验证并确定了《港珠澳大桥岛隧工程最终接头混凝土施工质量控制技术规程》《港珠澳大桥岛隧工程验收标准》对于本工程的适用性; 4) 钢壳混凝土组合结构的混凝土施工工艺,以及检测方法和缺陷修复方法等; (3) 外海深水超长沉管接头形态控制技术; 通过外海深水超长沉管合龙口形态控制研究,分析量技术相互校核的沉管合龙口形态和组合形式,研究"双线形联合锁网"新型贯通测量新方法原理,研究沉管接头形态控制的新技术。 (4) 整体式主动水最终接头安装技术。 (5) 沉管外后注浆基础成套关键技术与应用; 1) 填补了国内关于沉管隧道基础上混凝土施工的空白; 2) 通过管底密封压力实现混凝土基础垫块浇筑压力方案,抬升沉管,并利用注浆压力将8万沉管顶升下天然沉淀泥的填充(竖向线形调整); 3) 基础注浆所选的混凝土在国内具有创新性,其施工设备、施工工艺等其他类似工程均可借鉴; 4) 国外对于这种先铺法基础,如发生沉降,还未见任何处理方法。本项目研究的方法填补了国内外先铺法基础处理中的空白,并为沉管隧道基础提供了一种新工法的依发; 5) 该注浆工艺的研究与提出即为创新性,成套技术不断完善也促使了港珠澳沉管隧道基础施工的可行性。	(5) 研发了钢壳混凝土沉管结构钢构造高流动性混凝土配制与浇筑技术,并成功应用于最终接头大体结构; (6) 研发了水下不分离混凝土、沉管外后注浆工艺及监控技术; 实现了深水沉管基础填充和压密的功能,形成了沉管基础垫层与后注浆体成套技术。
8	外海深水大型沉管隧道回淤监测及防淤清淤成套技术	工程质量、工程进度	E15管节沉放前基床出现异常回淤,导致E15管节三次浮运、两次回坞	回淤成因 回淤监测防淤措施 开发整平船清淤系统	外海深水大型沉管隧道回淤监测、清淤成套技术开发成功: E22管节沉放前基床出现异常回淤,进行整平船清淤施工,实际清淤时间28d,清淤面积2032m²,清淤量约为2032m³,清淤系统获得成功	(1) 碎石基床回淤监测及防淤措施已获得实用新型专利一项《碎石基床未清淤设备》; (2) 正在申请前期专利一项《一种新型深海清淤泥取样器发明专利》; (3) 外海沉管隧道防淤监测清淤成套技术可以在类似工程中推荐使用,为深中、大连湾海底隧道等提供建设经验

风险管理活动和
项目文化特征

项目文化是一个单位的精神家园，是在特定的工程建设和共同的劳动创造中不断磨炼、探索，凝聚而成的具有行为特质的精神。项目文化是项目团队价值观的体现，它是在工程实践中逐步形成并融入员工的行为之中的。港珠澳大桥岛隧工程项目团队由来自不同单位的员工组成，在项目总经理部的倡导和推动下，建立了具有鲜明特色的项目文化，使其具有无可替代的凝聚力、行动力和感召力。港珠澳大桥岛隧工程的项目文化与一系列项目风险管理活动密切关联，它凸显了风险管理对于项目管理的核心与统领作用，展现了风险管理活动对项目文化的催生过程。

港珠澳大桥岛隧工程是中国人首次在外海建设的超大规模沉管隧道，33根巨型沉管外海浮运安装是一个极具技术挑战与超高风险特性的施工作业。项目风险管理的目标是规避和减少工程面临的风险，将负面风险水平无需处置或经过合理处置即可达到可接受的程度；风险控制的目标是确保作业过程的各个环节实现零失误率，因为在工程实施过程中即使出现一次失误，也可能带来不可承受的风险，甚至可能导致沉管安装作业的最终失败。沉管浮运安装作业过程中有1000多个各种各样的风险源，每一次作业前都要对每一个风险源进行逐一排查，绝不能漏掉一项相关的风险因素；所有风险源必须处置到位，实现安全措施具备百分之一百的保障率。这种结果归结于将风险管理的系统理论和完整的流程与方法，全方位地运用到项目管理的各个环节，涵盖对项目所有目标的分解和对整个过程的控制上，做到了全过程和全方位的运用。

以风险管理作为核心统领和驱动、以风险分析和处置达到全方位覆盖的项目管理方式改变了以往工程项目的风险管理流于表面形式和仅仅用于局部个案的状况。实践证明，这种方式对于超大规模、超复杂性、高风险性和具有开创性的工程项目管理是值得尝试运用的，它不但印证了风险管理体系的科学性、完整性与实用性，而且也以此为标志积淀了具有鲜明特色的项目文化；项目文化潜在的推进作用，使项目管理层和作业团队的每一个人都能尽力尽职、不断坚持，经受得起这种管理方式对领导水平、行动能力和价值取向的极大考验。

风险管理活动统领和驱动港珠澳大桥岛隧工程的项目文化，具有以下个性化特征：（1）项目文化促进了项目建设的顺利进展；（2）项目文化接地气，使领导风格能充分发挥，全体员工乐于接受；（3）风险管理活动是一个认知深化的过程，项目文化在工程实践中达到了自我丰富和自发传播的效果。

8.1 以风险管理为核心的项目文化表现形式

港珠澳大桥岛隧工程施工现场和实验室、办公室随处可见通俗、生动、形象的标语和宣传画，它们彰显了具有项目文化内涵的风险管理元素。举例如下：

1. 一字歌

在生产一线，人人都遵循自己心目中的"一字歌"诀：每一次都是第一次。这看似简单的一句话却具有十分可贵的文化内涵：港珠澳大桥岛隧工程，被称为沉管隧道建设史上前所未有的系统性工程，需要在每一个技术空白面前，尝试"第一次"，因此有很多的"第一次"不断出现，这"第一次"背后深藏了不懈探索、勇攀高峰的创新精神；"第一次"的艰辛固然不易，而将"每一次"都当作"第一次"去践行，则更为难能可贵。有了第一次的成功之后，不是欣喜雀跃、放松懈怠，而是以如履薄冰的心态，以"每一次都是第一次"的敬畏之心从零开始去做接下来的"每一次"，做到严谨如初，敬畏如初。这样的"每一次"背后，凝聚的是对品质的重视，是对坚韧、探索、追求极致的工程师品格的最好诠释。

最早提出"每一次都是第一次"的是修筑人工岛的建设者们。要把120个直径22m、最高达50.5m的巨型钢圆筒，分15个船次，从上海长兴基地启运前往珠海工地并非易事。长达5万km的远洋运输，需要跨越三个海区，其间将可能遭遇频发的风暴袭击。此外，由于钢圆筒遮挡了航行视线，船舶定位也比较困难。这每一项风险都会对如此巨大的钢圆筒的长途海运带来巨大的挑战，建设者们抱着必胜的信心，克服了第一次的各种艰难险阻，并且提出"每一船都是第一船"的口号，终于圆满地完成了任务。负责钢圆筒振沉的建设团队和"振浮8号"22名船员提出了"每一个都是第一个"的口号，他们不仅将"每一个都是第一个"的标语写在了他们工作和生活的船上，更把它镌刻到自己的内心深处，化作细致入微的操作流程。海底基槽开挖的"每一斗都是第一斗"，沉管预制、浮运安装的"每一节都是第一节"，使"每一次都是第一次"的文化深入人心，发扬光大。每一位员工在自己的岗位上都把现在做的每一件事当作"第一次"来要求自己。后来"一字歌"发展和提升为："没有最好，只有更好，一次比一次好"。"一字歌"成了项目管理的一种坚守和信念。

2. 功夫用在前面，成败决定于过程

风险管理要做到科学化、系统化、程序化、制度化，就必须使员工明白："细节决定成败""功夫要用在前面，成败决定于过程""让安全成为一种习惯"。让员工的行为习惯"每天提高一点点"，预制厂实现了由过去用40个小时才能艰难浇筑一节沉管，到采用标准化作业流程，30多个小时就可熟练完成精细化操作。倡导工匠精神，即每一个专业人员、建设者，在自己坚守的岗位上将单调重复工作做到极致。预制厂有两套超大型沉管模板，几套高精度钢筋加工设备，十几辆罐车，它们已连续运行了六年多，运送了大约100万m^3混凝土，但未积存一星半点灰尘和混凝土残渣，不时还见到在罐车顶的制冰机上有人钻进去做保养，擦洗得比家中冰柜还干净。如果没有一种使命感和责任心，没有一种文化驱动力，六年来对所有设备保旧如新是绝对办不到的。最终接头顶板的焊接位置与临时止水部位仅有10cm距离，焊接产生的高温可能影响GINA止水带性能，导致漏水。决策会议从设计代案到施工环节进行仔细研究，同时向供应商咨询，最后请国际焊接大师现场指导，确定焊缝分三道操作且连续不间断，将温度控制在60～100℃，既可保证焊接质量，又可避免GINA止水带受损。这一措施得到荷兰的密封产品制造商的工程师的认可。许许多多的工程实例已将"功夫用在前面，成败决定于过程"的文化基因镌刻在工程建设者们的心灵之中。

3. 对失误零容忍

安全管理需要全员具有风险意识和一丝不苟的作风。"对失误零容忍""不让隐患出坞门"就是这方面真实的写照。全世界建成的节段式沉管都或多或少存在渗漏问题，而本工程共有33节沉管264个接头，最终没有出现一处渗漏现象，这就是建设者们坚持"对失误零容忍"的结果。几百道工序环环相扣，重复千百遍，只要有一个环节出问题，漏水将不可避免。本工程是如何做到零隐患，使隧道全程滴水不漏的呢?E15沉管水下对接"三进两出"的过程就是一则用汗水和泪水凝结成的案例。

2015年11月15日是E15沉管沉放的"窗口期"。11月13日，用多波探测器对沉管基床进行三维探测，显示垄沟轮廓清晰，14日复测却发现垄沟上有3~4cm厚的浮泥，后经监测，浮泥密度已在减小，由于E15沉管已出坞待运，项目部当即决定浮运出航。沉放前，总指挥要求再次潜水检查基槽，不料经过八九个小时的

浮运，基槽内泥沙又增多了。此刻一种意见认为几百人干了一个多月，花了如此大的成本，总要试一试才甘心，即使有4cm厚的积淤，将沉管对接精度放宽到8cm，同样也可以达到国际高标准；但工程师们也很清楚：就地基不均匀沉降而言，虽然当前国际上同类隧道的沉降控制在20cm左右，而本工程确定的地基沉降控制标准为5cm，就是为了避免沉管出现开裂，对减小接连止水带和剪力键的额外受力也是有利的，这样才能保证接缝滴水不漏。如果有一个沉管下面有超出标准的淤泥存在，就意味着沉降至少会增加6~7cm，以致接近或超过止水装置的承受能力，导致沉管沉放偏差过大；而重新抬起自重达7.4万t的沉管进行校正已不复可能，接缝漏水在所难免；从经济方面考量，基床回淤后要挖除垫层重新铺设基床，直接费用以千万元计，沉管回拖一次也需几千万元。权衡之下，建设者们一致认为："基础不牢，地动山摇"，绝不能用大桥质量和沉管安全作赌注。17日18时，决策团队决定中止安装，沉管回撤。沉管回坞后，人们并未把失败归结于运气不佳，而是寻找突然回淤的原因。总项目部立即集结专家组成专题攻关组，采用卫星遥感测量、多波束扫描与水体含沙量测定仪进行观测。先后召开36次专题会，展开了海洋环境分析，回淤监测预报，开展了九大类300多项风险排查，在施工现场周边120km^{2}海域布设6组固定监察基站，24组监测仪器，每天18km长距离巡测，先后完成200组地质取样普查、30多次密度检测。根据实测资料，并结合动力地貌，卫星遥感反演，数学模型试验等相关研究，最终认定：随着隧道的延伸，海底水文情况逐渐发生了变化，沉管施工已处于有利于泥沙落淤的水动力环境中，尤以冬春季节，受潮流和风浪作用，泥沙扩散明显增强，而基槽出现异常回淤的主要泥沙来源是沉管作业区上游十几公里范围内的7个采沙点的采沙活动所致。通过政府协调，停止采沙时限为2015年2月10日~3月31日，在这段时间里，经观测海况恢复正常。2015年2月24日，正值农历新年，E15再次起航。当船队即将抵达施工海域时，又发现E15沉管碎石基床尾部有约2000m^{3}的泥沙淤积，经数据分析判断为基槽边坡上的新近回淤物发生了坍塌。世界上沉管隧道并无边坡清淤的先例和提示，可见对风险的认识是一个不断总结和积累的过程。于是E15沉管第二次返航。E15沉管的两进两返，催生了一套回淤预警预测系统，该项研发成果有三大突破：（1）从宏观到微观，实现了从几十平方公里的宏观预报缩小到沉管基槽8000m^{2}的微观预报；（2）从长期到短期，可做十天周期的预报；（3）预报微量化，回淤量级可达到4~10cm，在创新手段的护航下，

3月24日，E15浮运船队第三次出海浮运，经过数轮观测调整，E15沉管终于在40多米深的海底与E14沉管精准对接。

为了使安全风险管理不流于形式，工区管理层提出："安全工作必须深化到每个人，细化到每一处"，建立一种"一对一、一保一"的安全管理模式，即工区以部室、班组、船舶、作业队为单位作为一个安全管理班组，由各自负责人担任这个班组的安全管理第一责任人；同时，班组里的每一个人都要和另一个班组中工作性质相同、岗位相近的人结对，签认"一保一"安全承诺书，形成一个相互监督、相互管理的"安全联合体"。"一对一、一保一"的安全管理模式把每一个人从"安全管理对象"变成了"安全管理者"，提升了每个人的安全意识和保障安全的主动性、积极性，使保障安全成为一种习惯，形成一种文化氛围。

4．人人都是科学家

"人人都是科学家"体现了企业与员工集成创新的共同志向，科技创新在港珠澳大桥沉管隧道项目部已蔚然成风。很多年青的工程师是为梦想请缨一线来到港珠澳大桥岛隧工地的，他们执着地去体验工地的三个标签：重复、枯燥和琐碎。然而，正是他们先思后讲，善于自省和自我否定，在技术上"钻牛角尖"，为工程解决了一个又一个的难题。重达8万t的沉管在海底对接，恰似"嫦娥"与"天宫"对接。在安装第10节沉管时，出现了微小偏差，一位青年工程师用各种测尺实地测量，发现导向杆误差小于1cm，由于国内测尺精度不够，他自费从德国购买工业测尺，测量后确定误差为4～5mm。随后他立即着手对安装方案提出革新，调试了十余种方案，终于提出导向系统的防位移技术方案，将以后所有沉管安装精度控制在4mm以内，被交通部认定达到了世界先进水平。在安装第3节沉管时，出现第2节沉管尾部的被动拉合单元偏位。若由潜水员纠偏也并无大碍，但这位年青工程师让潜水员取出此件，仔细研究，发现这是航船缆绳挂住被动拉合单元，才导致其偏位。于是很快设计出了一个外表光滑的被动拉合单元保护罩，再未有同样现象发生。几年来，项目部开展了150多项试验研究，攻克了人工岛快速成岛、深埋沉管设计、隧道复合基础、大型沉管工厂化预制、外海沉管浮运安装等世界级技术难题，取得了300多项发明专利，筑就了两个10万m²深水离岸人工岛，建成了5.7km长的外海沉管隧道，每一项技术创新都留下了别具特色的项目品牌文化的足迹。

5. 千人集体走钢丝

港珠澳大桥岛隧工程每一个建设者都是海上"走钢丝"的人，要时时刻刻以走钢丝的态度，认真做好每一项工作，不能有丝毫的骄傲和大意，不允许有丝毫的懈怠。工艺成熟不代表可以不重视，当前的顺利也不能预示下一步不会出现问题。况且，作为一个没有成熟先例可循的大型工程，要做到符合港、珠、澳三个地方的规范要求，做到对施工区域的珍稀动物的保护，做到能应对海洋深处作业环境的种种威胁，做到具有120年设计使用年限的工程整体质量达到高标准，由此带来的各方面压力和风险时刻在警示着每一个人。大家意识到：一颗坏掉的螺丝、一丁点不达标的砂石、一次不精确的测量、一台工况"差不多行"的设备，这些不经意的疏忽很可能带来意想不到的严重后果。"走钢丝"的人要对迈向终点充满信心，工程建设需要全员携手"在状态"，只要团队谨慎实践，保持激情，努力创新，时时"在状态"，就一定能到达胜利的彼岸。

8.2 以风险管理为核心的项目文化演进和深化

8.2.1 风险管理的演进过程

工程活动是造物，造物的主体是人。在项目风险管理文化的建设过程中凸显了以"人"为主体的积极参与项目风险管理的演进历程。图8-1显示了风险管理文化的大致演进过程。

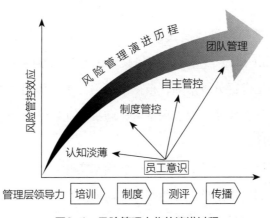

图8-1 风险管理文化的演进过程

（1）认知淡薄：员工最初缺乏风险意识，认为仅是生产安全问题，而风险管理是管理层的事，与己无关；管理层听从上级指示，凭经验办事，风险事故在疏漏中不期而降。

（2）制度管控：通过培训，管理层首先制定了一系列规章制度，并严格监督执行；员工认为防范风险只需要遵守公司和领导制定的规则就可以了，缺乏主动参与意识。其结果是风险管理不能持久。

（3）自主管控：每个人都对自身和公司负责。员工认为控制风险不仅是管理层的责任，也是每个人的责任，只有通过自己的行动才能改善整体工作安全，从而全员行动起来，积极参与全方位、全过程风险管理活动。

（4）团队管控：员工班组觉得安全是自己分内的职责，既对自己负责，也对同伴和他人负责。员工不接受低的安全标准和冒险行为，认为"零伤害，零事故"是一个可以达到的目标；他们积极主动地与别人交流，提供有价值的建议，认为只有作为一个整体才能真正改善安全环境和提高风险管理水平。

项目风险管理的演进是一个由上而下、由下而上、几上几下、反复实践、不断深化的过程。通过项目风险管理，使风险意识融入每个人的血液中，改变了人的灵魂，改变了个人与团队的行为，从而形成了多姿多彩的项目风险管理文化。当最后一节沉管沉放完成后，所有员工对这个工程的感情更加深厚了。七年的历练在他们的心中打上了深深的烙印，他们说，就像战士一样，即使脱去了军装，但战士的风采将伴随自己一生。

8.2.2　推行"培训—制度—自觉"模式，建立项目风险管理体系

推行全员参与的风险管理模式，还必须注重有关风险管理知识的专业培训（图8-2）。由专家团队根据国际通行的风险管理办法，参照我国有关管理工作指南和管理规范对员工进行分级培训，根据本部门、本工程的具体特点编制岛隧工程风险管理计划、施工作业风险管理指南、施工作业风险管理手册，制定相应制度和明确的操作程序。

首先开展全员培训。全员培训从两个层面来实施：

第一个层面：制定以全员认知为基本导向的培训课程和培训方案，构建风险管理架构。培训内容包括：（1）风险识别和控制方法；（2）行为安全和安全观察；

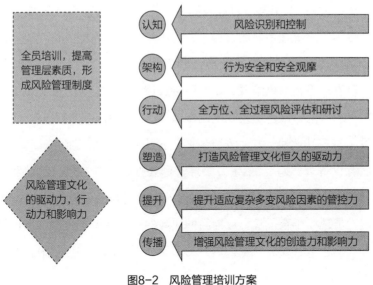

图8-2 风险管理培训方案

（3）风险评估和研讨。其对应的理论基础是三大核心：认知、构建和行动。企业管理层可以运用风险管理培训的理论基础，结合具体实践，建立起扎实、系统和高效的风险管理架构和实施方案。

第二个层面：设置提高管理层管控风险的驱动力、行动力和影响力的培训课程。这个层面采用研讨方式，注重塑造各层级管理者持之以恒的风险管理理念和驱动力，提升管理层在复杂多变环境中对各种风险的管控力、执行力以及领导力。

通过工地现场管理"6S"标准化培训（即整理Seiri、整顿Seiton、清扫Seiso、清洁Seiketsu、素养Shitsuke、安全Safety）以及工地现场讲堂、农民工夜校、早晚班会等方式，将安全、质量、环保管理理念渗透到风险管理文化基因中。

8.2.3 项目文化植根于风险管理活动中

在港珠澳大桥岛隧项目工地，风险辨识、风险防范已为每一个员工所重视。以五工区（负责沉管浮运安装）为例：建立早班会和晚班会制度，展开风险排查和风险登记。因为每个沉管的情况都不同，早班会需要排查当日工程风险，检查有无遗漏，新增多少风险源，落实措施；晚班会进行整体梳理，班组小结。工区还建立了一个QQ群，员工随时可以发图片，提供信息，极大地充实了风险管理的内容。在编制风险管理手册的过程中，五工区出现了作业人员风险意识大爆发的动人局面：争先恐后地排查风险源，制定应对措施。大家像比赛似的找风险点，员工一旦发现了新的风险源，就有一种成就感和荣誉感，领导也会及时地鼓励。在一次早班会上，某电工发现电闸接错线了，易引发火情。经核实，总项目部给他颁发了特等功奖励。J2号安装船船长提出来"鸡蛋里面挑骨头"，舾装部提出来"所有设备查三遍""三十万个螺丝都要拧好"等口号，都是发自内心的自我苛求并付诸行动。整平船每个月都有一次整改排查活动，作为一项考核制度，由管理人员现场排查风险，反馈新的风险源。工区制定风险手册也是采用全员参与的方式，让沉管安装一线人员参与编制，形成动态的评估报告。

8.2.4　风险管理实践活动丰富了风险管理理论

由上而下、由下而上的风险管理实践活动促进了管理水平的不断提高。在海洋里施工，人与自然的力量对比悬殊，人们在海浪、海流、台风等极端水文气象面前显得非常渺小，风险无处不在，必须清醒地认识到这一点，心存敬畏之心。在这种情况下，实施风险管理应是不二之选。原来认为风险管理是项目管理的一部分，用格式化方式去走形式，现在体会到它是项目管理的最核心的部分，起到了统领和先行的作用。应该说，风险管理理论来源于应对复杂多变的风险管理实践活动，通过提炼，又进一步指导各个不同工程的风险管理活动；同时，风险管理实践活动又会充实和深化风险管理理论。例如：港珠澳大桥桥隧工程由于施工条件受限多，许多项目施工风险太大，按照ALARP原则，必须不惜代价降低风险，使其降低至可控水平，本工程往往是通过科技攻关和科技创新有针对性地解决关键问题，提出"干这项工程不创新都不行"，于是整合全球资源，走创新之路，从而化解风险因素。这些科技创新成果已编制成《外海沉管隧道施工成套技术》，可作为建设类似工程开展风险控制的参考借鉴资料。又如：通俗、形象的风险管理文化元素；"扁平化"管理架构、"一对一、一保一"安全联合体；专家咨询、跨界协作、政府协调模式等都为风险管理理论增添了新的内容。

应该说，风险管理理论是风险管理文化的内在支撑，风险管理活动则是风管理文化的外在表现。

8.3 风险管理文化的影响力和推动力

8.3.1 引领大型工程建设的理念和方向

港珠澳大桥沉管隧道是超大规模的系统性工程，它建立了崭新的沉管隧道工程管理系统，提升了跨海通道系统的可靠性，采用全方位、全过程、全员参与的风险管理体系，坚持"一字歌"理念，发扬工匠精神、精品意识和团队作风，走科技创新之路，这一切都为同行业建设大型土木工程提供了成功的案例和明确的方向。

另外，港珠澳大桥岛隧工程由中国交通建设股份公司（以下简称"中交股份"）牵头建设，参与方除了中交股份外还有设计合作方、施工合作方和施工管理顾问方等单位；本项目的利益相关方除了设计、施工参与方外还有项目业主、政府及其职能部门以及工程保险公司，诸多方面共同践行了风险管理过程，各方都得到了不同程度的启迪和受益，促进这种管理文化得以借鉴、推广和传承，它对行业内外、对全社会都具有深远的辐射力和影响力。

8.3.2 "扁平化"管理架构推动了管理方式的革新

"扁平化"管理架构不但是一种管理模式的创新，而且还是风险管理文化的革新，它启示我们：对于关键工序，哪里有风险，管控重点就在哪里，决策者就在哪里；各级领导既是风险管理的决策者，也是化解风险的指挥者和监督者。在这个工地成长起来的优秀管理者必然会成为下一个工程的领军人物，使这种风险管理文化传承和发扬下去。

8.3.3 科技创新成果丰富了沉管隧道成套技术

一位外国学者不无感慨地说，中国科学家的科研创新是被逼出来的，有时甚至是痛苦的。专家们从四面八方汇聚到工地，是为了破解工程难关而来的，他们以工程难题为导向，围绕具体攻关项目开展有针对性的研究。年青的工程师们与工人们一起，甘于寂寞，苦心钻研，积极破解身边的难题。本工程开展了150多项试验研究，申请了500多项发明专利，有64项创新技术更新了沉管隧道技术，其中有4项最为突出：① 大范围海域采用复合地基作软基加固处理；② 将管段柔性接头改为"半刚性管段接头"；③ 采用22m直径钢圆筒做围护结构快速施工人工岛；④ 沉管最终接头采用"三明治"钢包混凝土结构。这些科技成果就是在项目风险管理的过程中催生出来的。港珠澳大桥沉管隧道工程走跨行业、跨专业集成创新之路，激发员工科技创新的爆发力，使科技创新之花璀璨夺目，形成一种独特的文化景观。

8.3.4 团队文化影响了行业的精神面貌

团队小到"一保一安全联合体"和作业班组，大到工区和项目总经理部，团队风险管理文化体现在共同的风险意识上。风险的累积和转移、变异和传递不会因为团队的分割而分割，这就是风险管理为什么必须全员参与的原因。团队文化建设不是一朝一夕之事，需要由始至终精心培育，它既是风险文化现象，也是"人心工程"造就的结果。

项目管理层提出"超级工程"要与"人心工程"同步建设，从细节入手，让劳动成果获得尊重，让劳动者得到尊重。每安装完一个管节，总指挥部都要把结果及时告诉大家，总结和鼓励团队成员，使所有员工都有一种成就感。尊重和关爱是文化的内蕴，管理层把员工当作"天"来对待，让员工有尊严地工作和生活。在绿树掩映的牛头岛上，坐落着一座现代化的沉管预制厂，它颠覆了传统建筑工地的概念：巨大的白色厂房里，半成品钢筋构件堆放得整整齐齐，各种标识牌书写得清清楚楚，成套设备在高效运转，施工人员在流水线上有条不紊地操作。相当于一个航空母舰的巨型钢筋混凝土成品在此用工厂流水线法制造出来。岛隧工程所到之处，工地、车间、试验室、休息室、工地厕所都是干干净净的。在工地，领导和工人是亲人一样的关系，几千人（包括众多农民工）一起在海岛上工作、生活，朝夕相处。工人中将近百分之八十五是青年人，他们在海岛上坚守六年，停工半年却没有人肯走，告别时，流着眼泪，依依不舍。他们说，只要国家的工程需要，就会再回来。团队具有激情，员工具有主观能动的积极性；工程对员工产生了凝聚力，员工以工程的建设者为荣。七年如一日、千人如一家的团队文化绽放出工地灿烂之花，结出了工地文明之果。当工程结束之后，这种文化情结必将像种子一样在行业内生根发芽，枝繁叶茂，从而影响整个行业的精神面貌。

风险数据库

风险登记表（施工作业环境）

附表1

风险编号	风险名称	风险描述	最初风险等级评定 低、中或高					主要后果	综合风险等级	处置措施	处理后的风险评定 低、中或高					处理后的综合风险等级	责任班组/部门	完成日期	状态
			安全健康	环境	质量	时间	成本				安全健康	环境	质量	时间	成本				
TA-1	船行波	①施工水域跨越多条航道、航道内来往船舶众多；②航道内大吨位船舶航行过程中引发的船行波扩散范围广，影响较大	低	低	低	低	低	①船舶施工安全风险增大；②造成整平船定位偏差大，影响插拔桩腿作业及设备安全；③管节浮运、安装安全风险增大；④潜水安全风险增大	低	①进行船行波观测，开展专题研究，掌握船行波影响程度；②与海事沟通协调，在航道区附近管节海事沟通期间采取封航、限速等措施；③与海事沟通期间采取封航、在整平船插拔桩节浮运、安装期间，安排专人瞭望，发现大型船舶暂停出入水、减压作业	低	低	低	低	低	低	V工区		闭合
TA-2	季风	①冬季季风发生频率高，持续时间长，对施工安全影响大；②石料船不能按时供料；③影响施工船舶和管节浮运安全；④影响浮运安装作业	高	高	中	中	中	①船舶防风安全风险增大；②坞内管节、安装船安全风险增大；③影响石料抛填，造成碎石垫层铺设、回填工效降低；④安装施工作业窗口延迟	高	①密切关注气象信息，做好现场气象预报及安装作业窗口选择；②做好现场船舶防风系泊锚系检查，防止正描碰撞，拖系缆断；③恶劣天气禁止交通船出坞；④增加增节节气防风系泊防风缆；⑤制定专项应急预案；⑥做好现场人员防寒保暖工作	低	低	低	低	低	低	V工区/国家海洋预报中心		闭合
TA-3	高温高湿	①受潮后电气系统绝缘降低，元件受损，影响使用；②影响作业人员人身健康，各效率和人员疲劳	中	中	低	中	中	①设备损坏，施工安全风险增大，施工成本增加，工期延长；②影响人员健康；③人员疲劳造成误操作	中	①对电气设备做好防潮处理，定期检查，做好备件储备；②监测管内温度、湿度，加强管内通风；③施工人员定期体检	低	低	低	低	低	低	HSE部/设备部		闭合
TA-4	软硬夹层	①出现与原地质报告不相符的软弱夹层；②存在"硬+软+硬"的土层分布情况	低	中	中	中	高	①整平船插桩腿过程中出现插腿"穿刺"，造成整平船损坏；②整平船施工的唯一性使得工期和施工成本增加	高	①施工前核查详细场地地质资料；②严格按照《地石整平船操作规程》控制插桩流程；③根据地质情况采用对角插桩，实时计算单腿腿底承载，接近软弱支层时，采用单腿腿底插分别劳过软弱支层	低	低	低	低	中	中	基础组		闭合
TA-5	深厚软土	整平船桩腿插入深度大，侧摩阻力和吸附力大，造成拔桩腿困难	低	低	低	中	中	①严重时靠整平船自身浮力无法将桩腿拔出，影响工期和施工成本增加	中	①必要时适量减小压载水量；②起重船协助拔桩	低	低	低	低	低	低	基础组		闭合

续表

| 风险编号 | 风险名称 | 最初风险等级评定（低、中或高） | | | | | 风险描述 | 主要后果 | 综合风险等级 | 处置措施 | 处理后的风险评定（低、中或高） | | | | | 处理后的综合风险等级 | 责任班组/部门 | 完成日期 | 状态 |
		安全健康	环境	质量	时间	成本					安全健康	环境	质量	时间	成本				
TA-6	电离层	中	中	高	中	中	施工区属于低纬度地区，春秋两季电离层活跃对GPS信号影响大，容易出现GPS失锁现象	①GPS"假锁定"时影响碎石垫层铺设精度，GPS失锁时不能施工，整平作业时间延长；②测量确定定位，影响沉放对接的进程和精度；③错过"对接窗口"	高	①GPS失锁期间调整平台作业暂停施工；②适当增加碎石垫层铺设时间；③增设2座海中测量平台，利用全站仪对测量塔系统GPS数据进行检校；④提前制定备用"对接窗口"作业计划	低	低	中	低	低	中	VI区		闭合
TA-7	基床回淤	中	中	高	高	高	①洪汛期回淤、主航槽区回淤、河口回淤等周边因素叠加采砂作业多种因素影响基床和安装正常施工的回淤风险；②均匀，航道口，水深不足	①不能按期开展碎石垫层铺设作业；②碎石和块石发生夹淤现象，瞬时后期淤大，引起后期节点差异降低大；③碎石垫层铺设过程中和安装前发生突淤时，造成后续工作延误；④回淤量较大时，造成管节对接困难，影响隧道线型；⑤施工作业线型	高	①定期安排回淤监测，采用多波束系统、单波束双频+浮泥监测系统，并进行回淤分析；②定期进行浮泥密度检测；③定期安排潜水取样、潜水摸摸和放置沉适高等潜水作业；④安排定点，巡测淤沙量；⑤安排专人进行海水牢出常观察；⑥采用"遮龙轮"清淤和"津平"整平，进行清淤和回淤监测；⑦回淤超标时，碎石垫层挖掘重新铺设；⑧建立回淤预警系统	低	低	中	高	高	高	基础组		闭合
TA-8	恶劣海况过程引起回淤	中	中	高	高	高	台风、风暴潮、寒潮大风等因素引起海况恶劣导致回淤量大幅增加，严重时出现骤淤现象	①铺设好的碎石垫层回淤量超标无法安装；②碎石垫层铺设作业时间延长；③施工作业窗口延误；④不能进行浮运作业	高	①整平期间加强基床的回淤监测工作；②适当增加碎石垫层铺设作业时间；③恶劣海况后及时安排潜水摸摸；④恶劣海况后及时安排潜水多波束扫测；⑤出现骤淤时，碎石垫层挖掘重新铺设；⑥建立回淤预警系统	低	低	中	中	中	中	基础组		闭合
TA-9	边坡回淤失稳造成回淤	低	中	高	高	高	①缆绳刷理边坡、边坡失稳落渣到碎石垫层基床；②基础物增加，回淤物增加到一定量，导致失稳	①碎石垫层基床未满足设计要求；②施工作业窗口延误	高	①安排基床的回淤监测工作；②绞锚前，提前预察泊位系；③出现严重骤淤时，碎石垫层挖除重新铺设	低	低	中	中	中	中	基础组		闭合

231

续表

风险编号	风险名称	风险描述	最初风险等级评定（低、中或高）					主要后果	综合风险等级	处置措施	处理后的风险评定（低、中或高）					处理后的综合风险等级	责任班组/部门	完成日期	状态
			安全健康	环境	质量	时间	成本				安全健康	环境	质量	时间	成本				
TA-10	河口主流不确定	①施工区处于珠江口水域，流场受径流、地形和潮汐影响大；②主流场情况不明确	低	低	低	低	低	①船舶定位、抛锚难度增大；②对接窗口延误	低	①安排现场流场观测；②根据不同流态选择相应的抛锚定位方式；③进行临近预报和实时海流监测	低	低	低	低	低	低	Ⅵ工区/国家海洋预报中心		闭合
TA-11	水中异物影响	①水面漂浮物、水底悬浮物对管节的碰撞，可能造成端封门、GINA、钢端壳和水下线缆破坏；②水面漂浮物可能破坏碎石垫层	低	低	中	低	中	①GINA破损、钢端壳损坏，端封门损坏，渗漏；②水下线缆损坏；③碎石垫层破坏；④施工作业窗口延误	中	①安排碎石垫层、航道多波束扫测；②浮运过程中进行端封门检测；③沉放对接前安排潜水探摸；④现场安排专人对水面漂浮物进行瞭望并拦截	低	低	低	低	低	低	Ⅵ工区		闭合
TA-12	台风	①每年5~10月为施工区内的风季；②平均每年影响施工区的台风为2~3个，最多时每年可达6个	中	高	高	高	高	①深坞区管节系泊断缆、系船柱断裂，管节、安装船碰撞破坏；②船机设备损坏；③人员伤亡；④影响施工小临设施安全；⑤测量塔、人孔井倒塌；⑥可能造成基槽骤淤；⑦作业窗口延误、工期增加	高	①与国家海洋预报中心密切沟通联系，高度关注台风动向；②发生台风时，提前关闭深坞门，待安装节另外增加防风高强度尼龙缆；增加坞内风系统柱的安全储备；③按照防台预案安排施工船舶及时进入防风锚地；④小临设施提前加固；⑤测量塔、人孔井提前封回；⑥台风后及时对安装基槽进行回淤检测	低	低	中	高	高	高	Ⅵ工区/国家海洋预报中心		闭合
TA-13	风暴潮	①台风遭遇天文大潮引起的风暴增水；②人工岛和桂山岛水位上涨，超过设计高度；③风暴减水影响沉管，坞内系泊安全，甚至造成沉管搁浅	中	高	高	高	高	①人工岛上水可能造成已安管节内海水倒灌；②风暴潮可能造成管节内增设成管节壳、端钢壳，管节段GINA，③工期增加	高	①与国家海洋预报中心密切沟通联系，高度关注台风动向；②提高人工岛防潮标准，管节内增设防潮门；③风暴潮预报超过警戒成水位、人工岛人员全部撤离，关闭防潮门	低	中	中	中	中	中	Ⅵ工区/国家海洋预报中心		闭合

续表

风险编号	风险名称	风险描述	最初风险等级评定 低、中或高					主要后果	综合风险等级	处置措施	处理后的风险评定 低、中或高					处理后的综合风险等级	责任班组/部门	完成日期	状态
			安全健康	环境	质量	时间	成本				安全健康	环境	质量	时间	成本				
TA-14	突发强对流天气	①强对流天气是广东各种自然灾害中出现频率最高的一种灾害天气。强对流天气变化剧烈，破坏力极强，常伴有雷雨、大风、冰雹、龙卷风，局部强降雨等强烈对流性灾害天气；②广东地区每年强对流天气集中在2~9月	低	高	高	高	高	①影响深坞管节系泊安全；②船机设备损坏；③测量塔、人孔井倒塌；④浮运安装期间管节失控；⑤造成基床突淤；⑥人员落水；⑦工期增加；⑧影响船舶安全，特别是浮运期间	高	①与国家海洋预报中心密切沟通联系，提高气象预报精度；②施工现场安排应急船舶；③增加深坞区系船柱、缆绳的安全储备；④定期给船舶导航定位系统；⑤制定专项应急预案；⑥浮运安装期间增加应急地轮；⑦强对流天气发生后，及时增加碎石垫层的潜水探摸和多波束扫测作业	低	中	中	高	高	高	V工区/国家海洋预报中心		闭合
TA-15	台风期间坞门未关	①坞门未关会造成涌浪进入深坞区，增加装船碰撞风险；②沉管和安装船船损；③GINA和端钢壳受损	高	中	高	高	高	①深坞区管节系泊断缆、管节、安装船碰撞破损；②可能造成GINA、端钢壳、管节损坏；③测量塔人孔井封堵，施工期和施工费用增加；④沉管与沉管碰撞	高	①与国家海洋预报中心沟通，做好气象预报；②高度关注台风动向；③及时到其他工区沟通；④沉管和安装时增加防风缆绳	低	中	低	中	中	中	V工区/国家海洋预报中心		闭合
TA-16	台风期间深坞内坞系泊	①易造成GINA碰撞损坏、钢封门碰撞破坏、缆系断裂和系船柱破坏；②沉管和安装船船损	高	中	高	高	高	①深坞沉管系泊断缆、沉管、安装船碰撞；②安装船机设备损坏；③GINA、端钢壳、端钢壳破坏；④封门破坏	高	①与国家海洋预报中心沟通，做好气象预报；②做好坞内缆系检查；③增加坞内防风尼龙缆	低	中	低	低	低	中	V工区/国家海洋预报中心		闭合
TA-17	台风期间坞系统柱	①超出系船能力，易出现断裂；②沉管和安装船船损	高	中	中	中	中	①深坞沉管系泊断缆、沉管、安装船碰撞；②安装船机设备损坏；③系船柱破坏；④GINA、封门损坏	中	①加强与国家海洋预报中心沟通，做好气象预报；②增加系统柱的安全储备；③优化坞内防台缆系；④增加坞内防风尼龙缆	低	低	低	低	低	低	V工区/国家海洋预报中心		闭合

风险编号	风险名称	风险描述	最初风险等级评定 低、中或高					主要后果	综合风险等级	处置措施	处理后的风险评定 低、中或高					处理后的综合风险等级	责任班组(部门)	完成日期	状态
			安全健康	环境	质量	时间	成本				安全健康	环境	质量	时间	成本				
TA-18	台风后间管尾测量塔	①测量塔超过38m，风荷载容易造成测量塔碰撞倒塌；②可能造成安装船机设备浮物沉管破坏；③错过施工作业窗口，影响施工进度	高	中	高	高	高	①测量塔入井倒塌；②安装船机设备损坏；③人员伤害；④作业窗口延误	高	①加强与国家海洋预报中心沟通，做好气象预报；②检查螺栓连接质量；③增加测量塔防风缆系；④首节测量塔预埋地板增加焊点	低	低	中	中	中	中	V工区/国家海洋预报中心		闭合
TA-19	台风期间管已安管节艏端封门	①台风期间船舶不好控制，和其他漂浮物碰撞端封门、钢端壳；②错过施工作业窗口，影响施工进度	高	中	高	高	高	①管节内设备损坏；②端封门、端钢壳损坏；③人员伤害；④作业窗口延误	高	①加强与国家海洋预报中心沟通，做好气象预报；②提高端封门舾装质量；③加强端封门变形监测；④及时封闭已安管节的封门；⑤在已安管节尾端增加保护罩；⑥现场安排船舶值守	中	中	低	中	中	中	V工区/国家海洋预报中心		闭合
TA-20	小潮后期叠加大径流	①造成基槽流态复杂，盐度变化明显；②船舶稳定系泊风险增大	高	低	低	高	高	①基槽回淤量增大可能超过限制条件；②沉管节对接抗流要求，管节沉放；③人员伤害；④作业窗口延误	高	①审慎评估各施工船舶锚机、缆绳等，对存在隐患的设备进行改造或更换，同时增加浮运安装过程中的备用拖轮，提高突发情况的应对能力；②组织模拟演练，对各道工序可能出现的突发情况完善的应急措施；③开展临近预报与实测海流相结合的方法，系统分析预测施工期间所能遇到的风、浪、流，为出现时时机，对接窗口的选择提供科学严谨的决策依据；④强化船舶机保障，加强施工组织协调，避免意外情况的发生耽误工期进度	中	低	低	中	中	中	V工区/国家海洋预报中心		闭合

附表2

风险登记表（通航安全）

风险编号	风险名称	风险描述	最初风险等级评定（低、中或高）					主要后果	综合风险等级	处置措施	处理后的风险评定（低、中或高）					处理后的综合风险等级	责任班组/部门	完成日期	状态
			安全健康	环境	质量	时间	成本				安全健康	环境	质量	时间	成本				
TB-1	抛石船航道区通航安全定位锚系保障风险	①抛石夯平船在航道区附件抛锚；②锚缆在水下不便于外来船舶观察；③航道区社会船舶数量大、吨位大，船行波影响大；④夯平船为唯一设备，现场没有替代设备	高	低	中	中	高	①与社会船舶存在碰撞风险；②附近船舶施工损坏；③影响整平船施工作业；④船行波偏差过大，及抬升系统损坏	高	①加强与海事沟通协商，施工期间交通管控；②施工期间，在上下游设置警戒船；③安排专人瞭望，发现情况及时报告；④制定专项海事封航应急预案	中	低	低	低	中	中	I工区		不闭合
TB-2	清淤船输泥管碍航风险	①输泥管漂浮布置；②不易被社会船舶发现；③输泥管长度长，影响范围大	高	高	中	高	高	①与社会船、现场施工船舶存在碰撞风险；②影响清淤作业；③泥泊外泄，破坏环境	高	①设置警示标志、闪光灯，提醒附近作业船舶；②施工期间，在上下游设置警戒船；③安排专人瞭望，发现情况及时报告	中	中	低	低	中	中	IV工区		不闭合
TB-3	清淤船作业通航安全	①现场清淤作业船多；②把吸泥清淤影响范围大，掉头与转向需要专用区域	高	低	中	高	高	①与社会船舶存在碰撞风险；②影响清淤作业；③泥泊外泄，破坏环境	高	①加强与海事沟通协商，施工期间交通管控；②施工期间，在上下游设置警戒船；③安排专人瞭望，发现情况及时报告；④制定专项海事封航应急预案	中	低	低	中	中	中	IV工区		不闭合
TB-4	整平船通航安全	①整平船出进施工现场穿越主航道；②整平船作业水域，社会船舶通航流量大；③施工期间外来船舶闯入	高	低	中	高	高	①与社会船舶存在碰撞风险；②附近船舶施工损坏；③影响整平船施工作业；④船行波偏差过大，及抬升系统损坏	高	①整平船拖航施工现场前报告广州交管，拖航时，派专人瞭望，在拖航编队四周设置警戒船，选择能见度良好的天气进行拖航作业；②整平船施工时派警戒船；③施工期间整平船插拔桩期间对通航船舶限速施工期间交管控制社会船舶	中	低	中	中	中	中	基础组/整平船/HSE部/工程部/调度室		闭合

续表

风险编号	风险名称	风险描述	最初风险等级评定（低、中或高）					综合风险等级	主要后果	处置措施	处理后的风险评定（低、中或高）					处理后的综合风险等级	责任群组/部门	完成日期	状态
			安全健康	环境	质量	时间	成本				安全健康	环境	质量	时间	成本				
TB-5	沉管安装过程中通中通航安全风险	①沉管隧道穿越多条社会主航道，船舶通航密度大；②安装期间外来船舶通闯入；③船行波影响沉放对接作业	高	中	中	高	高	高	①碰撞管节、安装船，可能造成GINA、端咀壳损坏；②影响船舶及人员安全；③碰撞系泊缆系；④影响管节姿态控制	①与海事部门密切配合，做好航道转换、航行通警告，现场警戒工作，限速、拦截等工作；②设置施工水域、警戒区、布置警示和禁航区的航标；③现场安排应急拖轮、起锚艇值守，发现情况及时报告；④安排专人瞭望，发现异常及时报告；⑤与海事交管部门协调浮运安装期间涉水交通	中	低	中	中	中	中	安装组/安装船/HSE部/工程部/调度室		闭合
TB-6	回填过程中通航安全风险	①施工期间外来船舶闯入；②船行波影响回填作业	高	低	低	高	高	高	①社会船舶碰撞作业船舶；②影响船舶及人员安全	①设置施工水域、禁航区、布设警示、警戒区航标；②与海事部门密切配合，做好海事巡逻警戒；③现场安排应急拖轮、起锚艇值守；④安排专人瞭望，发现情况及时报告	低	低	低	低	低	低	基坑组/供料船/HSE部/工程部/调度室		闭合
TB-7	外部船舶干扰拖航风险	①施工水域穿越多条社会主航道，船舶通行量大；②施工期间外来船舶闯入	高	中	低	高	高	高	①碰撞管节、安装船，可能造成GINA、端咀壳损坏；②影响船舶及人员安全；③影响现场施工作业	①与海事部门密切配合，做好航道转换、航行通警告，拦截等工作；②现场应急拖轮、起锚艇值守；③安排专人瞭望，发现情况及时报告	低	低	低	低	低	低	浮运组/HSE部/工程部/调度室/安装船		闭合
TB-8	航道封航风险	①外来船舶、小型船舶、渔船等不清楚施工航向航道转换情况；②超出计划封航的时间	高	中	低	高	高	高	①碰撞作业船舶、管节；②影响船舶及人员安全；③影响现场施工作业	①与海事部门密切配合，做好航道转换、封航警告，现场警戒；②现场安排应急拖轮、起锚艇值守，言责；③安排专人瞭望，发现变化及时提前告；④合理制定封航计划与海事部门沟通；⑤与海事交管部门协调浮运安装期间涉水交通		低	低	低	低	中	工程部/HSE部/调度室/安装船		闭合

续表

风险编号	风险名称	风险描述	最初风险等级评定 低、中或高					主要后果	综合风险等级	处置措施	处理后的风险评定 低、中或高					处理后的综合风险等级	责任班组/部门	完成日期	状态
			安全健康	环境	质量	时间	成本				安全健康	环境	质量	时间	成本				
TB-9	锚漂碍航	施工水域穿越多条主航道，现场航标灯、警戒浮、灯船、施工漂等锚漂多	低	低	低	中	中	①碰撞作业船舶、管节；②影响船舶及人员安全；③作业窗口延误；④增加沉管浮运难度	中	①加强与海事部门沟通，协调相关部门及时移除和恢复航标；②安排专人瞭望，发现情况及时报告；③定期检查施工锚漂；④在浮运告航软件上标出锚漂和航标区的位置；⑤在编队前方增加清障轮	低	低	低	低	低	低	浮运组/工程部/HSE部/安装船		闭合
TB-10	第三航路拖航	①新航路，对流场、拖航操作不熟悉；②一次横移区航道方位角与涨潮流主流向夹角约为36°~44°，存在管节姿态控制风险；③拖航期间外来船舶多（误）；④适航水域受限发生拖航	高	低	低	低	高	①增加沉管浮运难度；②影响船舶及人员安全；③作业窗口延误	高	①开展第三航路流场研究、航道疏浚前后分别进行了现场海流观测；②根据航路实际情况调整测流浮标位置，安排测量船进行了多次全面扫测和碍航物检查，更新浮运告航软件；④安排专人瞭望，发现情况及时报告；⑤与海事交管部门沟通，加强现场安全警戒	低	低	低	低	低	低	浮运组/工程部/HSE部/安装船		闭合
TB-11	航道调整	①施工期间外来船舶闯入；②禁航标识和施工区调整相对较频繁，外来船舶和施工船舶易发生因识别不到而误闯引发的航行安全风险	高	中	低	低	低	①外来船舶碰撞作业船舶、管节；②人员落水；③作业窗口延误	高	①海事部门对各分管辖区进口船舶、船务公司等进行宣传告警、提早熟悉线路改移，并制定上交通安全保障工作方案；②施工单位安排两艘大马力拖轮协助海事部门做好航道改移后的现场警戒，另安排两艘拖轮配合海事部门做好禁航区的安全警戒	中	低	低	低	低	中	浮运组/工程部/HSE部/安装船		闭合

附表3

风险登记表（环境保护）

风险编号	风险名称	风险描述	最初风险等级评定 低、中或高					主要后果	综合风险等级	处置措施	处理后的风险评定 低、中或高					处理后的综合风险等级	责任班组/部门	完成日期	状态
			安全健康	环境	质量	时间	成本				安全健康	环境	质量	时间	成本				
TC-1	噪声	①施工作业区船只众多；②块石夯平作业噪声大；③重型机器操作及海床挖掘	低	中	中	中	中	①改变保护区附近局部现有的底栖生物群落；②严重影响白海豚，使迁离栖息地甚至受伤	高	①设观察员，监视白海豚；②施工前采取水下声吶驱赶白海豚；③施工现场采取降噪措施；④合理安排施工工序，避免集中、大型、敏感的施工作业	低	中	低	低	低	低	工程部/HSE部		闭合
TC-2	悬浮物	①施工导致水中增加悬浮物形成浑浊水带；②悬浮物扩散释放污染物	低	中	中	中	中	①增加海豚体表感染细菌几率，尤其幼体；②污染物释放进水体造成二次污染	高	①在施工中采用先进工艺，严格控制悬浮物的扩散；②将船舶的速度严格限制在10节以下；③加强教育海豚驾驶员遵守有关限制，航行时留意海豚的出没并回避；④为施工船及船舶配合施工的交通运输船只制订相对固定的航线，将影响范围尽可能缩小	低	低	低	低	低	低	工程部/HSE部		闭合
TC-3	施工船舶撞击白海豚	①现场作业船舶众多，白海豚喜欢跟随作业船舶，增加碰撞风险；②施工区域范围大	中	高	中	中	低	白海豚受伤或死亡	高	①设观察员，监视白海豚；②现场控制船舶的速度	低	中	低	低	低	低	工程部/HSE部		闭合
TC-4	污水	①东西人工岛和桂山岛无生活废水；②航行船舶污水泄漏；③清淤船油流	中	中	中	中	中	①水污染；②白海豚死亡	高	①废气水监测报告；②船舶定期检查及维修；③清淤船加强管控，严控溢流	低	低	低	低	低	低	工程部/HSE部		闭合
TC-5	废气	①东西人工岛发电机和无组织废气；②桂山岛发电机和无组织废气；③施工区扬尘	中	高	中	中	中	空气污染	高	发电机和无组织废气监测报告	低	低	低	低	低	低	工程部/HSE部		闭合
TC-6	溢油和物料泄漏	航行船舶疏浚物及燃油等的泄漏，产生悬浮泥沙及污油	低	高	中	中	中	①降低了光的通透性，影响海洋动植物生存；②造成海水污染，破坏海洋生态景观；③有毒物质进入海洋生物食物链	高	①配合海事部门进一步加强水上交通管理；②在桂山岛均设置油屏障；③制订定案溢油事故应变措施，第一时间尽快清理油污并防止扩散	低	中	低	低	低	低	工程部/HSE部		闭合

附表4

风险登记表（作业人员）

风险编号	风险名称	风险描述	最初风险等级评定 低、中或高					主要后果	综合风险等级	处置措施	处理后的风险评定 低、中或高					处理后的综合风险等级	责任班组/部门	完成日期	状态
			安全健康	环境	质量	时间	成本				安全健康	环境	质量	时间	成本				
TD-1	连续作业疲劳	①碎石垫层铺设工期紧，连续作业时间长，操作人员易疲劳；②沉管安装作业工序衔接紧，持续时间长，长时间精神高度集中，易造成误操作	低	中	高	低	中	①人员疲劳导致操作失误，可能造成安全事故，影响身体健康；③施工质量不满足设计要求	高	①配备足够的操作人员，轮流操作，保证休息；②做好后勤保障工作，提高生活质量；③合理安排施工作业计划；④关键岗位实行"一岗双控"，校核避免失误	中	低	中	低	低	中	HSE部/综合办/工程部		闭合
TD-2	海上作业人员安全	①临水作业易发生人员落水；②乘坐交通船频繁，人员上下船容易落水、挤伤；③夜间作业、长时间连续作业导致疲劳作业	高	低	低	低	低	①人员伤亡；②船舶碰撞事故	高	①做好安全教育，提高作业人员安全意识；②做好安全技术交底，确保作业人员熟悉施工流程和风险点；③开展安全检查，发现违章及时纠正纠制；④危险区域配备应急救生圈等救生器材	低	低	低	低	低	低	HSE部/调度室/工程部		闭合
TD-3	误操作	①思想麻痹引起误操作；②疲劳作业引起误操作；③人员培训和交底不到位引起误操作	高	低	高	中	中	①可能造成安全事故，设备损坏；②施工质量不满足设计要求	高	①宣贯"每一次都是第一次"，提高作业人员思想认识；②做好安全技术交底，确保作业人员熟悉施工流程和风险点；③关键岗位实行"一岗双控"，校核避免失误；④按照作业指导书和操作规程作业	低	低	低	低	低	低	工程部/综合部/HSE部		闭合
TD-4	长期海上作业心理疲劳	①长期高风险、高标准的工作与压力导致精神压力大；②长期海上工作与外界脱离；③重复、枯燥、单调的工作易造成作业人员心理疲劳	高	低	中	低	低	①作业人员情绪低迷、不在状态；②作业人员活动性大；③易造成误操作	高	①宣贯"每一次都是第一次"，提高作业人员思想认识；②做好心理疏导；③完善休假制度；④做好后勤保障工作，保证生活质量；⑤适当开展文体活动	低	低	低	低	低	低	综合部/HSE部		闭合
TD-5	重要岗位人员流动	项目周期长，工作重复，压力大等原因引起重要岗位人员流动	高	低	高	低	低	①影响正常工作的稳定开展，引发安全、质量风险；②人员重新培训周期长，代价高	高	①加强"爱岗敬业"教育，提高员工的成就感、归属感；②采取新岗位人才培养制度	低	低	低	低	低	低	综合部/HSE部		闭合

续表

风险编号	风险名称	风险描述	最初风险等级评定（低、中或高）					主要后果	综合风险等级	处置措施	处理后的风险评定（低、中或高）					处理后的综合风险等级	责任班组/部门	完成日期	状态
			安全健康	环境	质量	时间	成本				安全健康	环境	质量	时间	成本				
TD-6	外来人员管理	①浮运安装期间外来指导、服务、采访等人员多;②日常参观、交流等工作频繁、登船人员数量多;③临水临边、起重吊装、交叉作业、夜间作业频繁、现场危险因素多，管控难度大	高	低	低	低	低	①可能发生人员落水、人身伤害;②可能影响、干扰现场施工;③碰撞、破坏设备	高	①加强现场安全教育和现场安全管控;②明确登船安全风险须知，在安装船、管顶等危险部位设置醒目的安全警示标志;③严格限制外来人员数量，未经许可严禁登船;④制定落实《沉管浮运安装现场安全标准化管理方案》，实施区域化、模块化安全管理	中	低	低	低	低	中	HSE部/综合部/工程部		闭合
TD-7	施工间隔期长	①船机设备停歇时间较长，叠加高盐、高湿的环境容易导致部分元器件出现短路、老化、失灵;②长期停歇，人员易出现思想松懈、意识淡化	中	低	中	中	高	①船、舶不能正常运行，施工无法正常进行;②易造成误操作;③影响工期	高	①开展施工动员会和安全宣贯会，全员统一思想、认识;②联合专业单位专家团队对存在潜在风险的元器件提前进行更换，确保关键及易损器件充足的供应;③制定各船舶关键舱室、系统的除湿保障措施，确保关键设备元器件处于干燥的环境;④按标准化要求开展专用船舶系统调试、调试，落实重要岗位"岗双控"	低	低	中	低	中	中	综合部/设备部/HSE部		闭合

附表5

风险登记表（施工装备）

风险编号	风险名称	风险描述	最初风险等级评定（低、中或高）					主要后果	综合风险等级	处置措施	处理后的风险评定（低、中或高）					处理后的综合风险等级	责任班组/部门	完成日期	状态
			安全健康	环境	质量	时间	成本				安全健康	环境	质量	时间	成本				
TE-1	专业船机设备唯一性	①专为港珠澳施工建造的船舶和设备，主要包括：津安2、津安3和经纬、津安专用设备、对接安装专用设备；②无备用船舶、设备	低	低	低	中	高	①船舶不能正常运行；②施工无法正常进行；③严重影响工期	高	①加强船机设备日常维护保养；②严格执行船机、设备的操作规程；③提前储备必要的备件；④签订技术服务合同，安排专业技术人员现场服务；⑤严格执行每次安装前的"三次"船机大检查	低	低	低	中	高	高	设备部、津平1、经纬、津安2、津安3		闭合
TE-2	安装船动力系统	①2台主发电机无法正常工作导致无法正常供电；②调速器、执行车，并车致使无法正常并车；③油压、油温过高致使主机无法正常运行；④调压板故障致使电器失稳输控制电器化致使输出功率下降；⑥发电机就地控制箱故障致使发电机无法正常运行；⑦发动机水泵、高压油泵、喷油器等故障致使本机不能正常运行；⑧发电机故障导致使中断供电	低	低	低	高	高	①船舶不能正常运行；②施工无法正常进行；③影响作业窗口	高	①加强船机设备日常维护保养；②严格执行船机、设备的操作规程；③提前储备必要的备件，包括高压油泵、调速器、喷油器、备件；④签订技术服务合同，安排专业技术人员现场服务；⑤均内安排多次安装船设备调试	低	低	低	低	低	低	设备部、安装船		闭合
TE-3	安装船配电系统	①集控室主配电板电器故障，导致无法进行送电，并车等操作；②变压器故障致使送电，输出电源不符合要求；③供电线路故障致使负载断电	低	低	低	中	低	①施工设备因断电而无法工作；②施工无法正常进行；③影响作业窗口	中	①定期进行绝缘检查和电阻检测等工作；②提前储备必要的备件，包括变压器、接触器等主要备件；③签订技术服务合同，安排专业技术人员现场服务	低	低	低	低	低	低	设备部、安装船		闭合

续表

风险编号	风险名称	风险描述	最初风险等级评定 低，中或高					主要后果	综合风险等级	处置措施	处理后的风险评定 低，中或高					处理后的综合风险等级	责任班组/部门	完成日期	状态
			安全健康	环境	质量	时间	成本				安全健康	环境	质量	时间	成本				
TE-4	安装船自动控制系统	①发电机自动控制系统故障致使发电机不能正常运行，影响船舶供电；②中控室控制系统故障致使施工设备无法完成操作性指令；③变频器由于受潮、高电压冲击、元件老化等原因，致使施工正常工作；④综合报警系统故障致使发电机自控系统不能正常运行；⑤监视电系统故障致使状态不能体现；⑥主副船遥控操控系统故障	低	低	中	低	低	①发电机不能供电，影响施工正常进行；②操作指令无法完成，施工中断；③影响作业窗口	中	①定期进行绝缘检查等工作；②提前储备必要的备件，包括变频柜等设备；③安排专业技术人员现场服务，保证变频柜间④改善设备运行环境，温度、湿度	低	低	低	低	低	低	设备部、安装船		闭合
TE-5	安装船CCTV系统	①由摄像头和显示器故障致使不能适时反映现场状况；②由专业厂家生产和维修，维修周期长	低	低	低	低	低	现场工作情况不可视，影响施工效率，增大人员工作强度	低	①提前储备摄像头和显示器；②加强船机CCTV设备日常维护保养	低	低	低	低	低	低	设备部、安装船		闭合

续表

风险编号	风险名称	风险描述	最初风险等级评定（低、中或高）					主要后果	综合风险等级	处置措施	处理后的风险评定（低、中或高）					处理后的综合风险等级	责任班组/部门	完成日期	状态
			安全健康	环境	质量	时间	成本				安全健康	环境	质量	时间	成本				
TE-6	安装船锚绞车系统	①刹车、离合系统失效使绞车无法驱动卷筒完成收放缆操作，钢缆拉力无法保持；②减速齿轮箱故障致使绞车不能完成驱动力的传递和调节；③排绳器故障致绳在卷筒上排列紊乱；④卷筒不能旋转致使绞车无法完成收放缆作业；⑤动滑轮卡住致钢丝绳钩收放困难、钢丝绳磨损加大；⑥抱地控制器故障致绞车无法完成正常的就地操作和远程切换；⑦电动机烧损致绞车停转；⑧钢丝绳断裂	高	低	中	高	高	①绞车作业停止，系泊、出坞等管理中断；②钢丝绳磨损加大；③作业窗口延误	高	①严格执行每次安装前的"三次"船机大检查；②加强绞车设备日常保养；③提前储备必要的备件，备用手控刹车电机，保证手控刹车系统的可靠性；④及时更换绞车电机，保证手控刹车系统的可靠性；⑤必要时对吊点动滑轮拆检、活络、定期加油；⑥备用各种绞车钢丝绳；⑦对钢丝绳的使用情况定期检查，更换	低	低	低	低	低	低	设备部、安装船		闭合
TE-7	安装船压载系统	①压载泵故障致使船舶不能完成压载水的调节；②液压泵站故障使阀件不能完成启闭操作；③管路泄露致使不能完成压载水位的调节；④四角吃水系统故障致使船舶对船偏水和深度进行测量和调节；⑤阀件不能对船舶吃水进行调节；⑥变送器故障致使水位不能正常显示水位变化	低	低	低	中	低	①系统故障影响施工进度和安全；②作业窗口延误	中	①严格执行每次安装前的"三次"船机大检查；②加强设备必要的备件，包括电机、电力液压维修设备、传感器的主要备件；③提前储备必要的备件；④定期校核船体四角吃水和压载舱液位传感器，损坏时及时更换	低	低	低	低	低	低	设备部、安装船		闭合

续表

风险编号	风险名称	风险描述	最初风险等级评定 低、中或高					主要后果	综合风险等级	处置措施	处理后的风险评定 低、中或高					处理后的综合风险等级	责任班组/部门	完成日期	状态
			安全健康	环境	质量	时间	成本				安全健康	环境	质量	时间	成本				
TE-8	安装船克令吊	克令吊电器、液压系统故障使得在沉放既定要求时，不能按要求安装拉合装置专用设备和拆除GINA保护罩专用设备	中	低	低	低	低	①影响拉合装置安装和GINA保护罩拆除；②克令吊故障延长，作业窗口延误；③人员伤害	中	①严格执行每次安装前的"三次"船机大检查；②若克令吊故障，使用起重船进行吊装作业；③合理布置拉合装置等船舶装件在安装船甲板的存放位置；④严格执行起重作业操作规程	低	低	低	低	低	低	设备部、安装船		闭合
TE-9	安装船甲板号缆设施	号缆桩、BB型导缆器、全向绞车等故障，致使绞车不能正常收放钢丝绳，增加钢丝绳的磨损以至导致钢丝绳损坏	低	低	低	低	低	①钢丝绳磨损加剧；②增加作业人员工作强度	低	①定期安排检查号缆器运转情况和磨损情况；②针对性地进行维护和保养工作	低	低	低	低	低	低	设备部、安装船		闭合
TE-10	浮运导航系统	导航系统故障导致现场拖航无法指挥，可能出现失控导致破坏、碰撞、搁浅	高	低	中	中	中	①影响航行安全和施工统一指挥；②沉管偏出航道搁浅、碰撞，导致GINA、封闭破损；③严重影响施工质量、工期	高	①定期进行检验和日常保养工作；②提前补充现场调试；③备用多套导航导航系统；④签订技术服务合同，安排专业技术人员现场服务	低	低	低	低	低	低	测量队、浮运组		闭合
TE-11	拉合系统	①液压管水下爆破；②信号缆水下意外刮断；③系统软件故障；④液压泵站故障；⑤液压卷盘、信号缆卷盘与沉管沉放速度不同步导致放缆；⑥无备用设备	低	中	中	低	中	①卷盘和拉合千斤顶无动作；②造成拉合数据不能读取，难以监测拉合状态；③造成拉合无动作，只能使用近控手动操作；④造成拉合中断，作业窗口延误；⑤液压管或信号缆受力过大意外沉放浅；⑥液压油泄露，污染海洋环境	中	①日常检查油管是否有缺陷并加强维护保养；②安排现场漂浮物的监测，安排船舶警戒并及时护航；③在均内进行重载实验；④安排专人对下放速度和长度进行现场监测；⑤提前储备液压油管、信号缆、电机等，出现故障随时维修或更换	低	低	低	低	低	低	设备部		闭合

续表

风险编号	风险名称	风险描述	最初风险等级评定 低、中或高					主要后果	综合风险等级	处置措施	处理后的风险评定 低、中或高					处理后的综合风险等级	责任班组/部门	完成日期	状态
			安全健康	环境	质量	时间	成本				安全健康	环境	质量	时间	成本				
TE-12	压载水系统	①管内潮气对控制柜控制系统的腐蚀及短路造成系统的瘫痪；②蝶阀驱动头故障信号致使阀门开关失效；③液位传感器液位计难以进行计量，致水箱液位难以进行计量；④压载泵难以正常启动不牢导致管系禁气，压载泵难以正常进气、切换；⑤主副船内将将卡死体积异导将将难以闭环或将压载泵叶片损坏；⑥主副船压缩故障，导致无线传输故障，导致主船数据无法操控和显像	低	低	低	低	高	①系统瘫痪不能进排水；②水箱浸水不能进排水；③不能监测水箱水位高度从而影响水箱负浮力的计算；④管节起浮、下放受影响；⑤蝶阀关不紧不能正常控制水位；⑥主船操控无动作；⑦作业窗口延误	高	①控制柜内安装排气扇，柜内通电；②定期通电试运行并标定；③深坞沉放试验，对管路检查；④管路一次额进水段加装过滤器；⑤定期演练对压载水系统进行隐患排查；⑥制定水下电缆插座故障应急预案：在人孔顶盖板上重新安装一套光纤插座和19芯插座进行替代	低	低	低	低	低	低	设备部		闭合
TE-13	深水测控系统	影响对接精度和轴线控制	低	低	高	低	低	①影响对接精度；②发生沉管、碰撞、GINA破坏；③作业窗口延误	高	①定期检查设备和支架；②优化支架位置，增加备用支架	低	低	低	低	低	低	安装组		闭合
TE-14	精调系统	①管内海水对液压泵站、液压千斤顶及附件的腐蚀，导致设备寿命降低或损坏；②管内湿气及海水对电气软件及控制系统电气件的腐蚀，易造成系统故障和短路损坏；③因设备较重，安装及运输过程中易造成设备空间狭小，的意外碰损及人员伤害；④施工环境恶劣，容易导致异物流入油路	中	低	低	低	低	①运行中出现意外故障导致工作停止；②控制系统失效不能运行和监测数据；③设备损坏严重影响设备继续使用；④作业窗口延误；⑤人员伤害；⑥油路堵塞，千斤顶无动作	中	①安排日常设备的检查、维护，定期进行调试；②电气控制箱加装收纳袋或从管内取出放入库房；③签订技术服务合同，安排专业技术人员现场服务	中	低	低	低	低	中	设备部		闭合

续表

风险编号	风险名称	风险描述	最初风险等级评定					主要后果	综合风险等级	处置措施	处理后的风险评定					处理后的综合风险等级	责任班组(部门)	完成日期	状态
			低、中或高								低、中或高								
			安全健康	环境	质量	时间	成本				安全健康	环境	质量	时间	成本				
TE-15	整平船动力系统	①2台主发电机无法正常工作导致无法正常供电;②调速器、执行器故障导致使悠车，并致使无法正常柴车;③油压、油温过高导致主机无法正常运行;④调压板故障导致电压稳烧损控制电器;⑤主机、发电机组老化致使输出功率下降;⑥发电机就地控制箱故障导致发电机无法正常运行;⑦发动机水泵、高压油泵、喷油器等故障导致使本机不能正常运行;⑧发电机线路故障导致使中断供电	低	低	低	高	高	①船舶不能正常运行;②施工无法正常进行;③影响作业窗口	高	①进行船机设备日常维护保养;②严格执行船机、设备的操作规程;③提前储备必要的备件，包括高压油泵、调速器、喷油器、调速板等主要备件;④签订技术服务合同，安排专业技术人员现场服务	低	低	低	低	低	低	设备部、津平1		闭合
TE-16	整平船配电系统	①集控室主配电板电器故障，致使电不能进行送电，并车等操作;②变压器故障致使断电，输出电源不符合要求;③供电线路故障致使负载断电	低	低	低	中	低	①施工设备因断电无法工作;②施工无法正常进行;③影响作业窗口	中	①定期进行绝缘检查和电阻检测等工作;②提前接触器等必要的备件，包括变压器、接触器等主要备件;③签订技术服务合同，安排专业技术人员现场服务	低	低	低	低	低	低	设备部、津平1		闭合

续表

风险编号	风险名称	风险描述	最初风险等级评定 安全健康	环境	质量	时间	成本	主要后果	综合风险等级	处置措施	处理后的风险评定 安全健康	环境	质量	时间	成本	处理后的综合风险等级	责任班组/部门	完成日期	状态
TE-17	整平船自动控制系统	①发电机自动控制系统故障使使发电机不能正常运行，影响船舶供电；②中控室控制系统故障致使施工设备无法完成操作指令；③变频器由于受潮、电压冲击、元件老化等原因，致使所驱动电机无法正常工作；④综合报警系统故障致使发电机自控系统不能正常运行，供电中断；⑤监视系统故障致使发电机的适时状态不能体现；⑥系统精密复杂，维修难度高，系统故障隐藏、排除困难	低	低	低	低	低	①发电机不能供电，影响施工正常进行；②操作指令无法完成，施工中断；③供电中断；	低	①备件充足；②加强与专用厂家交流和人员培训，专业人员提供相关技术支持	低	低	低	低	低	低	设备部、津平1		闭合
TE-18	整平船CCTV系统	①摄像头和显示器故障致使不能适时的反映现场状况；②由专业厂家生产和维修，维修周期长	低	低	低	低	低	现场工作情况不可视，影响施工效率，增大人员工作强度	低	①提前储备摄像头和显示器；②加强船载CCTV设备日常维护和保养	低	低	低	低	低	低	设备部、津平1		闭合

续表

风险编号	风险名称	风险描述	最初风险等级评定 低、中或高					主要后果	综合风险等级	处置措施	处理后的风险评定 低、中或高					处理后的综合风险等级	责任班组/部门	完成日期	状态
			安全健康	环境	质量	时间	成本				安全健康	环境	质量	时间	成本				
TE-19	整平船锚绞车系统	①刹车、离合系统失效致使绞车无法完成收放缆操作,钢缆拉力无法保持;②减速齿轮箱故障致使绞车不能完成驱动力的传递和调节;③排缆齿轮故障导致钢丝绳在卷筒上排列紊乱;④卷筒不能旋转致使钢丝绳无法完成收放缆作业;⑤就地控制箱电器故障致使就地操作和远程切换;⑥电动机烧损致使绞车磁频;⑦钢丝绳断裂、船舶纹移工作停止	低	低	低	中	中	①绞车作业停止,船舶定位、插拔桩等施工中断;②作业窗口延误	中	①严格执行每次整平前的"三次"船机大检查;②加强绞车设备日常保养;③提前储备必要的备件,备用各种机;④及时更换刹车系统的可靠性,保证手控刹车系统的可靠性;⑤备用绞车钢丝绳	低	低	低	低	低	低	设备部、津平1		闭合
TE-20	整平船大小车系统	①驱动电机、传感器、编码器、限位器故障导致大小车不能行走;②齿轮箱轴、轴套磨损导致大小车行走齿轮卡住;③行走齿轮与轮轨齿行走齿轮卡住;条之间啮合不良导致行走齿轮卡住;④电器损坏导致无法实现控制操作;⑤大车跑偏	低	低	低	中	中	①大小车不能行走,施工中断,影响施工进度;②造成驱动设备损坏	中	①严格执行每次整平前的"三次"船机大检查;②加强设备日常保养;③提前储备必要的备件,包括大车驱动装置齿轮、驱动轮等;④签订技术服务合同,安排专业技术人员现场服务	低	低	低	低	低	低	整平组、设备部、津平1		闭合

续表

风险编号	风险名称	风险描述	最初风险等级评定（低、中或高）					主要后果	综合风险等级	处置措施	处理后的风险评定（低、中或高）					处理后的综合风险等级	责任班组/部门	完成日期	状态
			安全健康	环境	质量	时间	成本				安全健康	环境	质量	时间	成本				
TE-21	整平船皮带机输送系统	①电动机烧损导致皮带机无法驱动；②齿轮箱故障致使驱动力不能传递和调节；③滚筒轴承损坏致使滚筒不能正常旋转；④离合器不能正常闭合，联轴器故障导致断裂、液力耦合器故障导致滚筒不能正常驱动；⑤跑偏调整量不时，调节卡住无法实现皮带跑偏调整；⑥托辊旋转不良，中小不正导致皮带跑偏，磨损加大；⑦缓冲板损导致跑料偏载，皮带跑偏；⑧碎石石料中有较大金属异物导致皮带划损、撕裂	低	低	中	中	中	皮带机供料停止，影响施工进度	中	①定期设备检查和绝缘检测；②加强维护保养工作，损坏配件及时更换；③提前储备必要的备件，包括皮带机皮带等；④施工作业时，现场巡视，发现皮带跑偏及时纠正；⑤石料船装卸料时安排专人观察石料有无异物，如有异物及时清除	低	低	低	低	低	低	整平组、设备部、津平1		闭合
TE-22	整平施工、管理系统	①控制软件失效导致系统瘫痪；②液压泵站控制柜电器插损，液压泵站故障导致液压泵头液压缸不能收放；③卷扬机故障导致抛石管不能进行高度调节；④整平头液压缸和传感器损坏、液压油管漏油、传感器数据线断路、再吸故障；⑤抛石管内缓冲设施磨损、缺失；⑥抛石管锁定装置故障、抛石管无法锁定	低	低	中	低	低	①出现故障无法施工；②作业窗口延误	中	①进行维护保养工作，损坏配件及时更换；②提前储备必要的备件，包括整平头、油缸、控制柜、液压油管、电缆等设备；③严格执行每次整平前的"三次"船机大检查；④签订技术服务合同，安排专业技术人员现场服务	低	低	低	低	低	低	整平组、设备部、津平1		闭合

续表

风险编号	风险名称	最初风险等级评定（低、中或高）					主要后果	综合风险等级	处置措施	处理后的风险评定（低、中或高）					处理后的综合风险等级	责任班组/部门	完成日期	状态
		安全健康	环境	质量	时间	成本				安全健康	环境	质量	时间	成本				
TE-23	整平船桩腿系统	中	低	低	高	高	①船舶抬升、下放作业中断，影响施工进度；②更换齿轮齿条影响工期	高	①严格执行每次整平前的"三次"船机大检查；②加强维护保养工作，定期齿条加油；③提前储备必要的备件，包括驱动装置、驱动电机等设备；④签订技术服务合同，安排专业技术人员现场服务	低	低	低	低	低	低	整平组、设备部、津平1		闭合
TE-24	经纬船动力系统	低	低	低	中	中	①船舶不能正常运行；②施工无法正常进行；③影响作业窗口	中	①加强船机设备日常维护保养；②严格执行船机、设备的日常维护保养；③提前储备必要的备件包括高压油泵、调速器、喷油器、调速板等主要备件	低	低	低	低	低	低	基础组、设备部、经纬		闭合
TE-25	经纬船配电系统	低	低	低	低	低	①施工设备因断电无法工作；②施工无法正常进行；③影响作业窗口	低	①定期进行绝缘检查和电阻检测等工作；②提前储备必要的备件，包括变压器、接触器等主要备件	低	低	低	低	低	低	基础组、设备部、经纬		闭合

风险描述（TE-23）：①驱动装置故障，船舶无法正常插拔桩作业；②操控系统故障导致作业停止；③整平船插拔桩腿作业时间超出齿轮、齿条设计使用寿命

风险描述（TE-24）：①2台主发电机无法正常工作导致无法正常供电；②油压、油温过高导致主机无法正常运行；③调压板故障导致压失稳致使调控制电器；④主机、发电机组老化致使输出功率下降；⑤发动机水泵、高压油泵、喷油器、喷油嘴故障致使本机不能正常运行；⑥发电机烧损致使中断供电

风险描述（TE-25）：①集控室主配电板电器故障，致使电不能进行送电，并车等操作；②变压器故障致使送电、输出电源不符合要求；③供电线路故障致使负载断电

续表

风险编号	风险名称	风险描述	最初风险等级评定（低、中或高）					主要后果	综合风险等级	处置措施	处理后的风险评定（低、中或高）					处理后的综合风险等级	责任班组/部门	完成日期	状态
			安全健康	环境	质量	时间	成本				安全健康	环境	质量	时间	成本				
TE-26	经纬船锚绞车系统	①刹车、离合系统失效致使绞车无法收放缆绳操作，钢缆绳拉力无法保持；②减速齿轮箱故障致使绞车不能完成调动力的传递和调节；③排缆器故障导致钢丝绳在卷筒上排列紊乱；④卷筒不能旋转致使无法完成收放缆作业；⑤就地控制箱完成绞车故障致使无法地操作和远程切换；⑥电动机烧损致使绞车瘫痪；⑦钢丝绳断裂，船舶绞移工作停止	低	低	低	中	中	①绞车作业停止，船舶作业中断；②作业窗口延误	中	①进行绞车设备日常保养；②提前储备必要的备件，如铜套、导缆器等；③及时更换刹车带；④备用绞车钢丝绳	低	低	低	低	低	低	基础组、设备部、经纬		闭合
TE-27	经纬船皮带机输送系统	①电动机烧损导致皮带机无法驱动；②齿轮箱故障致使驱动力不能传递和调节；③滚筒轴承故障损坏致使滚筒不能正常旋转；④离合器不能闭合、联轴器衬垫故障、液力耦合器故障导致皮带不能正常驱动；⑤跑偏调整丝杠、调节卡住无法实现皮带跑偏调整	低	低	低	中	中	皮带机供料停止，影响施工进度	中	①加强设备日常维护保养；②提前储备必要的备件，如皮带机、皮带等设备；③配备专业的维修人员	低	低	低	低	低	低	基础组、设备部、经纬		闭合

续表

风险编号	风险名称	风险描述	最初风险等级评定（低、中或高）					主要后果	综合风险等级	处置措施	处理后的风险评定（低、中或高）					处理后的综合风险等级	责任班组/部门	完成日期	状态
			安全健康	环境	质量	时间	成本				安全健康	环境	质量	时间	成本				
TE-27		⑥托辊旋转不良、中心不正导致皮带跑偏，磨损加大；⑦下料槽损坏裂导致碎石外溢；⑧碎石石料中有较大金属等异物导致皮带划伤、撕裂；⑨电流三通分料器故障导致不能实现物料换向	低																闭合
TE-28	经纬船溜管系统	①抬升电机烧损、变速箱损坏导致无法完成溜管抬升、下放作业；②溜管器穿碎石外溢；③小车轮轨卡住、小车不能行走；④电机烧损、驱动链条断裂，小车行走停止；⑤溜管变形过大、溜管抬升、下放时卡住	低	低	中	中	中	回填作业中断，影响施工进度	中	①加强设备日常维修、保养；②提前储备必要的备件、备用地石管等设备；③对溜管定期进行测厚，及时修补；④配备专业的维修人员	低	低	低	低	低	低	基础组、设备部、经纬		闭合
TE-29	大马力全回转起锚艇	①主机、驾驶操控系统、推进器故障导致船舶不能行；②2台铺机不能正常供电导致机不能行；③起锚机故障导致无法完成起锚、拉锚作业；④通信导航设备故障导致船舶航行困难、指挥协调不畅	低	低	低	低	低	①影响抛锚、起锚作业；②影响多波束扫测	低	①进行设备日常检查、维护、保养，严格执行各项操作规程；②提前储备必要的备件，如主机、锚机等易损件；③定期维修	低	低	低	低	低	低	浮运组、测量队、设备部、起锚艇15		闭合

续表

风险编号	风险名称	风险描述	最初风险等级评定（低、中或高）					主要后果	综合风险等级	处置措施	处理后的风险评定（低、中或高）					处理后的综合风险等级	责任班组/部门	完成日期	状态
			安全健康	环境	质量	时间	成本				安全健康	环境	质量	时间	成本				
TE-30	救生、消防设施	①灭火器、EEBD、消防服、消防栓等失效；②救生艇、救生筏、救生圈、堵漏器材等失效	中	低	低	低	低	影响船员及其他人员生命安全	中	①严格执行每次安装前的"三次"机大检查；②加强消防救生设施的日常维护，保养；③消防救生设施、器材设备保持有效	低	低	低	低	低	低	HSE部、设备部、各船舶		闭合
TE-31	船通信导航系统	①通导设备（航行数据记录仪、应急示位标、无线电甚高频、中高频、AIS、雷达等）故障导致船舶联络通信不畅；②号型、号灯、号型故障及不能反映船舶状态	低	低	低	低	低	影响航行安全和工统一指挥	低	定期检验、检查，确保设备正常	低	低	低	低	低	低	设备部、各船舶		闭合
TE-32	整平船技改后的拖航定位	①整平船船体荷载增加后，船舶所受的水流阻力相应增加；②受水阻力增加影响，整平船拖航速度增大，尤其穿越航道时大；③基槽东部流场复杂，船舶定位难度加大	中	低	低	低	低	①影响整平船拖航安全；②整平船拖航时间增加	中	①计划采购6口10t的AC-14大抓力锚，更换原来的8t锚，提高整平船的系泊定位能力；②选择潮小流速进行拖航，增加一艘备用拖轮，做好现场的应急和护航；③拖航前向海事部门申请航道警戒，辅助做好现场的安全警戒工作	低	低	低	低	低	低	设备部、津平1		闭合
TE-33	整平船桩腿修复后的综合风险	①桩腿齿轮齿条修复后，其运转功能存在不确定性；②整平船长期未在工作状态运转，船机设备在施工前的完好性以及施工精度等也存在一定风险	低	低	低	中	中	①无法正常进行插拔桩作业，施工无法正常进行；②影响作业窗口	中	①桩腿修复后开展了整平船桩腿腿修复评估工作；②开展整平船修复后插拔腿试验，验证桩腿工作性能；③整平船施工前对施工控制系统重新进行调试确认，并展开海石碎基床铺设试验和清淤试验，验证基床铺设精度和清淤功能	低	低	低	低	低	低	设备部、津平1		闭合

附表6

风险登记表（碎石基床整平）

风险编号	风险名称	风险描述	最初风险等级评定 低、中或高					主要后果	综合风险等级	处置措施	处理后的风险评定 低、中或高					处理后的综合风险等级	责任班组/部门	完成日期	状态
			安全健康	环境	质量	时间	成本				安全健康	环境	质量	时间	成本				
ZF-1	清淤质量控制	地形劣平层清淤不彻底，碎石铺设过程发生扫淤	低	中	高	中	中	①碎石垫平层支沟沟纳淤能力降低；②挤淤严重时的需重新清淤，影响作业窗口	高	①增加加工前潜水探摸基槽精度频次，发现回淤物超标时及时进行重新清淤；②碎石垫层铺设过程中进行回淤监测，发现淤淤及时清淤	低	低	中	低	低	中	基础组		闭合
ZF-2	基床施工参数	参数计算及输入错误	低	低	高	中	中	①碎石垫层高程偏差超标；②碎石垫层平面偏差超标；③可能造成质量事故，影响施工工期	高	①对施工参数的计算和输入进行多方校核，确保参数的准确性；②严格按照监控指令进行施工	低	低	低	低	低	低	基础组		闭合
ZF-3	整平船系统校准	①平面及高程系统定出现误差；②船体倾斜仪故障；③整平头底部液压油缸校准出现误差	低	低	高	中	高	①碎石垫层高程偏差超标；②碎石垫层平面偏差超标；③可能造成质量事故，影响施工工期	高	①采用不同方式多次进行整平船平面、高程，船体倾斜系统标定，并进行对比；②对整平船底部进行程传感器数据进行实测修正	低	低	低	低	低	低	基础组/设备部		闭合
ZF-4	精度控制	碎石垫层铺设验收数据超标	低	低	高	中	高	①施工延期，不能进行正常施工；②影响作业窗口	高	①施工参数输入采用多人复核制度；②采用不同方式多次进行整平船平面、高程；③碎石垫层铺设过程中对施工完成的碎石垫层进行多波速扫测分析；④对超过设计要求的碎石垫层平或或修补处理；⑤施工过程定位系统测量检查；⑥刮刀检查	低	低	低	低	低	低	基础组		闭合
ZF-5	GPS失锁	施工区属于低纬度地区，春秋两季电离层活跃对GPS信号影响大，容易出现GPS失锁现象	低	低	中	中	中	GPS"假锁定"时影响碎石垫层铺设精度，GPS失锁时不能施工，整平作业时间延长	中	①GPS失锁期间整平平台作业暂停施工；②适当增加碎石垫层铺设作业时间	低	低	中	低	低	中	基础组/测量队		闭合
ZF-6	大潮汛作业	①大流速影响整平精度和进度；②大流速影响碎石桩作业	低	低	高	中	中	①施工精度超标；②船体插打升后定位偏差大	高	①涨急、落急期间暂停碎石铺设施工；②碎石摈选避着平流期进行作业；③加强海洋流速监测	低	低	低	低	低	低	基础组/国家海洋预报中心		闭合

续表

风险编号	风险名称	风险描述	最初风险等级评定 低、中或高					主要后果	综合风险等级	处置措施	处理后的风险评定 低、中或高					处理后的综合风险等级	责任班组/部门	完成日期	状态
			安全健康	环境	质量	时间	成本				安全健康	环境	质量	时间	成本				
ZF-7	恶劣海况	风、浪、雾等恶劣天气影响石料供应和碎石垫层铺设作业	低	低	低	中	低	①石料供应不及时，无法连续施工；②影响整平船插拔桩作业安全；③影响碎石垫层铺设精度	中	①时刻掌握天气预报情况；②增加碎石垫层铺设作业时间；③恶劣天气停施工采证验船舶安全；④观场安排应急拖轮、起锚艇值守	低	低	低	低	低	低	基础组/国家海洋预报中心		闭合
ZF-8	船行波	影响整平船定位精度，插拔桩作业安全	低	低	中	中	中	①船舶施工安全风险增大；②整平船定位偏差大；桩腿及抬升系统损坏	中	①加强船行波观测，开展专题研究，掌握船行波影响程度；②加强与海事沟通协调，在整平船舶插拔桩期间对通航船舶限速	低	低	低	中	低	中	基础组/国家海洋预报中心		闭合
ZF-9	回淤	①碎石垫层铺设过程中发生回淤；②碎石垫层铺设完成后发生回淤；③"升坡""反向"铺设带来影响碎石垫层垫顶标高	中	中	高	高	高	①碎石垫层可能发生突淤现象，瞬时沉降大，引起后瞬管节差异沉降大；②碎石垫层铺设中回淤超标，需要进行清淤作业，置沉淤清淤时间延长；③碎石垫层铺设中和安装前发生回淤时，造成后续工作延误；④铺设好的碎石垫层回淤超标，导致重新铺法安装；⑤施工作业窗口延误	高	①定期安排回淤监测，采用多波束系统下地形测量，单波束双频+浮泥监测系统，并进行回淤分析；②定期进行槽底浮泥密度检测；③定期安排潜水收样，置沉淤温度等潜水作业；④安装定点、巡测含沙量；⑤安排专人进行海水淤泥带观察；⑥采用"潜龙号"进行整平船；⑦回淤超标时，碎石垫层挖除和改造整平铺设；⑧建立回淤预警系统	低	低	中	高	高	高	基础组		闭合

续表

风险编号	风险名称	风险描述	最初风险等级评定 低、中或高					主要后果	综合风险等级	处置措施	处理后的风险评定 低、中或高					处理后的综合风险等级	责任班组/部门	完成日期	状态
			安全健康	环境	质量	时间	成本				安全健康	环境	质量	时间	成本				
ZF-10	插拔桩作业	①整平船桩腿插入深度附力大，侧摩阻力造成桩腿拔出困难；②深水区整平船桩腿插入深度较浅，影响作业安全；③插入深度较浅，影响作业安全；④存在"硬+软+硬"的土层分布情况；⑤碎石垫层重新铺设插桩风险增大	低	低	低	高	高	①插桩深度大，严重时浮力无法将桩腿拔出，可能造成整平船自身浮力不靠；②整平船桩腿插入深度较深，船舶作业安全；③整平船插桩过程中"穿刺"可能出现桩腿"穿刺"破坏，造成整平船损坏；④重新插桩过程中可能发生侧滑及穿孔风险；⑤工期和施工成本增加	高	①施工前详细核查当地质资料；②严格按照《抛石整平船操作规程》控制插桩流程；③深厚软土区插桩必要时适量减小压载水量，若桩腿插无法起重船协助拔桩；④根据地质情况采用对角插桩，实时计算桩腿底标高，接近软弱过渡夹层时，采用单腿腿插桩；⑤重新插桩时，在允许的施工范围内尽量增加桩位间距	低	低	低	中	中	中	基础组/设备部		闭合
ZF-11	辅助作业船走锚	①供料船走锚；②潜水母船走锚	低	低	低	高	高	①整平船遇到碰撞，船舶损坏，施工终止；②整平船撞船损坏，无法供料；③施工延期	高	①安排现场锚艇值守，加强瞭望，防止其他作业船舶的下锚作业影响整平船组编缆；②辅助船舶非作业期间远离专用整平船；③海况差的时间段暂定离整平船船绞移远整平船	低	低	低	中	中	中	基础组		闭合
ZF-12	穿越航道施工作业	整平船进出施工现场穿越主航道	低	低	低	高	高	①与社会船存在碰撞风险，整平船损坏；②施工期延长	高	①整平船拖航时，派专人瞭望，在拖船编队四周设置警戒船；②选择平流期地航，便于控制拖航速度及方向；③选择能见度良好的天气进行拖航作业	低	低	低	低	低	低	基础组		闭合
ZF-13	夜间作业安全	①夜间照明不良，视线受限；②外来社会船舶闯入施工区	高	中	低	中	低	①影响施工效率及人员安全；②夜间加料，运输船，无法供料，损坏；③社会船碰撞整平船组定位缆级，对船体造成损坏，影响生产作业	高	①安排现场拖轮和船艇值守，加强瞭望，防止其他船舶进入整平作业施工区；②尽量安排白天施工；③增加夜间照明设备；④运输船非加料期间不得停泊在整平船上下游	低	低	低	低	低	低	基础组		闭合

续表

风险编号	风险名称	风险描述	最初风险等级评定					主要后果	综合风险等级	处置措施	处理后的风险评定					处理后的综合风险等级	责任班组/部门	完成日期	状态
			安全健康	环境	质量	时间	成本				安全健康	环境	质量	时间	成本				
ZF-14	交叉作业	①与回填施工交叉作业；②与清淤施工交叉作业；③与抛石夯平施工交叉作业；④与已安管节船装件拆除施工交叉作业	高	低	低	中	低	①锚缆交叉、起抛锚作业和移锚定位过程中影响船舶安全和正常施工作业；②存在船舶碰撞风险；③临近作业船舶抛锚可能破坏已铺设好的碎石垫层	高	①合理组织安排，尽量增大交叉作业船舶间的距离；②加强现场协调沟通；③做好已铺设好的碎石垫层区域警戒通缆，禁止在该区域下通锚，禁止其他船舶在已铺设好的碎石垫层水域通行	低	低	低	低	低	低	基础组		闭合
ZF-15	外来船舶意外闯入	①施工水域穿越多条主航道，社会船舶通行量大；②施工期间外来船舶闯入	高	低	低	高	高	①影响船舶的安全人员安全；②船舶碰撞	高	①施工期间在上下游设置警戒船舶；②现场安排应急拖轮、起锚艇值守；③向海事部门申请设置龙船西禁航区	低	低	低	低	低	低	基础组		闭合
ZF-16	连续作业	整平作业时间紧、任务重，长时间作业人员易疲劳	中	低	中	低	中	①人员疲劳导致操作失误，可能造成安全事故；②影响身体健康；③影响工程质量	中	①配备足够的操作人员，轮流操作，保证休息；②做好后勤保障工作，提高生活质量；③合理安排施工作业计划	低	低	低	低	低	低	基础组		闭合
ZF-17	基床意外损坏	①其他船舶抛锚损坏已铺设好的碎石垫层；②回淤	低	低	高	高	高	①已铺设好碎石垫层损坏，影响管节安装；②回淤超标，影响正常施工，严重时需重新铺设	高	①做好已铺设好的碎石垫层区域警戒工作，禁止在该区域下通锚，禁止其他船舶在已铺设好的碎石垫层水域航行；②施工期间及完成后进行回淤监测	低	低	中	高	高	高	基础组		闭合
ZF-18	异物坠落基床	①通航船舶坠物；②拔桩时桩腿携带淤泥坠落基床顶面；③海中漂浮物沉入基床顶面	低	低	高	高	高	①已铺设好碎石垫层损坏，影响管节安装，错过安装窗口；②桩腿落淤影响质量；③海中漂浮物沉入基床顶面影响基床质量	高	①碎石垫层施工期间安排警戒船舶，禁止船舶在整平船工区域航行；②施工期间禁止整平船上人员向海中抛弃物；③拔桩后采用铁锚精确控制整平船平移船，防止桩腿进入碎石垫层顶部；④碎石垫层铺设完成后，管节安装前采用多波束多次扫测，若发现异常及时处理；⑤安排潜水检查	低	低	中	中	中	高	基础组		闭合
ZF-19	碎石质量	碎石质量不合格	低	低	中	低	低	影响整平船连续作业，造成工期延误	中	①在料源地进行碎石质量检测，确保装船石料质量合格；②增加备用运输船舶，确保连续供料	低	低	低	低	低	低	基础组/物资部		闭合

续表

风险编号	风险名称	风险描述	最初风险等级评定（低、中或高）					主要后果	综合风险等级	处置措施	处理后的风险评定（低、中或高）					处理后的综合风险等级	责任班组/部门	完成日期	状态
			安全健康	环境	质量	时间	成本				安全健康	环境	质量	时间	成本				
ZF-20	节假日石料供应	①节假日石场放假；②炸药管控	低	低	低	中	中	无法保证石料供应，影响施工进度，施工延期	中	①提前做好石料储备；②与供货商沟通，做好节假日或特殊时期石料运输准备工作	低	低	低	低	低	低	基础组/物资部		闭合
ZF-21	整平船原位插桩	①由于碎石清淤试验、荷载板试验、回淤监测试验等需要，以及整平船清淤处理技改完成后发生处理回淤的工况，原位插桩的情况仍然存在；②由土质扰动、定位误差、不利气象海况等因素引发的原位插桩不能稳定牢控的风险仍然较大；③多次的原位插桩可能引发的桩腿齿轮齿条使用寿命降低	中	低	中	高	高	①船舶施工安全风险增大；②整平船定位偏差过大；桩腿及抬升系统损坏	高	①开展了多次原位插桩试验，验证原位插桩作业工艺的可行性；②总结前期经验，制定原位插桩专项作业指导书；③统计分析桩腿齿轮齿条实际使用寿命，需要时进行探伤确认，确保插桩安全	低	低	低	中	中	中	基础组/津平1		闭合
ZF-22	尾端封门处的清淤	①清淤吸头易碰撞封门；②清淤难度加大，工期保证难度大	高	低	低	高	高	①尾端封门损坏、沉管破漏、人员伤害、设备损坏；②施工期延长	高	①加强对尾端的常态化回淤监测，定期安排潜水员进行水下探摸、人工清理；②局部区域采用潜水员配合清淤泵进行水下清淤	中	低	低	中	中	中	基础组/工程部		闭合

附表7

风险登记表（出坞）

风险编号	风险名称	风险描述	最初风险等级评定 低、中或高					主要后果	综合风险等级	处置措施	处理后的风险评定 低、中或高					处理后的综合风险等级	责任班组/部门	完成日期	状态
			安全健康	环境	质量	时间	成本				安全健康	环境	质量	时间	成本				
ZG-1	气象海况	①风、海流、波浪预据实测偏差较大；②坞口流场、风场复杂	低	中	中	高	高	①作业窗口延误；出坞绳控制难度大；②安装船或管节发生碰撞，对端钢壳、GINA、钢封门以及安装船等造成损坏	中	①加强与国家海洋预报中心沟通，加强坞口小区域的海流、风场的分析和预报；②选择平流期进行出坞作业；③严格控制出坞速度；④现场安排应急拖轮、起锚艇应急值守	低	低	低	中	中	中	浮运组		闭合
ZG-2	碰撞坞墩	坞门狭窄 进出坞时易发生碰撞	低	中	中	中	中	①造成坞门闸门水密性失效；②管节、安装船受损	中	①进坞前确认安装船四角吃水深度满足施工要求，并派专人观察、指挥；②选择平流期进行出坞作业；③进出坞控制出坞速度；④出坞作业前加强坞系；⑤起锚艇、工作艇进坞墩保持安全距离	低	低	低	低	低	低	浮运组		闭合
ZG-3	缆系安全	①进出坞缆系复杂，带缆次数多，引缆难度大；②坞口区域狭窄、水下环境复杂，容易刮缆；③绞移速度过快	高	中	高	中	中	①安装船及管节姿态失控，发生意外碰撞；②安装船、GINA、端钢壳碰撞破坏；③安装船出坞时待安管节GINA端尼龙缆断裂	高	①加强钢丝绳、尼龙绳进场质量检验；②定期检查、不定期巡视缆系、锚系、卷扬机系统等使用情况；③严格控制出坞速度；④进坞前为待安管节GINA端根据高强尼龙缆；⑤提前清洁钢丝绳、卡环、快速脱钩器、尼龙缆等出坞设备；⑥出坞过程中，管节尾端加强尾缆	低	低	低	低	低	低	浮运组		闭合
ZG-4	作业船舶意外撞击	①坞口区域狭窄，易发生碰撞；②起锚艇、工作艇带缆次数多	低	中	中	中	中	①造成作业人员意外落水；②GINA、端钢壳碰撞破坏；③造成船舶推进器损坏	中	①严格控制带缆起锚艇等船舶航行速度；②距锚艇送锚时与管节保持一定安全距离；③现场增多各引缆卷扬机；④加强作业安全技术交底	低	低	低	低	低	低	浮运组		闭合
ZG-5	GINA保护	①坞口区域狭窄；②坞口流场、风场复杂；③留尾缆解除可能影响GINA	低	中	中	中	中	①造成GINA损坏，严重时无法进行水压连接作业；②施工期延长	中	①加强安全技术交底工作，注意保护GINA；②作业过程中安排专人盯守丝缆的刮碰、磨损；③严格控制出坞作业时坞速度和管节平面位置；④制定留尾缆等措施，收缆等专项措施	低	低	低	低	低	低	V工区		闭合

续表

风险编号	风险名称	风险描述	最初风险等级评定（低、中或高）					主要后果	综合风险等级	处置措施	处理后的风险评定（低、中或高）					处理后的综合风险等级	责任班组/部门	完成日期	状态
			安全健康	环境	质量	时间	成本				安全健康	环境	质量	时间	成本				
ZG-6	夜间作业	①作业视线受限；②坞口区域狭窄；③坞口流场、风场复杂	低	中	中	中	中	①发生意外落水，造成人员伤害；②船舶、管节发生碰撞，造成GINA、端钢壳等发生损害	中	①坞口两侧、安装船、作业船舶等增设照明设备；②加强安全技术交底工作；③夜间作业至少安排两人同时作业，发现落水及时抢救；④夜间作业时，坞口安排警戒船	低	低	低	低	低	低	浮运组/HSE部		闭合
ZG-7	人员作业安全	①带缆次数多，存在断缆风险；②带缆位置地形复杂	低	中	中	中	中	①人员发生意外落水；②易造成人员伤害	中	①加强安全技术交底，作业人员须正确穿戴安全帽、救生衣、工作衣及工作鞋；②加强监系检查；③夜间作业加强照明；④增加必要的临边防护设施或安全措施	低	低	低	低	低	低	浮运组/HSE部		闭合
ZG-8	水下电缆保护	意外碰撞、刮擦	低	中	中	中	中	①线缆表皮破损，造成短路、漏电故障；②管内控制信号缺失；③水下光纤损坏	中	①管顶水下电缆安装保护装置；②船舶带缆作业时与水下电缆保持安全距离	低	低	低	低	低	低	浮运组/设备部		闭合
ZG-9	锚系安全	①进出坞共设置4口锚；②长期使用造成卡环、钢丝绳等损坏；③其他船舶锚作业，对锚系影响；④存在走锚风险	低	中	中	中	中	①安装船、管节发生碰撞；②号致沉管偏离航道，造成管节破损	中	①加强抛锚系预抛标化施工；②作业过程中观察安排起锚艇、拖轮应急值守；③及时补查看换锚缆绳、卸扣等；④配备钢丝绳、卡环、卸扣等备用物资	低	低	低	低	低	低	浮运组		闭合
ZG-10	出坞操控	①坞口区域狭窄；②坞口流场、风场复杂；③管节尺寸大、重量大，操控难度级大；④固定管节速度大，操控难度大；⑤陆上与船上卷扬机配合、协调难度大	低	中	中	中	中	①安装船、管节发生碰撞；②号致沉管偏离航道，造成管节破损	中	①加强出坞安全技术交底工作；②严格控制沉管出坞绞移速度，避免发生断缆现象；③密切关注海洋受力状况，加强坞与国家海洋预报中心沟通，加强坞与小区域的海流、风场的分析和预报	低	低	低	低	低	低	浮运组		闭合

续表

风险编号	风险名称	风险描述	最初风险等级评定					主要后果	综合风险等级	处置措施	处理后的风险评定					处理后的综合风险等级	责任班组/部门	完成日期	状态
			低、中或高								低、中或高								
			安全健康	环境	质量	时间	成本				安全健康	环境	质量	时间	成本				
ZG-11	坞口回淤	坞门无法关闭蓄水，影响管节出坞及横移	中	低	低	高	高	①管节搁浅；②施工期延长		①采用专用清淤船"捷龙号"进行坞口区及坞门底板、门槛处清淤；②采用潜水船"1002"对靠近坞墩两侧及夹角处的回淤物进行定点清除；③保持坞门常闭状态，每节沉管安装前对坞口航道进行扫测，定期对坞口及坞门槛处进行水深测量、潜水探摸	低	低	低	低	低	低	浮运组		闭合

附表8

风险登记表（浮运系泊）

风险编号	风险名称	风险描述	最初风险等级评定 低、中或高					主要后果	综合风险等级	处置措施	处理后的风险评定 低、中或高					处理后的综合风险等级	责任班组/部门	完成日期	状态
			安全健康	环境	质量	时间	成本				安全健康	环境	质量	时间	成本				
ZH-1	浮运编队	①编队区域狭窄；②编队拖轮多；③作业时间受限；④编队区域流场复杂	中	中	中	高	高	①造成管节姿态失控，发生碰撞；②拖轮碰撞沉管	高	①加强船舶设备日常管理工作；②现场安排备用拖轮；③加强出坞编队安全技术交底工作，做好现场交底；④根据现场流态变化依次安排拖轮带缆作业	低	低	低	低	中	低	浮运组		闭合
ZH-2	夜间浮运拖航	①浮运距离长，航道宽度受限；②浮运穿越多条航道，社会船舶多同入浮运编队区；③瞭望距离受限，海中漂浮物碰撞管风险大；④夜间拖船航视线不良	中	中	中	中	中	①易造成船姿态碰撞，管节受控难控；②瞭望距离受限，海中漂浮物碰撞管风险大	高	①与海事部门密切配合，通管制，封航；②增加船只照明；③配备相互独立的三套浮运号航系统，确保系统可靠性，稳定性；④安排专人现场瞭望观察	中	低	低	低	低	低	浮运组		闭合
ZH-3	夜间系泊	①系泊作业船舶，锚系浮鼓多；②警戒管控难度大，社会船舶易同入系泊作业区；③夜间系泊作业视线不良	中	低	中	中	高	①作业船舶碰撞管节；②人员易落水；③锚艇碰撞系泊缆系	高	①加强安全技术交底工作，规范系泊作业流程；②加强缆系、浮标、大阳能闪光示灯等日常管理工作，及时更换；③增加船只照明；④至少安排两人同时作业，发生落水及时抢救	低	低	低	低	中	低	浮运组		闭合
ZH-4	系泊锚系	①现场放置时间长，周转使用次数多，易发生锚丢失；②系泊锚漂、缆绳多，现场管理、维护难度大；③抛锚位置精度要求高；④附近作业船舶多，可能剐蹭剐锚缆	中	低	中	中	中	①锚漂丢失，影响系泊作业；②锈蚀引起断缆，影响管节定位；③存在走锚风险	中	①加强日常缆索检查，及时更换缆绳；②管节安装前对带缆级设施，锚位进行检查，复测；③现场安排地锚，锚艇警戒，应急；④增加备用锚	低	低	低	低	中	低	浮运组		闭合
ZH-5	锚系预拉	①预拉力不到位；②抛锚位置、预拉角度控制不到位	中	低	中	中	中	存在走锚风险，可能危及管节安全	高	①对锚位进行计算复核；②抛锚位置按照设计位置抛锚；③严格按照设计角度、预拉力值进行二次锚预拉作业；④系泊完成后，对系泊缆系进行二次预拉；⑤沉放过程中，安排专人观察状况，发现异常情况，及时汇报；⑥现场安排地锚，锚艇应急，值守	低	低	低	低	中	低	浮运组		闭合

续表

风险编号	风险名称	风险描述	最初风险等级评定 低、中或高					主要后果	综合风险等级	处置措施	处理后的风险评定 低、中或高					处理后的综合风险等级	责任班组/部门	完成日期	状态
			安全健康	环境	质量	时间	成本				安全健康	环境	质量	时间	成本				
ZH-6	拖航指挥	①现场拖轮多，指挥难度大；②拖轮姿态调整频繁；③浮运时间长，指挥人员疲劳作业；④航道水域狭窄，流态复杂；⑤管节水体积大，惯性大	中	低	中	中	高	①造成管节偏离航线，造成搁浅或撞击；②错过转向窗口，现场流风险加大	高	①加强安全技术交底工作；②配备相互独立的三套浮运导航系统，确保系统可靠性、稳定性；③加强与国家海洋预报中心沟通，加强施工区域的海流、风场的分析和预报；④合理安排浮运计划，富余一定作业时间；⑤成立浮运指挥团队，轮流指挥；⑥规范作业口令	低	低	低	低	中	低	浮运组		闭合
ZH-7	拖轮操控	①浮运时间长，拖轮船长疲劳作业；②拖轮调整姿态频繁；③拖轮拖拽角、拖力要求高，控制难度大；④拖轮发生断缆等故障	中	低	中	中	高	造成管节偏离航线，造成搁浅或撞击	高	①加强船机设备日常管理工作；②严格执行拖轮船机、拖缆检查；③备用拖轮、拖缆；④加强运导航系统维护、调试；⑤规范作业口令；⑥固定拖轮、船长	低	低	低	低	中	低	浮运组		闭合
ZH-8	系泊指挥	指挥失误，造成带缆顺序错误	低	低	中	中	中	①缆系带缆顺序错误，造成沉管姿态失控；②抛位连接错误，作业时间延长，错过对接窗口	中	①加强安全技术交底工作，按照施工流程作业；②实行"一岗双控"，安排专人复核位置、顺序	低	低	低	低	低	低	浮运组		闭合
ZH-9	起锚艇操控	①操作失误，发生碰撞；②起锚艇取缆位置狭窄；③锚艇引缆速度过快；④锚缆断缆、故障	中	低	中	中	中	①与沉管、安装船发生碰撞，导致GINA、端钢壳碰撞损伤；②引缆速度过快或过慢，缆绳刮伤成人员受伤；③影响作业时间	中	①加强船舶规范浮作业，控制起锚艇送缆速度；②加强船机设备维护保养、检查等	低	低	低	低	低	低	浮运组		闭合
ZH-10	拖轮故障	①浮运时间长，拖轮船长疲劳作业；②拖轮调整姿态频繁，拖轮要求高，拖力要求高，控制难度大；③机械故障无法正常航行	中	低	中	中	中	①造成管节偏离航线，造成搁浅或撞击；②错过转向窗口，现场流风险加大	中	①加强船机设备日常管理工作；②严格执行拖轮船机、拖缆检查、备用拖轮；③其他拖轮控制拖曳姿态，立即替换故障拖轮	低	低	低	低	中	低	浮运组		闭合

续表

风险编号	风险名称	风险描述	最初风险等级评定 低、中或高					主要后果	综合风险等级	处置措施	处理后的风险评定 低、中或高					处理后的综合风险等级	责任班组/部门	完成日期	状态
			安全健康	环境	质量	时间	成本				安全健康	环境	质量	时间	成本				
ZH-11	拖缆断裂	①浮运时间长，拖船长或疲劳作业；②拖轮调整姿态频繁，拖轮拖曳拖击，拖力要求高，控制难度大	中	低	中	中	中	①造成管节偏离航线，造成搁浅或撞击；现场过转向窗口，现场扰流风险大	中	①加强船机设备日常管理工作；②严格执行拖轮拖船机、拖缆检查；③其他拖轮控制拖管姿态、备用拖轮立即替换断缆拖轮	低	低	低	低	中	低	浮运组		闭合
ZH-12	浮运航道	①浮运航道狭窄，流态复杂；②管节体积大，惯性大	中	低	中	中	中	①姿态控制难度大，造成管节偏离航线，造成搁浅或撞击；②障碍物碰撞端钢壳	中	①加强与海事部门配合进行障碍浮标移除；②每次浮运前及时进行航道多波速扫测；③在浮运号标软件上标出航标；④加强与国家海洋预报中心沟通，加强施工区域的海流、风况的分析和预报	低	低	低	低	中	低	浮运组		闭合
ZH-13	外来船舶闯入	影响管节浮运系泊安全	中	低	中	中	中	①碰撞管节、安装船，可能造成GINA，端钢壳损坏；②影响船舶及人员安全；③碰撞系泊缆系；④影响管节姿态控制	中	①与海事部门密切配合，做好现场警戒，封航和引渡；②现场安排应急拖轮、起锚艇值守；③安排专人瞭望，发现情况及时汇报	低	低	低	低	中	低	浮运组		闭合
ZH-14	系泊与管顶作业交叉	系泊时H4缆通缆与管顶作业交叉作业	中	低	中	中	中	①造成人员伤害；②起锚艇碰撞潜水母船	中	①加强安全技术交底工作；②作业船舶严格控制作业顺序、作业速度，并保持安全距离；③规范现场作业流程；④安排专人瞭望，现场监督	低	低	低	低	低	低	浮运组/HSE部		闭合
ZH-15	锚艇和拖轮作业交叉	①现场锚艇多，系泊作业水域狭窄；②系泊带缆与拖轮指挥两套系统	中	低	中	中	中	①锚艇、拖轮发生碰撞；②刮擦系泊缆系；③人员落水	中	①加强安全交底，规范拖轮撤离、控制拖缆，拖轮作业速度；②安排专人加强瞭望、拖轮行驶速度，立即汇报；③发现问题，立即汇报；④拖轮指挥与系泊带缆指挥加强沟通、协调	低	低	低	低	低	低	浮运组		闭合

风险编号	风险名称	风险描述	最初风险等级评定 低、中或高					主要后果	综合风险等级	处置措施	处理后的风险评定 低、中或高					处理后的综合风险等级	责任班组/部门	完成日期	状态
			安全健康	环境	质量	时间	成本				安全健康	环境	质量	时间	成本				
ZH-16	带缆、解缆作业	①现场锚艇多，系泊作业水域狭窄；②系泊带缆与拖轮指挥是两套系统	中	低	低	中	中	①造成人员伤亡事故；②人员落水	中	①加强安全技术交底工作；②作业人员须穿戴安全帽、救生衣等安全装备；③总结施工经验，优化带缆施工工艺；④现场放置救生圈等安全设施	低	低	低	低	低	低	浮运组		闭合
ZH-17	安装船支墩滑移	浮运、系泊过程中，拖轮、锚艇顶推安装船调整管节姿态，造成船管相对滑移	中	低	中	中	中	①支墩受力不均匀，支墩局部受力过大；②造成支墩下橡胶板损坏	高	①拖轮、锚艇缓慢加车、避免剧烈堆拉安装船；②安排专人现场观察钢支墩滑移情况	低	低	低	低	低	低	浮运组		闭合
ZH-18	基槽横拖系浮控	①基槽狭窄，管节横向受力巨大；②10~12缆拖轮共同作业，协调难度大	中	低	中	中	高	①管节姿态失控，造成管节损坏等风险；②作业限制条件要求高，时间受限	高	①加强与国家海洋预报中心沟通，加强施工区域的海流、风况的分析和预报；②合理安排浮运计划，富格一定作业时间；③浮运前安排多波速扫测，熟悉基槽水深情况；④现场安排应急拖轮进行顶流；⑤配备相互独立的三套浮运导航系统，确保系统可靠性、稳定性	低	低	低	低	中	中	浮运组		闭合
ZH-19	水中异物碰撞	水面漂浮物、水底悬浮物对沉管的碰撞可能造成端封门、GINA、钢端壳和水下线缆破坏	高	中	中	高	高	①GINA破损、钢端壳损坏、端封门损坏、渗漏；②水下线缆损坏；③施工作业窗口延误	高	①安排航道多波束扫测；②浮运过程中进行清淤、扫测封门；③现场安排专人对水面漂浮物进行瞭望拦截	低	低	低	低	中	中	浮运组		闭合
ZH-20	管节艏艉船舶定位	①基槽与航道交叉区域边坡形态复杂，船舶锚位易落于基槽边坡；②横流定位时受力大，涨落急时系泊定位风险大，影响潜水作业和管节安全	低	低	中	高	高	①GINA破损、钢端壳损坏、水下线缆损坏、端封门损坏、渗漏；②沉管基床发生突涌；③施工作业窗口延误	高	①船舶定位时应注意保持与管的安全距离；②定期对定位船进行抛锚机、钢丝绳检查	低	低	低	低	低	低	浮运组		闭合
ZH-21	管节回拖	①限制条件严苛，施工组织难度大；②逆向操控困难，长时间疲劳作业	高	中	低	高	高	①GINA破损、钢端壳损坏；②沉管漏洗	高	在总结经验完善回拖预案的同时，更应强化风险管理，尽最大努力规避回拖的发生	中	低	低	低	中	中	浮运组		闭合

附表9

风险登记表（沉放对接）

风险编号	风险名称	风险描述	最初风险等级评定（低、中或高） 安全健康	环境	质量	时间	成本	主要后果	综合风险等级	处置措施	处理后的风险评定（低、中或高） 安全健康	环境	质量	时间	成本	处理后的综合风险等级	责任班组/部门	完成日期	状态
Z1-1	辅助船舶定位	①管节首尾端潜水作业船带缆大；②管节尾端辅助船舶带缆作业；③首尾端辅助船舶船横流定位存在走锚风险	低	低	高	高	高	①损伤水下线缆无法进行安装作业；②端钢壳、GINA、端封门损坏	高	①辅助作业船舶保持与管节一定的安全距离；②安排两到三艘锚艇辅助定位、提高控制能力；③在管顶设备防护用橡胶护舷；④潜水船北侧定位锚改为5t大抓力锚，安排值班船艇在南侧辅助抗流；⑤定时检查锚缆损伤情况	低	低	中	中	中	中	安装组		闭合
Z1-2	舾装件拆除、倒运、吊装	①起重船拆舾装件受风浪影响大；②沉放准备舾装件拆除倒运时间紧、任务重；③吊物坠落；④夜间、临边、临水作业风险大	低	低	中	中	中	①人员伤害；②舾装件受损；③拆安作业效率低；④破坏安装设备	中	①"津安3"增加无令吊；②安装甲板舾装件存放区增加护栏；③定期检查更换吊索具；④至少安排两人同时作业，发生落水及时抢救；⑤穿戴救生衣、防滑鞋等劳动防护用品	低	低	低	低	低	低	安装组		闭合
Z1-3	沉放准备管顶交叉作业	①系泊时H缆通缆与管顶作业交叉；②免令吊作业与管顶作业交叉	低	低	中	中	中	①人员伤害；②舾装件受损	中	①系泊完成后进行沉放准备；②系泊作业与沉放准备作业交叉时以系泊作业为主；③免令吊作业与管顶作业交叉时以免令吊作业为主；④严格执行起重操作规程	低	低	低	低	低	低	安装组		闭合
Z1-4	绞移操控	①系泊定位位置偏差大时H缆与拉合千斤顶位置框架存在干涉风险；②绞移过程中角度发生变化，锚的受力存在风险；③管节绞移速度过快或控制不当，走锚风险大；④管节压载过大后绞移造成其受力过大；⑤管节绞移削落边坡	低	低	高	高	高	①损伤钢丝缆或拉合千斤顶；②发生待安管节与已安管节碰撞、造成损伤GINA或其他构件；③缆力超过设计额定荷载；④造成基床淤积	高	①待安管节绞移至距离已安管节尾端30~50m位置前再带中缆、缆力收紧；②合理安排压载完成时机，避免在压载过程中变化和绞移，绞移过程中观察缆力变化和锚缆出现长度；③控制绞移速度进行绞移步进；④控制绞移速度过快，走锚风险；⑤操作人员严格按照限速控制令进行操作；⑥绞移操作中留有一定的惯性距离	低	低	中	中	中	中	安装组		闭合

续表

风险编号	风险名称	风险描述	主要后果	综合风险等级	最初风险等级评定 低、中或高					处置措施	处理后的风险评定 低、中或高					处理后的综合风险等级	责任班组/部门	完成日期	状态
					安全健康	环境	质量	时间	成本		安全健康	环境	质量	时间	成本				
ZI-5	沉放操控	①沉放水深大，吊放缆索长度长，槽内水流流态复杂，表底层温盐差件导致的海水密度变化大，姿态控制难度大；②L缆下放不同步导致管节姿态偏斜讨大；③管节首尾端深水测控系统唯一，故障时风险后大；④水下线缆和液压油管等下放速度不同步故障	①管节姿态失控，号致号向杆、号向托架碰损，严重时管节发生碰撞；②损环水下线缆	高	低	低	高	中	高	①分阶段分步骤进行管节沉放，每次驻停时调整缆绳出缆长度一致；②槽设沉放运动姿态监控系统，沉放过程中实时监测对接预报保障海水密度变化监测，现场进行实时观测对接和温盐密度变化关键参数，供决④驻停节点报告姿态是否进行继续沉放，正确运用各类操控；⑤控制沉放速度，确保姿态受控；⑥使用海上测量平台，采用全站仪测控为现有观测监控系统的备用	低	低	中	低	中	中	安装组/国家海洋预报中心		闭合
ZI-6	拉合系统搭接	①管节横向或竖向错位偏差大，拉合系统无法搭接；②已完管节上被动拉索单元板被缆绳刮伤刮偏，拉合系统无法搭接；③拉合系统软、硬件故障	①无法进行拉合作业；②错过对接窗口	高	低	低	低	高	高	①安装前潜水检查被动拉合单元，若发生位移提前进行调整；②定期进行拉合设备系调试，进行拉合设备重载试验；③聘请厂家专业人员进行现场操作和技术服务；④增设水下摄像可视化监控系统，进行实时监控；⑤搭接完成后，潜水员检查确认拉合系统搭接质量；⑥堤前储备充足的备件	低	低	低	低	低	低	安装组		闭合
ZI-7	管节着床操控	①距离已安装管节尾端距离近，缆系安操控失误致发生碰撞风险大；②着床时的管节倾斜过大；③着床时的管节沉放速度过快；④测控系统故障	①号向系统磁损；②GINA和端钢壳破损；③管节着床时的平面偏位过大；④基床破坏	高	低	低	高	高	高	①管节着床前调整纵横倾使管节底面与基床平行；②控制管节着床速度和姿态；③安排潜水员引导向进入号向托架，辅助向管节着床；④增设水下摄像监控系统，实时监测号向柱进入号向托架精度；⑤临测进入安装船的四角垂直水变化，沉放断向管着床；⑥槽设沉放运动姿态监控系统，沉放过程中实时监测监控管节姿态	低	低	中	中	中	中	安装组		闭合

续表

风险编号	风险名称	风险描述	最初风险等级评定（低、中或高）					主要后果	综合风险等级	处置措施	处理后的风险评定（低、中或高）					处理后的综合风险等级	责任班组/部门	完成日期	状态
			安全健康	环境	质量	时间	成本				安全健康	环境	质量	时间	成本				
ZI-8	对接操控	①负浮力过大，拉合困难；②拉合不同步，影响对接姿态控制；③管节尾端偏位过大，无法形成密闭结腔；④水力压接设备及系统故障，无法正常水力压接；⑤管内通信系统故障，无法指挥水力压接	中	中	高	高	高	①无法进行对接；②无法进行水力压接	高	①控制浮力，减少摩擦力；②拉合过程中保持尾端循缆系处于着床时状态；③通过收缆调整管节尾端轴线位置；④定期进行水力压接系统设备保养调试；⑤制定应急通信方案	低	低	中	低	中	中	安装组		闭合
ZI-9	导向装置意外碰撞	①缆系列撞；②船舶意外碰撞；③管顶作业拆除鱼尾装置件时发生意外碰撞	低	低	高	中	中	①导向装置变形、移位，影响管节对接精度；②导向装置损坏，造成影响管节沉放对接	高	①增加导向装置限位块；②安装前潜水检查导向托架；③在已安装尾端缆设置示浮漂；④观测安排警示船靠守；⑤管节着床后检查导向杆与导向托架状态；⑥拆除GINA保护罩时的安排起重指挥，避免碰撞导向杆；⑦拆除鱼尾后拆除作业；⑧出坞时增设导向保护装置，避免缆绳磨据导向系统；⑨增加导向托架保护罩	低	低	中	中	中	中	安装组		闭合
ZI-10	GINA侧翻	①对接偏差过大，易造成GINA侧翻；②深水条件下结合腔内外压差大，水力压接过快时发生GINA侧翻	低	低	高	高	高	①无法正常完成水力压接；②GINA受损，造成施工延期	高	①拉合完成后潜水检查对接轴线偏差；②增加拉合压缩量；③控制初次水力压接速度	低	低	中	低	低	低	安装组		闭合

续表

风险编号	风险名称	风险描述	最初风险等级评定					主要后果	综合风险等级	处理措施	处理后的风险评定					处理后的综合风险等级	责任班组/部门	完成日期	状态
			安全健康	环境	低、中或高						安全健康	环境	低、中或高						
					质量	时间	成本						质量	时间	成本				
ZI-11	GINA意外损坏	管节起浮、横移、坞内系泊、出坞、浮运、系泊、沉放对接过程中可能发生GINA碰损	低	低	高	高	高	①无法形成密闭结合腔；②需要修复时，作业窗口可能能大幅延误	高	①运输、安装过程中对GINA进行保护；②横移过程中控制纵移速度、管节位置；③恶劣海况时提前关闭闸门，增加防风缆系，增加系船柱的安全储备；④合理布置坞内管节位置，保持安全距离；⑤定期安排潜水水下探摸、检查；⑥控制纵移和沉放速度，保持安全距离；⑦系泊作业时，锚艇和拖轮与GINA保持安全距离；⑧拆装GINA保护罩时，避免碰撞GINA	低	低	中	中	中	中	安装组		闭合
ZI-12	沉管端头异物	①对接端清理不彻底；②潜水工具和材料遗留；③海中漂浮物；④管顶或潜水船坠物	低	低	高	高	高	①GINA受损，工期延误；②影响安装质量；③可能产生渗漏风险	高	①潜水在沉放过程中多次检查对接端是否有异物；②潜水确认无异物实际行水力压接；③潜水作业前后对工具和材料进行确认、点记录；④沉放准备期间严控和清理管顶可移动性物品，防止坠落	低	低	中	中	中	中	安装组		闭合
ZI-13	沉管异常错边	①导向系统定位错误；②导向系统造成意外破坏；③对接处基床高差过大；④异常回淤	低	低	高	中	高	①拉合系统无法搭接；②水力压接无法进行；③安装质量超标；④管节线形翻；影响管节线形和后续施工	高	①按监控指令进行整平参数计算复核，规范验收程序；②安装前利用多波束多次扫测，潜水探摸，对基床进行复核；③安装前对导向系统标定结果进行复核；④安装前潜水检查导向系统完好性；⑤初步拉合和水力压接完成后潜水分别检查测量管节错边	低	低	中	低	中	中	安装组		闭合

续表

风险编号	风险名称	风险描述	最初风险等级评定 低、中或高					主要后果	综合风险等级	处置措施	处理后的风险评定 低、中或高					处理后的综合风险等级	责任班组/部门	完成日期	状态
			安全健康	环境	质量	时间	成本				安全健康	环境	质量	时间	成本				
ZI-14	安装锚走锚	①隧道长、地质、地形条件复杂；②大抓力锚对预拉力角度要求高；③周边作业船舶多，锚系列曹赠	低	低	高	高	高	①管节姿态失控；②沉放过程中可能导致与已安装管节碰撞，GINA端钢壳破损，无法进行下一步施工	高	①将8锚更换为8锚，增加锚链长度；②抛锚区地质核查，并进行多波束扫测，避免将锚抛到陡边坡；③按照方案进行锚抛预拉，增大预拉力；④沉放前对锚系进行预拉；⑤现场安排专人关注缆力和缆绳长度，如有异常及时上报；⑥按照安装时对锚的受力角度进行预拉	低	低	中	中	中	中	安装组		闭合
ZI-15	导向托架螺旋干千顶损坏	①周边作业船舶多，锚系列曹赠；②水力压接时受力过大，造成变形；③水下长时间放置锈蚀或进入杂物	低	低	高	低	低	对接时无法准确定位	高	①在已安管节尾端设浮标警示；②螺旋干千顶定期保养和检查；③若在安装前旋转螺旋干千顶无法使用，潜水安装时将备件顶板；④控制管节尾端线缆线偏差；⑤增加导向托架防护罩	低	低	中	低	低	低	安装组		闭合
ZI-16	管节测量标定	①管节一次标定成果决定管节线型分析结果的堆确性，影响设计对沉管隧道整体线型的判断；②管节二次标定在深坞内漂浮状态下进行，管节的运动影响标定精度；③导向杆和导向托架的标定精度决定了管节最终的安装误差	低	中	高	中	高		高	①组织测量专项风险管理活动，把握重大和重要风险点，制定专项应对措施；②开展测量标准化工作，建立完备的复核体系，进行内外业多重复核，控制标定风险；③管节二次标定时将深坞坞门关闭，保持管节稳定姿态；④将导向系统改为一次标定	低	低	中	低	中	中	安装组/测量组		闭合
ZI-17	尾端测量塔和长人孔防撞	由于长人孔底部角处封孔处属于整个管节的薄弱点，一旦出现撞击破坏设的意外情况，将出现管内进水重大安全问题	高	中	高	中	高		高	在满足结构安全的前提下，在长人孔底部增设一节"薄弱"节段	中	低	中	低	中	中	安装组/测量队/安装船		闭合

续表

风险编号	风险名称	风险描述	最初风险等级评定（低、中或高）					主要后果	综合风险等级	处置措施	处理后的风险评定（低、中或高）					处理后的综合风险等级	责任班组/部门	完成日期	状态
			安全健康	环境	质量	时间	成本				安全健康	环境	质量	时间	成本				
ZI-18	深水区沉管结构安全	①管节在水中存留时间较长，端封门等焊接搭装件长期处于水下，缺陷装件部位受腐蚀影响严重，存在渗漏风险；②在深水高水压条件下管节自身存在水密性风险凸显；③深水环境中超高测量置塔和长人孔在复杂波流条件下的结构安全风险持续存在	高	中	高	中	高		高	①加强对管节接头、节段接头、预留剪断孔等关键部位的焊剪处理力度；②加强封门顶装置质量监控和验收；③严格执行航道边安全专项施工方案，做好安装船撤离前的施工管置，减小测量塔遭受冲撞的风险	中	低	中	低	中	中	工区		闭合
ZI-19	深槽区管节负浮力控制	①深水深槽海水温盐变化大，导致沉放过程中负浮力变化明显；②负浮力变化影响管节姿态控制，引发操控风险	低	中	中	低	低		高	①加强海水盐度、密度变化规律的观测和分析，总结变化规律，探讨提前应对的方法；②做好安装船吃水的标定工作，继续加强沉放过程中的吃水变化监测；③深坞内沉放试验时对吃水点系统进行吊力的修正，提高吊力对密度变化的灵敏反应程度，及时发现及时应对	低	低	低	低	低	低	安装组		闭合
ZI-20	连续安装作业	①连续安装管节工期紧，压力大，若施工中任一环节出现问题，可能导致窗口延误；②现场施工人员在高温高湿度下连续高强度作业，职业健康及疲劳作业风险加大	中	低	中	低	低	①作业窗口延误；②作业人员误操作	中	①总结以往的连续安装经验，固化施工标准，统一调配作业，各道工序合理穿插作业，确保各环节通畅；②加强沟通与协调，积极配合潜水多波束扫测作业，合理安排潜水作业时间，减少不必要的窝工，充分提高作业效率；③认真完成机船设备专项检查，审慎评估关键设备、元件，根据元器件状态提前进行更换	低	低	低	低	低	低	工区		闭合
ZI-21	夜间作业伤害	①夜间起吊舾装件缆措；②潜水员作业返回甲板时照明不良	中	低	低	低	低	①人员伤害；②设备损坏	中	①起重作业严格执行《港珠澳大桥岛隧工程起重作业安全许可管理规定》，严格遵守"十二不吊"安全要求；②夜间起吊作业设置东足的照明灯具；③潜水员返回甲板时用引绳指引出水位置	低	低	低	低	低	低	安装组/HSE部		闭合

续表

风险编号	风险名称	风险描述	最初风险等级评定 低、中或高					主要后果	综合风险等级	处理措施	处理后的风险评定 低、中或高					处理后的综合风险等级	责任班组/部门	完成日期	状态
			安全健康	环境	质量	时间	成本				安全健康	环境	质量	时间	成本				
ZI-22	水下电割伤害	深水电割时不充分燃烧释放的混合气会发生爆炸	高	低	低	低	低	人员伤害	高	①尽量避免采用水下电割；②定期保养切割设备；③设应急潜水员，可随时入水救助	中	低	低	低	低	低	安装组		闭合
ZI-23	深水减压伤害	①作业水深大，需要在水中分层减压，压留时间长；②水深、流场变化大，潜水员水中停留减压难度大；③附近施工船舶多	中	低	低	低	低	人员伤害	中	①在满足作业水深、风浪条件下作业，严格控制水下作业时间；②船舶交叉作业时提前联系避免冲撞；③潜水母船挂潜水旗（夜间增设警示灯），附近安排警戒船	低	低	低	低	低	低	安装组/潜水队/调度室		闭合
ZI-24	氮麻醉	水深超过40m，作业时间长，强度大	中	低	低	低	低	潜水员疲劳作业，可导致潜水员精神麻醉，工作效率低，甚至发生危险	中	①严格控制潜水作业时间；②潜水作业期间经常询问潜水员状况，若出现疲劳等异常时立即终止潜水作业；③设应急潜水员，可随时入水救助	低	低	低	低	低	低	安装组		闭合
ZI-25	潜水减压舱故障	①潜水员在水面减压期间，突发供气管路破损；②突发压力表失真；③减压舱密封门故障	中	低	低	低	低	人员伤害	中	①定期检修，保养减压舱；②潜水作业前检查试压；③配置备用减压舱	低	低	低	低	低	低	潜水队		闭合
ZI-26	供气中断风险	①空压机突然损坏；②供气管路挤压、堵塞、破裂	中	低	低	低	低	①人员伤害；②潜水作业被迫终止	中	①配备储气气瓶及备用空压机；②打开应急气瓶，紧急出水；③应急潜水员入水，协助出水	低	低	低	低	低	低	潜水队		闭合
ZI-27	通讯中断	①电池没电；②电线断开；③电话、耳机、麦克损坏	中	低	低	低	低	①人员伤害；②潜水作业被迫终止	中	①入水前调试通信设备，配备应急电话；②扯动信号绳或脐带通知潜水员出水；③应急潜水员入水，通知或协助潜水员出水	低	低	低	低	低	低	潜水队		闭合
ZI-28	应急气瓶故障	①应急气瓶长时间使用，气瓶密封失效，供气管路不畅；②应急逃生时的应急气源无法使用	中	低	低	低	低	人员伤害	中	①定期检修，保养应急气瓶；②潜水作业前检查气瓶压力和管路通畅情况；③配置备用应急气瓶	低	低	低	低	低	低	潜水队		闭合

续表

风险编号	风险名称	风险描述	最初风险等级评定 低、中或高					主要后果	综合风险等级	处置措施	处理后的风险评定 低、中或高					处理后的综合风险等级	责任班组/部门	完成日期	状态
			安全健康	环境	质量	时间	成本				安全健康	环境	质量	时间	成本				
ZI-29	水下照明设备故障	作业期间水下照明设备突然发生故障	低	低	低	低	低	①人员伤害；②潜水作业被迫终止	低	①作业前进行检查确认；②配置备用照明设备，可以及时递送给作业潜水员；③潜水员终止作业出水	低	低	低	低	低	低	潜水队		闭合
ZI-30	水面落物伤人	①潜水船上临边坠物；②吊运铁母螺栓时铁桶倾倒；③栖装件吊拆时意外坠落	高	低	低	低	低	①人员伤害；②材料损失	高	①清理潜水船上的临边坠物，并捆绑焊牢；②吊运铁桶设封盖和防倾倒措施；③潜水员水下作业完成后，撤离至安全位置方可起吊	低	低	低	低	低	低	安装组/潜水队/HSE部		闭合
ZI-31	水下观测误差	①水下测量误差大；②测量错误	低	低	中	低	低	①影响决策；②影响管节安装质量；③影响碎石基床质量	中	①对参与测量作业潜水员进行模拟测量培训和考核；②测量等关键作业人定岗；③号向杆等栖装构件设置测量参照标识；④测量期间水面排正确引导测量作业；⑤测量数据与其他测量系统的数据进行比对分析	低	低	低	低	低	低	潜水队/安装组		闭合
ZI-32	水下清理、检查	清理有遗漏，检查有死角，或者检查清理不认真	低	低	中	低	低	①影响对接质量；②GINA和钢端端中间夹杂异物；③影响碎石基床质量	中	①作业前明确作业任务和进行交底；②清理完成后要换人复查，有条件进行水下摄像确保清理无遗漏；③邀请监理进行检查确认，做到第三方检查	低	低	低	低	低	低	潜水队/安装组		闭合
ZI-33	水下线缆插头安装	①插接不到位；②插针装面海生物清理不干净	低	低	低	高	高	①插针损坏；②影响安装进程	高	①作业前进行安装交底；②明确安装位置、安装要求；③安装前，安装过程、安装后由专业人员确认，并由专业人员配备水下摄像监控	低	低	低	低	低	低	安装组/潜水队/设备部		闭合
ZI-34	栖装件拆除	①水深深，吊索具长，吊索具摇摆严重；②螺栓预留过长，易发生卡丝卡死现象；③吊点、吊索易断裂，栖装件倾倒/掉落	高	低	低	低	低	①人员伤害；②设备损坏	高	①作业工况超过标准要求严禁起重作业；②协调设计及相关工区控制预留螺栓外露长度；③拆装前对严格检查栖装件的吊点、对薄弱位置进行加固；④适当增加吊索配置的安全系数；⑤定期检查，更换吊索具；⑥起吊前潜水员撤离至安全位置	中	低	低	低	低	中	安装组/潜水队/调度室/起重室/HSE部		闭合

续表

风险编号	风险名称	风险描述	最初风险等级评定（低、中或高）					主要后果	综合风险等级	处置措施	处理后的风险评定（低、中或高）					处理后的综合风险等级	责任班组/部门	完成日期	状态
			安全健康	环境	质量	时间	成本				安全健康	环境	质量	时间	成本				
ZI-35	船行波	①影响潜水员水中减压；②影响舾装件吊拆作业	中	低	低	中	低	①人员伤害；②舾装件拆除工效较低	中	①12m以上停靠站的减压采用水面减压舱，消减影响；②测量塔等大件舾装件拆除期间对航道船舶进行限速，船行波影响作业时暂停施工	低	低	低	中	低	中	安装组/潜水队/工程部/HSE部		闭合
ZI-36	潜水船定位	①因基槽深，放坡较近，锚定地形较复杂；②横流站位时水流力影响大	低	低	高	中	高	①人员伤害；②碰撞沉管、端钢壳损坏；③船舶撞损	高	①安装前预设5大抓力锚，增加抗流能力；②每次定位后进行锚预拉；③设值班锚艇警戒	低	低	中	中	中	中	安装组/潜水队/调度室		闭合
ZI-37	回填、潜水交叉作业	①回填作业点与潜水员作业点太近，潜石；②回填作业期间碰撞潜水船	高	低	低	低	低	①人员伤害；②船舶撞损	高	①回填与潜水作业之间保持安全距离；②对接端潜水作业期间暂停抛回填；③供料船上料期间，回填船绞离至与潜水船有足够的安全距离，必要时暂停潜水作业	中	低	低	低	低	中	安装组/潜水队/调度室/基础组		闭合
ZI-38	水下脐带缠绕	因在涨落潮水流作用下容易与潜水设施及沉管节舾装件发生兜住、缠绕情况	中	低	低		低	①人员伤害；②潜水作业被迫终止	中	①入水前规划入出水及水下作业路线；②避开流速较大时段进行潜水作业；③水面支持员根据潜水员的活动情况及时收放脐带；④发生缠绕时立即启动应急预案进行处理	低	低	低	低	低	低	潜水队		闭合
ZI-39	水流速度影响	水流流速对潜水作业影响极大，影响到沉放过程	中	低	低	中	低	①人员伤害；②潜水作业被暂停；③进度影响	中	①优化潜水检查次数；②根据现场水流条件灵活调整潜水检查时机；③考虑后续管节安装时"津安3"常驻一组潜水，与潜水母船上的潜水组配合作业，可以实现灵活安排潜水时机的目的；④根据作业水深和作业时间调整潜水员数量和潜水员况足；⑤后续研究采用平水水下不漏水座替代部分潜水作业，包括导向杆入座监控和拉合链接监控，减少对潜水作业的影响；⑥后续潜水作业主要采用平水及潜水母船下水的方式，减少脐带缆与船装件的冲突数量	低	低	低	低	低	低	安装组/潜水队/调度室/HSE部/起重班/安装船		闭合

续表

风险编号	风险名称	风险描述	最初风险等级评定（低、中或高）					主要后果	综合风险等级	处置措施	处理后的风险评定（低、中或高）					处理后的综合风险等级	责任班组/部门	完成日期	状态
			安全健康	环境	质量	时间	成本				安全健康	环境	质量	时间	成本				
ZI-40	深水区潜水作业	①随着深水区潜水减压时间的增长，有效作业时间大幅减少，将影响整个沉管施工的关键工序的施工；②人员及设备配置无法满足深水区潜水作业要求；③人员深潜加咳得潜水员脐带绕、水下摄像信号弱，附近标识浮标都相应增长，各类线缆在水中缠绕的可能性增大；④水压增大造成潜水员水下作业时强度增大，体能消耗快，效率降低，深水环境下的意外情况发生几率很高	中	低	中	中	低	①人员伤害；②工时延长	中	①适当增加潜水员数量，减少潜水检查次数，比如GINA和钢端壳的检查和确认事前完成，安装过程中不再检查；②深用水下摄像替代岙合系统搭接的潜水员最终确认；③研究增加端面回精确测距手段，减少潜水测量；④继续优化水下可视化方案，包括调研水下再调成像技术，最大化以水下设备代替潜水工作；⑤考虑利用潜水吊笼等辅助手段，减小流速对潜水作业的影响	中	低	低	低	低	低	安装组/潜水队/调度室/HSE部/起重班/安装船		闭合
ZI-41	航道区潜水作业	①航道区流态复杂，同时受船行波影响，潜水作业条件差，槽底柔流对潜水带来不利影响；②最深处潜水作业水深将超过45m，减少有效工作时间增长，有效工作时间大幅减小；③受深水潜水工效的降低和航道区环境的双重影响，可能会因不满足潜水作业条件而延遇紧急安装时的；④深水潜水设备故障，当水底遭遇紧急风险况等专项潜水风险发生的频率增加	中	低	中	中	低	①人员伤害；②有效工作时间减少	中	①调配充足的潜水作业人员，满足沉管安装深水潜水配合作业的需求；②将潜水设备检查纳入每次安装前机设备大检查的范围，由工区船机部门和潜水机工进行配合检查，确保深水潜水机和设备的完好性；③合理制定安装作业时间计划，安排时间较长的小流速施工行潜水作业，尽量保证安装作业的连续进行；④召开潜水专项施工风险分析和评估会，邀请相关潜水专家系统梳理深水潜水存在的专项风险，并进一步制定落实专业对策	中	低	低	低	低	低	安装组/潜水队/调度室/HSE部/起重班/安装船		闭合

附表10

风险登记表（管节回填）

风险编号	风险名称	最初风险等级评定（低、中或高）					风险描述	主要后果	综合风险等级	处置措施	处理后的风险评定（低、中或高）					处理后的综合风险等级	责任班组/部门	完成日期	状态
		安全健康	环境	质量	时间	成本					安全健康	环境	质量	时间	成本				
ZJ-1	回填施工参数	低	低	高	低	中	回填标高参数、GPS参数、倾斜仪参数等计算或输入错误	①影响回填精度；②地石管碰撞沉管	高	①对施工参数的计算和输入进行多方校核，确保参数的准确性；②根据潮位及下放长度来校准抛石管下放位置	低	低	低	低	低	低	基础组		闭合
ZJ-2	精度控制	低	低	中	低	低	①回填不对称；②回填标高偏差超标	①可能造成沉管移位；②回填防护厚度不足，影响管节安全	中	①严格按限设计要求对称回填；②采用高度计和常规打水砣方式控制回填标高；③作业过程中和完成后都进行多波束扫测，对标高和坡度不合格地方，及时处理	低	低	低	低	低	低	基础组/测量队		闭合
ZJ-3	海水浑浊	低	低	中	低	低	恶劣海况、洪水期间流占造成海水混浊度加大	影响回填精度控制	中	采用高度计和常规打水砣对比测量控制	低	低	低	低	低	低	基础组		闭合
ZJ-4	GPS失锁	低	低	高	低	中	施工区属于低纬度地区，春秋两季电离层活跃对GPS信号影响大，容易出现GPS失锁现象	GPS"假锁定"时影响回填精度，GPS失锁时不能施工，回填作业时间延长	高	GPS失锁期间回填作业暂停施工	低	低	低	低	低	低	基础组		闭合
ZJ-5	恶劣海况	低	低	中	低	低	风、浪、雾等恶劣天气影响石料供应作业	①石料供应不及时，无法连续施工，锁定不足时影响管节稳定；②影响回填船定位；③影响回填精度控制	中	①时刻掌握天气预报情况；②恶劣天气暂停施工以保证船舶的安全；③现场安排应急地轮、起锚艇值守	低	低	低	低	低	低	基础组		闭合
ZJ-6	船行波	低	低	中	低	低	①引起船舶和溜管晃动较大，影响溜管结构稳定；②船舶晃动较大，影响石料落点位置和回填精度	①造成设备损坏；②影响回填精度	中	①加强船行波观测，开展专题研究，掌握船行波影响程度；②加强与海事沟通协商，在回填期间对通航船舶限速	低	低	低	低	低	低	基础组		闭合
ZJ-7	外来船舶意外闯入	中	低	中	高	高	①施工水域穿越多条主航道，社会船舶通行量大；②施工期间外来船舶的闯入	①影响船舶的安全及人员安全；②船舶碰撞	高	①施工期间协调海上下游设置海事警戒船舶、交管中心实时监控，指挥海事通航；②现场安排应急地轮、起锚艇值守	低	低	低	低	中	中	基础组		闭合

续表

风险编号	风险名称	风险描述	最初风险等级评定（低、中或高）					主要后果	综合风险等级	处置措施	处理后的风险评定（低、中或高）					处理后的综合风险等级	责任班组/部门	完成日期	状态
			安全健康	环境	质量	时间	成本				安全健康	环境	质量	时间	成本				
ZJ-8	大流速影响	抛填水深深、流速大	低	低	中	低	中	①影响回填精度; ②造成石料浪费; ③船舶定位存在走锚风险	中	①选择流速较小的情况下作业; ②加强现场流速监测; ③现场安排应急地轮、起锚艇值守	低	低	低	低	低	低	基础组		闭合
ZJ-9	沉管意外碰撞	①岛头区沉管埋深浅; ②沉管安装时, 石料运输船提前进入施工现场	中	低	高	高	高	①碰管; ②船舶碰撞	高	①尽快对已安沉管进行回填; ②提前对石料运输船做好安全技术交底; ③未回填前安排船舶对沉管及回填船现场应急值守	低	低	低	低	低	低	基础组		闭合
ZJ-10	石料质量	石料质量不合格	低	低	中	低	低	影响沉管回填连续作业, 造成工期延误	中	①在料源地进行石料质量检测, 确保装船石料质量合格; ②增加备用运输船舶, 确保连续供料	低	低	低	低	低	低	基础组/物资部		闭合
ZJ-11	节假日石料供应	①节假日石场放假; ②炸药管控	低	低	低	中	中	无法保证石料供应, 影响施工进度, 施工延期	中	①提前做好石料储备; ②与供货商沟通, 做好节假日石料运输保障工作	低	低	低	低	低	低	基础组/物资部		闭合
ZJ-12	锁定回填不及时	受清淤作业影响, 后续锁管将无法及时进行锁定和一般回填作业, 沉管水下稳定安全风险较以往增大	高	高	低	中	高	管节晃动造成管节定位偏差大, 甚至出现漏水	高	①提供局部锁定回填后资料交由设计部门复算核算管节的稳定性, 确认对接时管节整体稳定性; ②统筹协调现场施工, 在不影响清淤的前提下, 抢抓时机进行部分锁定和一般回填	低	低	低	低	低	低	基础组/物资部		闭合

风险登记表（测量与控制）

附表11

风险编号	风险名称	风险描述	最初风险等级评定（低、中或高）					主要后果	综合风险等级	处置措施	处理后的风险评定（低、中或高）					处理后的综合风险等级	责任班组部门	完成日期	状态
			安全健康	环境	质量	时间	成本				安全健康	环境	质量	时间	成本				
ZK-1	人员管理风险	人员不符合资格、数量不足或技术不到位，导致质量下降、效率低下	低	低	中	高	中	不能按质量完成测量工作甚至出现作业错误	中	调配具有相应专业素质的测量人员成立若干测量小组，重要施工测量工作需由具有专业素质的测量人员进行操作；参与施工测量的主要作业人员，必须须先参加专业培训，考试合格后方可上岗作业，未经培训考试不合格者不得上岗作业，按照工作需要配置测量人员数量，施测组全体人员应进行详细的图纸交底及方案交底、明确分工；每天召开班前会，对当天工作进行安全技术交底	低	低	低	中	低	低	测控组		闭合
ZK-2	设备管理风险	设备制度不全、管理不到位，系统软件设置错误	低	低	高	中	高	仪器故障率增加，测量放样出现较大误差甚至发生错误	中	①建立健全的设备管理制度，建立设备管理台账，指定专门的管理人员，定期对仪器设备进行标准检查；②投入的测量仪器均要通过国家计量授权的测量检定机构检定合格，并在仪器检定有效使用期内方可使用；③配置仪器专用的仪器存放室，严格按照各类仪器要求进行仪器的维护与保养；制定各类仪器的检验、检查表，并做好台账；④投入的专业软件目的应为专业合法软件，施工测量软件需由专人负责，施工作业前，施工测量软件须对项目内部各项参数设置进行全面检查、核对	低	低	低	低	低	低	测控组		闭合
ZK-3	设备操作风险	测量精度不准确或仪器操作不规范	低	低	中	中	中	影响测量精度	低	严格按照设备操作方法进行操作，做好详细记录，定期校验仪器	低	低	低	低	低	低	测控组		闭合

续表

风险编号	风险名称	风险描述	最初风险等级评定（低、中或高）					主要后果	综合风险等级	处置措施	处理后的风险评定（低、中或高）					处理后的综合风险等级	责任班组/部门	完成日期	状态
			安全健康	环境	质量	时间	成本				安全健康	环境	质量	时间	成本				
ZK-4	作业方法风险	测量条件不达标，参数设置不正确，作业方法不正确导致测量结果精度下降，测量结果误差大	低	低	高	中	中	观测结果出现较大误差甚至发生错误	中	①测量前进行详细交底、现场同意调度、定期巡视；②每次测量作业前，现场至少要找一个已经控制点进行坐标比对，并将每次的比对结果做好详细记录；③严格按照操作规程进行操作；④利用已知点在测前测后进行检核，或利用其他条件进行复核；⑤仪器安放由潜水员进行确认，并定期检查；测前更换电量不足的电池	低	低	低	低	中	低	测控组		闭合
ZK-5	外业记录风险	记录不规范、数据被人为随意修改、记录错误、误差极大	低	低	高	中	中	观测结果出现较大误差甚至发生错误	中	测量外业记录应由专人进行复核签字确认，并对关键测量原始数据进行拍照选用存档	低	低	低	低	低	低	测控组		闭合
ZK-6	内业计算风险	计算方式错误、软件设置错误、缺少复核	低	低	高	中	中	观测结果出现较大误差甚至发生错误	中	内业计算至少由两人进行独立计算，并相互检核	低	低	低	中	低	低	测控组		闭合
ZK-7	规范制度执行风险	规范理解不正确、严格遵循标准规定、管理制度	低	低	高	中	中	测量精度达不到要求	中	加强对规范的学习，严格按照规范要求进行相关测量作业	低	低	低	低	低	低	测控组		闭合
ZK-8	控制网	控制网选点不合理、作业方法不合理、记录不完整；预制场控制网复测不合格；RTK参考站信息不正确，坐标错误；进洞导线控制点不稳定，测量时机不合理，网形布设差异、观测精度差	低	低	高	高	中	作业方法不合理影响测量精度，点位选择不稳定，观测数据精度低，参数输入错误，观测结果错误	高	加强局部复核和检查，结合实际精况和施工进度选点，避开恶劣天气，分多时段进行使用不同软件校核和换手复核，使用已知点对点位进行比测	低	低	低	低	低	低	测控组		闭合
ZK-9	端钢壳放样	参数不正确、点位不合理、设点不合理，外业观测错误，内业计算误差	低	低	高	高	中	放样错误，测量误差增大或错误	高	对设计参数进行复核，复核无误方可用于放样，按照规范、规定进行，进行换手测量	低	低	低	中	低	低	测控组		闭合

续表

风险编号	风险名称	风险描述	最初风险等级评定（低、中或高）					主要后果	综合风险等级	处置措施	处理后的风险评定（低、中或高）					处理后的综合风险等级	责任班组/部门	完成日期	状态
			安全健康	环境	质量	时间	成本				安全健康	环境	质量	时间	成本				
ZK-10	导向系统定标定	管节轴线选取错误，标定点布设错误，外业观测、内业计算	低	低	高	高	中	误差增大，结果错误	高	①对轴线选取方法进行验证；②利用拉又吊锤等方法对管顶对管内轴线进行验证；③利用水平尺选标定点，首尾中各点选一个点，每个点量取三次以上取平均值，换手测量；④按照规范，规定进行换手测量	低	低	低	低	低	低	测控组		闭合
ZK-11	基床铺设测量	仪器保养不到位，整平船定位系统不稳定，检测手段不合理	低	低	高	高	中	测量结果误差大甚至发生错误，整平船定位误差大，测量数据错误影响施工	高	①定期维护仪器，清理再时探头上的附着物，保持液压油系统通畅；②施工作业前、中、后，定位软件和施工软件须由测量专业人员对其内部各项参数设置进行全面检查，核对；③选择天气较好（风浪较小）天气作业；④施工作业中须首先对其精度把控，在有大风浪天的情况严严竖来进行基床整平作业；⑤测量成果输出须首先对比，若发现井确其高程点形成的面大于（±4cm），即换手测量，规定进行相应整改	低	低	低	低	中	低	测控组		闭合
ZK-12	设计参数复复核	复核不到位或成果未使用最终版本复核	低	低	高	高	中	用于施工测量的数据出现错误，导致施工较大错误	高	必须经过复核计算、换手复算，确定最终版本后方可使用，建立设计变更台账	低	低	低	低	低	低	测控组		闭合
ZK-13	管节一次标定	特征点布设不合理，坐标系建立错误，外业观测错误、内业计算不正确，环境条件恶劣	低	低	高	中	中	影响测控软件精度，测量放样通测量结果大误差，引发二次标定结果误差，无法进行外业测量从而导致工期延误	中	①点位选择与轴线关系相对稳定，布设合理，点位埋设稳定，布设备用特征点；②外业观测和内业计算按照规范，规定进行，进行换手复测，利用管节几何尺寸进行复核；③外业记录复长检查，质检员巡查的结果在现场实测比对，最后对计算成果；④及时掌握气象信息，提前进行相关工作	低	低	低	低	低	低	测控组		闭合

续表

风险编号	风险名称	风险描述	最初风险等级评定 低、中或高					主要后果	综合风险等级	处置措施	处理后的风险评定 低、中或高					处理后的综合风险等级	责任班组/部门	完成日期	状态
			安全健康	环境	质量	时间	成本				安全健康	环境	质量	时间	成本				
ZK-14	管节二次标定	舾装件安装不牢固，外业观测误差，内业计算不正确，环境条件恶劣	低	低	高	高	中	影响测控软件精度，测量放样出现较大误差，贯通测量结果错误，无法进行外业测量，从而导致工期延误	高	①安装舾装件后人工检查支架是否稳定；②尽可能在管节平调时的状态下进行标定，进行换手测量；③内业计算按照管理制度执行，利用管节几何尺寸拉钢尺复核；④及时掌握气象信息，提前进行相关工作	低	低	低	低	低	低	测控组		闭合
ZK-15	浮运导航测控系统调试	GPS系统故障，软件底图设置错误，航道未检测，流速输入错误	低	低	高	高	中	系统无法正常运行，影响作业窗口，信息错误导致沉管搁浅或错道到达位置，流速到达误差影响现场指挥判断	高	①定期对GPS接收机进行通电检查，对GPS线缆进行检查，确保设备工作正常；②备足备件，定期检查、在寿命期内更换；③对底图及流速输入数据进行反复检查，确认无误方可输入；④沉管浮运前对航道进行多波束束到测	低	低	低	低	中	低	测控组		闭合
ZK-16	深水声呐测量系统调试	应答器或送受波器维护不到位	低	低	高	高	中	测量精度低，影响沉管，系统无法正常运行	高	①对应答器及时进行充电；②送受波器放在水桶内保护；③对参数进行手计算；④对系统进行全面检查，包括软件和硬件，对应答器进行通讯测试	低	低	低	低	低	低	测控组		闭合
ZK-17	尾端测量塔测控系统调试	GPS线缆故障或倾斜仪及其故障，计算不正确，参数输入及音不到位	低	低	高	高	中	测量结果错误或无法正常运行	高	①对GPS线缆进行检查；②对倾斜仪及其他设备进行检查及备份；③对参数进行手计算；④对系统进行全面检查，包括软件和硬件；⑤对系统均内进行RTK测量比对	低	低	低	低	中	低	测控组		闭合
ZK-18	现场测控系统操作	深水测控系统通信能力差，测量塔法测控设备故障	低	低	高	高	中	导致沉管安装不能正常运行	高	深水测控系统与测量塔法测控系统进行相比过对，互相备份	低	低	低	低	低	低	测控组		闭合
ZK-19	设计指令复核	未复核确认即实施	低	低	高	高	高	导致错误导致施工	高	设计指令经多方确认后实施	低	低	低	低	低	低	测控组		闭合

续表

风险编号	风险名称	风险描述	最初风险等级评定 低、中或高					主要后果	综合风险等级	处置措施	处理后的风险评定 低、中或高					处理后的综合风险等级	责任班组/部门	完成日期	状态
			安全健康	环境	质量	时间	成本				安全健康	环境	质量	时间	成本				
ZK-20	成果审核	控制网成果计算错误，RTK参考站参数错误，进洞导线测量结果错误，基床铺样安装错误，基准点结设检核错误，标定系统结果错误，测控系统调试失误	低	低	高	高	高	各种计算成果错误，精度低下	高	①对起算点成果进行复核；②对外业工作进行巡查及检查外业记录；③对内业计算同步进行复核计算；④对参数、设计指令进行复核，无误方可使用于工序中；⑤成果应与其他测量数据来源进行比对，如利用中心位移观测成果和港研院传感器采集观测成果互相比对分析	低	低	低	中	低	低	测控组		闭合
ZK-21	贯通测量	控制点错误，测量环境差，贯通点标定成果不正确，关节变形，计算错误，改动有误	低	低	高	中	中	控制点数据异常，贯通测量误差大致成成果错误，导致错误指导施工	中	①由组长检核已知控制点成果的输入；②现场测量采取控制点交叉后机与检核；③烟雾较大时暂停测量工作；④从稳定管节开始验对贯通测量控制点进行复测；⑤采用多人多种方法进行检验；⑥在中管前校尺寸外，另取管节首尾端计算以互相进行检验，在侧墙的平面上实际测量中的测量成果与二次标定的测量成果进行比对	低	低	中	低	低	低	测控组		闭合
ZK-22	沉管回填	仪器操作不当，定位软件稳定性差，改动有误	低	低	高	中	中	测量仪器不精准，观测精度差	中	每次测量作业前检查少一个已知控制点做坐标比对，施工前中后由专业人员对各项参数进行查复核对	低	低	低	低	低	低	测控组		闭合
ZK-23	变形监测	控制点成果变更，测量环境差，数据异常	低	低	高	中	中	测量成果精度差，不能反映现场实际情况	中	现场测量采取控制点交叉后机与检核，保证管节空气流通，雾天停止测量，增加数据校核次数及参与人员	低	低	低	低	低	低	测控组		闭合

附表12

风险登记表（作业窗口）

风险编号	风险名称	风险描述	最初风险等级评定（低、中或高）					主要后果	综合风险等级	处置措施	处理后的风险评定（低、中或高）					处理后的综合风险等级	责任班组/部门	完成日期	状态
			安全健康	环境	质量	时间	成本				安全健康	环境	质量	时间	成本				
ZL-1	波浪超限	①小潮汛期间的波浪超限造成作业窗口数量的减少；②施工作业过程中遇到波浪超过作业窗口限制的情况	低	中	低	低	低	①有效作业窗口减少，影响工期；②波浪超限影响碎石垫层施工、插拔桩腿作业；③波浪超限影响管节结构、船舶用安全和拖航操控	中	①进行气象波浪预测预报；②按照作业窗口施工，必要时调整工期；③碎石垫层铺设期间，加强现场海况观测，波浪超限时新增停工；④施工作业过程中发现临近预报数据的作用、拖缆；⑤制定应急防浪方案	低	低	低	低	低	低	基础组/国家海洋预报中心		闭合
ZL-2	海水密度变化	①河口区受潮流、径流综合影响，咸淡水交汇，特别是深层海水深、槽底表、盐密变化明显，海水温度变化；②季节变化影响海水密度变化	低	低	低	低	低	①导致沉放过程中负浮力变化明显，影响管节浮态；②增加负浮力调整关键施工步骤，影响关键线路作业时间	低	①增设温盐盐深度（CTD），进行现场海水密度实时监测；②安排安装船吃水和吊缆缆力监测，辅助判断所需负浮力变化；③利用温盐节点沉放所需负浮力；④利用温节点沉放姿态监测系统，进行管节沉放实时监测	低	低	低	低	低	低	安装组/国家海洋预报中心		闭合
ZL-3	海水浑浊	①受径流、恶劣海况、大风、寒潮引起施工区海水浑浊；②附近疏浚、采砂作业引起海水含泥沙量增加，施工区含泥沙浑浊	低	低	低	低	低	①造成碎石垫层、回填质量差大，施工质量确认难度大，作业时间增加；②影响潜水下检查作业；③影响水下可视化系统使用效果	低	①合理安排检测时间；②碎石垫层铺设期间发现异常时，对声呐系统进行校准后重新检测；③回填与作业期间利用平潮期打水砣控制回填精度；④增设对接作业窗口，安排在涨潮期间进行水下检查作业；⑤沉放对接期间利用潜水水下检查校准；⑥增设施工水域浑浊度的监测	低	低	低	低	低	低	安装组/潜水队		闭合
ZL-4	异常波浪	受异常波浪影响，安装船及管节会发生明显晃动，给沉管安装带来了不可控的风险	高	低	中	中	中	①安装船、沉管损坏；②水下线缆损坏；③L缆损坏	高	①开展全时段沉管浮航过程模拟推演，完善应急处置措施；②联合国家海洋环境预报中心、南海所开发波浪实时监控系统，实时监测预报异常波浪	中	低	低	低	低	中	安装组/国家海洋预报中心		闭合

续表

风险编号	风险名称	风险描述	最初风险等级评定（低、中或高）					主要后果	综合风险等级	处置措施	处理后的风险评定（低、中或高）					处理后的综合风险等级	责任班组/部门	完成日期	状态
			安全健康	环境	质量	时间	成本				安全健康	环境	质量	时间	成本				
ZL-5	大雾	①能见度降低，影响现场作业船舶安全；②影响浮运安装作业；③石料船不能按时到达现场和供料	低	中	低	低	中	①影响船舶的安全；②延误施工，工期延长；③浮运期间外来船舶碰擦管节；④影响石料供应，造成碎石垫层铺设、回填工效降低	中	①进行气象预报；②暂停施工保证船舶安全；③在船上安排专人瞭望，严格执行行船规定；④施工现场安排拖轮值守；⑤在浮运现场进行应急演练，并制定专项应急预案；⑥协作海事部门在浮运安装期间实施临时交通管制措施	低	低	低	低	低	低	安装组/基础组/国家海洋预报中心		闭合
ZL-6	施工窗口预报精度	①受台风、强对流天气、冬季季风等多种因素影响，小范围、小区化气象预报难度大，易出现预报偏差；②受径流、人工岛、小区基槽、航槽等影响，复杂精细化海流预报难度大，易出现现场海流精细化预报偏差	低	中	低	中	中	①影响作业窗口的选择和施工决策；②影响作业计划的编制和现场施工安排；③影响管节出坞和基槽内转向、横拖和系泊作业重大安全；④造成施工作业窗口和工期延误	高	①建立浮运安装区域精细化模型，实现海流、潮汐临近预报和现场实时监测；②通过现场实测与数值预报，综合预报进行长期的预报的检验校正，提高预报精度；③利用实测潮汐数据，计算潮汐调和常数，提高预报精度；④反时修正数值预报系统的地形边界输入条件，提高小区域精细化预报的精度；⑤针对坞口、安装重点区域进行流态观测，摸清海流态；⑥加强对海况的监测，海况数据的比对；⑦增加临近预报的频率，包括12h/6h海流预报；⑧综合考虑预报与实测结果进行作业计划安排，并留有余量	低	低	低	低	低	低	国家海洋预报中心		闭合

附表13

风险登记表（岛头区）

风险编号	风险名称	风险描述	最初风险等级评定 低、中或高					主要后果	综合风险等级	处置措施	处理后的风险评定 低、中或高					处理后的综合风险等级	责任班组/部门	完成日期	状态
			安全健康	环境	质量	时间	成本				安全健康	环境	质量	时间	成本				
SM-1	岛头挑流风险	岛头区地形变化造成流速增大、流向复杂	低	低	低	中	中	管节姿态控制难度大	中	①安排现场海流观测；②进行数模研究、物模实验，掌握岛头区挑流规律；③在岛头区挑流影响大的区段内增加挡流块	低	低	低	低	低	低	安装组/国家海洋预报中心		闭合
SM-2	长距离绞移风险	①由于岛头区管节基槽狭窄，浮系泊距安装一次置到位，需要远距离绞移；②绞移过程中需要进行多次换缆	低	低	低	中	中	①基槽狭窄，浮运难度大，管节可能发生碰撞；②绞移控制难度大；③多次换缆，绞移时间长，对作业窗口要求高；④锚缆角度变化大，走锚风险大	中	①现场安排应急拖轮；②严格控制绞移速度；③选择合适作业窗口；④严格执行锚位及预抛拉确认	低	低	低	低	低	低	浮运组/安装船		闭合
SM-3	沉管基础不均匀沉降风险	①岛头区管节基础形式多样，包括挤密砂桩、高压旋喷桩等复合地基；②基床整平方式不同，包括人工整平和整平船整平	低	低	高	高	高	基础刚度不同，易造成差异沉降	高	①优化设计方案；②加强安装后的管节沉降位移监测和管节变形监测	低	低	中	中	中	中	基础组		闭合
SM-4	碎石基床防冲刷稳定性风险	岛头区挑流造成基槽流速增大	低	低	中	高	高	流速增大可能造成碎石垫层被冲刷，影响铺设质量	高	①安排现场海流观测；②进行数模研究、物模实验；进行水流作用下碎石稳定性研究；③根据实验结果调整碎石粒径、优化沉放工艺，选择合适的沉放对接窗口	低	低	低	中	中	中	基础组		闭合

续表

风险编号	风险名称	风险描述	最初风险等级评定 低、中或高					主要后果	综合风险等级	处置措施	处理后的风险评定 低、中或高					处理后的综合风险等级	责任班组/部门	完成日期	状态
			安全健康	环境	质量	时间	成本				安全健康	环境	质量	时间	成本				
SM-5	岛头施工遭遇台风	①进场5年来，未遭到台风正面袭击，遭遇台风的概率增大；②钢围堰拆除后，东岛暗埋段临封口、岛水浮壁等岛头结构在台风期存在极大的安全隐患，岛内防渗风险大；③受岛头堆载预压和卸载开挖等影响，岛头区地形较复杂，台风期间存在被破坏卷落至基床上的风险；④E33基床安装完成40多天，恢复采砂等影响，引起基床回淤淤积，岛头区作业难度大，处置难度大；⑤E33水深较大，管顶回填采用减载囊、陶粒、减载沉箱和护面块体等多种形式，施工周期长管节安装后，若遭遇台风等恶劣天气影响，回填不及时，管节遭受位移甚至管节起浮等的抗浮定性风险；⑥遭遇强台风袭击后，可能发生岛头边坡滑塌或基床异常回淤的风险加大	高	高	高	高	高	①整平等施工作业暂停或返工，东岛暗埋段安装窗口延误，影响工期；②波浪超限，端封门或浮壁结构受损变形，岛头发生较大跃浪，防台防浪能力失效；③岛头坡坡处的碎石被大浪滚落至已铺设基床或影响基床质量；④基床出现大面积异常回淤，积水的清淤措施无效导致安装不彻底均匀沉降，影响安装质量；⑤管节安装后未及时回填，遭遇强台风时，可能发生管节移位甚至管节起浮等不可接受风险	高	①委托国家海洋环境预报中心开展2016年台风展望评估，对比分析厄尔尼诺相似年的历史同期变化，加强中长期台风期间恶劣天气预报，及时更新预报信息，定期开展前后方会商，为沉管安装窗口的选择和汛期提供科学状态；②重新评估制定东岛岛头台防浪标准，对极端条件下的钢封门二次止水临时结构安全稳定性进行计算复核，设置岛头临时挡浪结构和消浪平台，最大程度减少越浪量；③开展极端条件下岛头区碎石基床及边坡、掩护小块体及其基础的整体稳定性复核计算，制定东岛岛头区整治设计方案，进行岛头局部整体波浪物模试验，采取有效的防护措施；④合理调整总体安装安排，选择在台风来临前完成钢圆筒拆除、挡浪块体安装及岛头等施工，避免因台风等恶劣天气影响岛头施工工期及安全；⑤针对岛头回淤风险，制定合理可行的防护、清淤应急预案，加强日常监测，最大程度降低基床回淤物；⑥合理部署岛头限水域交叉作业，总体安排，权衡工期与安全，加强管节回填进度，同时加强管内日常沉降、位移监测	中	中	中	高	高	高	Ⅱ工区/Ⅳ工区/Ⅴ工区/设计分部/天津港研院/国家海洋环境预报中心	2016.2.20	闭合

续表

风险编号	风险名称	最初风险等级评定 低、中或高					风险描述	主要后果	综合风险等级	处置措施	处理后的风险评定 低、中或高					处理后的综合风险等级	责任部门/组	完成日期	状态
		安全健康	环境	质量	时间	成本					安全健康	环境	质量	时间	成本				
SM-6	掩护体范围内的淤积	中	中	高	高	高	①洪汛期上游来砂多，掩护体设置后，在东岛隧道结合部形成相对静水区域，利于泥沙淤积；②水动力条件发生变化后，会在掩护范围内形成淤积敏感区；③据西岛E1施工经验，淤积强度较大，淤积区域存在不确定性。	①整平前清淤工作量大，狭小空间清淤效率低，延误安装窗口，影响安装工期；②基槽开挖淤底，碎石垫层可能发生较大，引起后期沉降差异，影响质量；③碎石垫层铺设后发生基槽淤积，导致重新铺设，影响工期；④管节安装前的边坡出现滑塌，导致无法安装，影响工期；⑤岛隧结合部作业面狭窄，基床出现淤积回淤后，受限水域内处理十分困难，将造成工期延误。	高	①委托南科院分析掩护体范围内的淤积敏感区范围，优化掩护体类型与尺寸大小，将淤积敏感区转移至E33管节以西，减少回淤带来的不利影响；②定期开展潜水探摸等回淤监测，若小岛内盖板上回淤量超标，采用潜水员水下辅助清淤泵清淤，安装前将防淤盖板吊顶，减少基床淤露时间；③水下人工整平或机械整平基床实施清淤，局部若采用潜水员水下扰动进行清淤，若基床间监测回淤强度大，采用捷龙进行板覆盖的方式隔绝回淤物；④加强整平期间防潜水下扰动和压缩空气扰动等减淤措施，机械整平期间已铺基床发生回淤，启动整平船回淤应急方案；⑤加强东岛头施工的基础回淤监测，主要有潜水探摸、回淤盒、单波束扫测，含沙量监测等手段。	低	低	中	中	中	中	IV工区 IV工区/南科院	2016年2月	闭合
SM-7	首个曲线段管节安装	低	低	高	中	中	①E33为首个安装的曲线段沉管，对接、测量曲线均有别于一般直线管节，安装测量控制和姿态控制较难，超过设计要求；②受曲线段影响，管节出现压载影响沉管对接；③常规测量对接可能造成对接偏差较大，影响最终接头安装精度；④首次曲线段施工无实操经验，存在认识不足的风险。	①首次曲线段安装无经验，曲线段导轨安装有误差大，可能导致安装偏差大，超过设计要求；②受管节安装影响，管节出现压载影响对接；③常规测量对接可能造成对接偏差较大，影响最终接头安装精度。	高	①采用防淤屏进行防淤，提早开展曲线段管节安装，合理控制；②编制专项施工方案，增加多种测控手段相互校核，塅内沉放演练期间，对各项监测沉管变化，实时监测海水密度变化，确保数据准确；③开展曲线段管节安装模拟推演和安装线形与推演的一致性，安装线形与设计线形的一致性；④研究曲线段管节力压接的管节姿态控制计算，合理控制E33节安装线形与设计线形的；⑤管节安装后立即开展海水力压接的总结，优化工艺、固化标准，完善操作步骤。	低	低	中	低	低	中	设计分部 IV工区 安装组/测量队	2016年2月	闭合

续表

风险编号	风险名称	风险描述	最初风险等级评定 低、中或高					主要后果	综合风险等级	处置措施	处理后的风险评定 低、中或高					处理后的综合风险等级	责任班组/部门	完成日期	状态
			安全健康	环境	质量	时间	成本				安全健康	环境	质量	时间	成本				
SM-8	保障系统失效	① E33管节自水下人工整平期开始至管节安装跨越40多天，作业窗口超长，已超出海洋环境预报的有效范围（气象报7~10天，台风临近，汛期海流临近）；② 安装窗口处于台风、洪汛期，保障系统失效后将无法进行窗口决策	高	高	高	高	高	① 整平期间遭遇台风等极端天气，被迫中止，影响回淤超限；② 安装窗口期遭遇恶劣天气，影响工期	高	① 委托国家海洋环境预报中心综合分析尼诺/尼诺相似年的热带气旋和西南季风影响程度，开展2016年台风展望平台；② 联合国家海洋环境预报中心和泥沙女轮回淤开展E33作业窗口的研究，统计历史资料，对比分析大气环境的变化及发展趋势，预测珠江流域的雨势、径流量及台风等异常天气的发生概率，决策基床整平及安装窗口，同时制定应对极端天气的应急措施，全力保障安装窗口	中	中	中	高	高	高	V工区/国海预/泥沙女轮组	2016年2月	闭合
SM-9	洪汛期沉管安装	① 受整体工期控制，今年洪汛期必须开展沉管安装施工；② 珠江口为咸淡水交汇区，受洪汛期盐水楔活动影响，海流呈现二重结构，会出现"河口泥"现象，对沉管浮运造成较大影响；③ 洪汛期大径流导致表层流速增大，底层流态复杂，将对沉管浮运、沉放、潜水作业等造成影响；④ 系泊绞移期间，岛头水域狭窄，叠加洪汛期大流速，沉管安装船控制难度大	中	高	中	高	高	① 浮运安装窗口超限，工期延误；② 浮运期间遭遇大流速，拖轮拖带管节失控，发生船舶事故；③ 基槽浮运系泊、绞移期间缆绳遇异常流，遭遇缆绳断裂，发生管节失控，发生意外碰撞；④ 锚缆角度变化大，叠加洪汛期大流速，走锚风险大；⑤ 沉放期间遭遇较大底层流，姿态不受控，发生管节碰撞等不可接受风险；⑥ 流速超过潜水作业窗口，潜水安全风险大	高	① 联合国家海洋环境预报中心开展洪汛期头区域海流和温盐观测，实时掌握海流和温盐变化规律，审慎选择作业窗口；② 分析珠江流域降雨量，对比同期径流变化，预测窗口期的变化趋势，提前采取应对措施；③ 优化岛头坞沉位置，开展系上模拟演练和实地勘察，提前熟悉因流态复杂带缆的转换时机，降低因流控制与操控困难的风险；④ 系泊前再次检查验证锚加力及钢圆筒上锚点的牵接质量，确认满足系泊作业要求；⑤ 浮运安装期间，支持测流船进行动态巡测和定点实测，为浮运、转运、安装及潜水作业时机提供科学依据，降低因大流速带来的施工风险	低	中	低	中	中	中	V工区/国海预	2016年2月	闭合

续表

风险编号	风险名称	风险描述	最初风险等级评定（低、中或高）					主要后果	综合风险等级	处置措施	处理后的风险评定（低、中或高）					处理后的综合风险等级	责任班组/部门	完成日期	状态
			安全健康	环境	质量	时间	成本				安全健康	环境	质量	时间	成本				
SM-10	东岛岛头潮流、潮流、大径流流叠加风险	① 受潮流、大径流流及东流叠加影响，加之东侧大屿山等地形影响，东岛岛头安装区海流条件极具复杂，超出沉管安装条件，必须设置掩护体；② 掩护区内水动力条件差，回淤量势必增大，很难把握海流和回淤的平衡，很难把握具体的解决方案。	低	高	中	高	高	① 表层流超过浮运系泊缆强制延长系泊窗口延误、影响工期，超出管安装具复件，安装期间遭遇复杂流场叠加影响，沉管、安装船缆失效发生碰撞；③ 基床出现突淤，影响安装质量，严重的重新清淤或返工；④ 下沉期间遭遇较大密度跃层，沉放期间管节浮态失控、搁浅；⑤ 水动力环境复杂、基槽边坡失稳坍塌、基床淤淤	高	① 委托南科院开展岛头掩护块体数模试验，进一步研究沿流体掩护方案，关注泥沙、流态及施工环节，据好各因素的相互制约与平衡；② 委托国家海洋预报中心加强中长期珠三角及珠江流域的气象预报，预估降雨趋势，给合现场海流实测及临近预报数据审慎计算安装窗口；③ 提前开展海流相关清淤试验，确定基础的清淤方案；④ 开展浮运，纹移泊运，系泊、纹移轮拖进行应急辅助抗流，提前准备备用拖缆和钢丝绳等，应对长距离纹移的断缆风险；⑤ 坞口增加一般测流船，实时传输流场数据，根据实测流速确定出坞浮运时机；⑥ 开展东岛岛头流场的流速测量和预报工作，审慎报选择管节通过挑流区时机；⑦ 实时监测海流流密度、沉放期间实时调整海流速压载水，确保管节足够的负浮力	低	中	中	中	中	中	V工区（国家海洋预报中心）南科院	2016年2月	闭合
SM-11	地质风险	① 东岛岛头区域的软土层厚度30~40m，与深水区整平相比，插桩深度大幅度增加，存在整平船大的插桩难度大问题；② 地质条件更加复杂，呈现更多的不均匀性，2~1根土呈透镜体状分布，整平船插的插桩作业在环境加上整桩作业易出现插腿穿刺风险；③ 从沉V水区（见E28节）转至岛头区施工，存在一个渐变的过程，容易因"跳跃"突变带来的认识和准备不足风险	中	高	中	中	高	① 整平船遇到深厚软土遇到困难，影响施工工期，成本增加；② 插桩穿刺到造成桩体失稳，甚至船体变形；③ 认识不足造成人员误操作，致使设备损坏，成本增加	高	① 整平船插桩前严格进行地质核查与数据分析，若存在软土层现象，采用单桩桩腿分别穿过软弱夹层的方式进行插桩；② 为应对深厚软土出现的插桩困难等问题，插桩期间应当减少拔船困难压桩水，减小桩腿插入深度；③ 严格按照作业规程足进行插桩拔桩操作，减小桩腿插入深度，通过调配压载水进行提升单桩；④ 制定拔桩应急预案	低	中	低	低	中	中	V工区基础组	2016年2月	闭合

附表14

风险登记表（最终接头）

风险编号	风险名称	风险描述	最初风险等级评定 低、中或高					主要后果	综合风险等级	处置措施	处理后的风险评定 低、中或高					处理后的综合风险等级	责任班组/部门	完成日期	状态
			安全健康	环境	质量	时间	成本				安全健康	环境	质量	时间	成本				
SN-1	恶劣天气风险	①最终接头水上施工时间为2017年1月~2017年4月，为冬季重潮（冷空气南下）预发和海上大雾多发季节；②对海上施工安全都存在较大威胁	中	高	中	中	高	①冬季重潮频发影响最终接头运输及上长距离重潮；②冬季温度的突变影响高流动性混凝土性能；③海上大雾影响最终接头舾装作业、吊装沉放的安全；④冷空气南下的突然性影响最终接头安装窗口期的气候保障	高	①加强与国家海洋环境预报中心的沟通，做好关键作业的专项气象保障服务；②编制最终接头海上长途拖航运输专项应对恶劣天气的专项预案，制定应对恶劣天气的专项预案；③结合总体施工计划安排，评估恶劣天气情况下船舶的安全保障度，制定专项应对预案；④细化和优化最终接头安装流程时间控制表，关键施工作业尽量在海况较好的时段内完成	低	低	低	低	低	低	总部工程部/各工区/国家海洋预报中心		闭合
SN-2	海上作业安全风险	①最终接头主要集中在海上；②最终接头采用海上运输与舾装；③最终接头海上吊装作业	高	高	高	高	高	①海上恶劣天气带来的船舶安全；②海上临边作业的掉落；③海上吊装作业的安全	高	①海上作业选取相对较好的天气进行作业；②按照相关规定，对上述危险性较大的工序制定安全专项方案	低	低	低	低	低	低	总部工程部/各工区		闭合
SN-3	高空作业风险	最终接头主要工序都涉及高空作业	高	高	高	高	高	①人员高空坠落；②物体打击	高	①优化钢结构整体施工工序，减少高空作业流程；②优化高空作业方案，配置安全度高的作业机械和平台；③所有高空作业区域均要设置稳固和满足作业空间要求的临时护栏、防护网；④施工过程中，严格遵守高空作业相关安全事项	低	低	低	低	低	低	各工区		闭合
SN-4	龙口流场预测推演偏差风险	①最终接头安装龙口区域流场复杂，流速海流方向随水深不同而变化；②影响龙口的海流因素较多，预测结果与实际情况存在偏差	低	中	高	高	高	①实际底层流速与预测结果偏差较大，不满足沉放条件，影响安装窗口起爆体工期；②沉放过程中发生意外事故，损坏顶推梁等关键构件	高	①安排咪家单位进行背对背平台龙口海流数模试验；②在E29、E30沉管安装后回填完成后，对龙口区域的海流情况进行实测，对比推演结果；③进一步通过数值模拟等方式研究最终接头在下放过程中压缩给出流断面的流速变化情况	低	低	中	中	中	中	安装组		闭合

续表

风险编号	风险名称	风险描述	最初风险等级评定 低、中或高					主要后果	综合风险等级	处置描述	处理后的风险评定 低、中或高					处理后的综合风险等级	责任班组/部门	完成日期	状态
			安全健康	环境	质量	时间	成本				安全健康	环境	质量	时间	成本				
SN-5	"三明治"结构制构实际受力与理论计算偏差风险	①最终接头主体为钢壳内灌注富流动性混凝土形成的三明治结构，在国内属首次应用；②结构计算主要参考日本规范及经实验，实施中可能会与参考日本规范实验模型存在一定偏差，从而导致实际受力与理论计算偏差的风险	中	中	高	高	中	内部混凝土破坏，钢壳与混凝土的协同治结构受力形成变弱，陆续造成更大程度的混凝土破坏	高	①在全面消化吸收利用好日本钢壳混凝土设计和施工规范的基础上，分析识别最不利工况，设计计算中预留一定安全度；②对关键结构受力计算，委托日本设计咨询公司NCC或振华海工同步进行复核；③全面系统梳理整个设计受力计算过程形成咨询文件，提交专家会进行综合评估	低	低	低	低	低	低	设计分部		闭合
SN-6	小梁设计、制作、安装转换过程中的匹配的风险	①小梁与具外轨道、滑槽的间隙过小，匹配良好时，才能保证吊装顺利推出；GINA达到到结合面压止水目标；②最终接头两侧小梁推压钢衬件阻碍时	中	中	高	高	中	①顶推小梁与主体结构之间间隙过小，顶推小梁无法安装或无法正确推出；②顶推小梁与主体结构对顶推小梁约束减弱，在实现时顶推过程中小梁可能遭遇到破坏；③顶推小梁自身刚度不足导致GINA止水带无法正常均匀压缩，止水失效；④最终接头两侧顶推钢构件发生碰撞，顶推效果受到影响	高	①深入分析小梁在施工不同阶段的受力机理，采用三维有限元模型对小梁制作和吊装全过程变形情况进行计算分析和专题管理；②采取分段制作并与本体槽口匹配安装调试的工艺进行小梁制作过程中的外形尺寸和变形控制；③根据实测变形情况不同部位配置不同间隙调整，保证顶推合理顶推顺利	低	低	中	中	低	中	设计分部/钢壳制造组		闭合
SN-7	吊点结构设计风险	①单个吊点承受荷载，将达到9000t；②超大构件吊点，点传力，构造超常规的；③吊点受力不均	高	中	高	高	高	①吊点整体结构失稳；②销轴承受较大弯矩而断裂或弯曲；③吊带受压，受力吊带断裂	高	①由设计分部和振华海工院对吊点结构设计和受力计算审核推进，相互沟通和核算；②采用三维有限元模型进行系统受力分析，优化钢结构局部构造，防止不合理问题发生	低	低	低	低	低	低	设计分部/钢壳制造组		闭合

续表

风险编号	风险名称	风险描述	最初风险等级评定 低、中或高					主要后果	综合风险等级	处置措施	处理后的风险评定 低、中或高					处理后的综合风险等级	责任班组/部门	完成日期	状态
			安全健康	环境	质量	时间	成本				安全健康	环境	质量	时间	成本				
SN-8	高流动性混凝土浇筑孔道设置合理性风险	高流动性混凝土需要分隔舱浇筑，每舱均需设浇筑孔及排气孔，内部分部板件上需设浇通过孔洞	低	低	高	高	中	①混凝土不密实；②钢结构受力过大产生较大形变	高	①由混凝土浇筑单位与设计分部一起针对每个浇筑舱逐一进行核查，检查混凝土可否施工及可否充满性；②安排日本咨询公司和有预应混凝土浇筑经验的专家同步排查浇筑孔和排气孔的设置合理性	低	低	低	低	低	低	设计分部/混凝土浇筑组		闭合
SN-9	参数计算偏差风险	由于最终接头位于干曲线段，且E29和E30倾斜端面设计结构复杂，设计时采用了以直代曲的方式，平面（里程）的以及纵向长度（里程）的以及设计参考感现处理，参数计算复杂，若出现计算偏差时对将直接影响现场对接	低	低	高	中	中	①测量位置与最终接头实际位置不符；②实际姿态与计算所得姿态存在较大偏差	高	①严格按照测量风险管理流程，由工区测量队、中心测量和测量中心对设计参数进行三级独立复核，最后经测量监控组和设计结构线形监控共同复核以可方便使用；②按照现场管节安装和线形实测的数据，进行施工参数后都要更新格算，每个管节安装时间的差别，对比与设计参数间的差别，及时掌握龙口实际数据	低	低	中	低	低	低	设计分部/测量队		闭合
SN-10	线形预控风险	①最终接头安装线形预控指的是两侧E25-E29和E33-E30管节安装过程隧道线形控制；②西侧E25-E29管节从西岛侧贯通测量距离长，精度E33-位于从东岛安装，位于R=5500m曲线段上，线形控制难	低	低	高	中	中	如果累积偏差过大，有可能导致最终接头和龙口尺寸相差较大，从而影响后期的沉放着床施工和顶推小梁顶铺	高	①开展了"海上长距离沉管隧道最终接头贯通测控技术研究与应用"专项课题的研究、试验和实施；②由测量监控组和设计线形结构监控组协同管节安装线形，及时跟踪调整管节安装线形控制方案；③通过不断优化曲线管节安装工艺和碎石基床铺设精度，采取逐渐逼近的控制办法，调控最终接头两侧通近的对偏差最小；④高度重视E29和E30管节的安装线形控制，必要时采用体内精调系统控制形，制管节姿态和龙口形以满足最终接头安装需要	低	低	中		低	中	设计分部/测量队		闭合

续表

风险编号	风险名称	风险描述	最初风险等级评定 低、中或高					主要后果	综合风险等级	处置措施	处理后的风险评定 低、中或高					处理后的综合风险等级	责任班组/部门	完成日期	状态
			安全健康	环境	质量	时间	成本				安全健康	环境	质量	时间	成本				
SN-11	最终接头基床测控精度风险	最终接头先铺碎石基床，长度为6.2m，三条基床要求与E29/E30基床进行高程顺接，要求三者（顶面）绝对高程保持一致	低	低	高	中	中	①基床实际标高超过测量标高偏差大，严重影响接头质量；②基床超出基准实测高程高，则会使得最终接头着床后姿态倾斜过大，使刚接头无法焊接安装	高	①定位系统检校严格按照标准化检校流程执行，多种方法测量误差较控制在设定范围之内；②整平期间做好GPS信号监测，选择较好时间段进行顶层碎石基床铺设；③研究最终接头三条垄与E29或E30尾端相邻碎石垄连续铺设的可行性，减少因时间和环境因素造成的精度波动风险	低	低	中	中	低	中	设计分部/测量队/基础监控组		闭合
SN-12	最终接头加工尺寸预估风险	①最终接头加工先于E29-E33管节预制安装，需对已安管节长度进行测量，对实际预制安装管节长度进行预估；②受测量精度影响，预制安装时的某些节点实际估尺寸必然与实际预估尺寸存在偏差	中	中	高	中	中	①龙口尺寸比加工尺寸大，小梁需要顶推更长，严重时需顶出干斤顶行程而使得临近时的GINA水密，同时M形止水带拉长过多而性能降低；②龙口尺寸比加工尺寸小，则最终接头沉放到位后沉管间距小于15cm，使沉管节处极易发生碰撞，严重时可能使得无法沉放到位	高	①沉管安装后，分别采用全站仪坐标法和全站仪距离法在左右行车孔测量已安管节的实际里程偏差，评估实际里程精度，保证对龙口尺寸预估精度的逐步提高；②适当调整最终接头成型与E29/E30安装进度匹配，减小尺寸偏差；③设计通过在刚接头的焊接处消化吸收部分的龙口尺寸实测偏差，此外，必要的时候也可考虑通过调节GINA压缩量和均匀沉放过程尺寸微量调整，提高与龙口尺寸的匹配度	低	低	低	低	低	低	钢壳加工组/测量队		闭合

续表

风险编号	风险名称	风险描述	最初风险等级评定（低、中或高）					主要后果	综合风险等级	处置措施	处理后的风险评定（低、中或高）					处理后的综合风险等级	责任班组/部门	完成日期	状态
			安全健康	环境	质量	时间	成本				安全健康	环境	质量	时间	成本				
SN-13	E29、E30姿态测量精度评估偏差评估风险	①最终接头对接安装受E29、E30管节的实际姿态直接影响，需要精确测定包括轴向高程偏差、横向偏差、纵向距、首尾端姿态面角度等程管节端姿态参数；②目前采用的各种测量方法精度受现场条件影响均存在不确定性	中	中	高	高	高	①龙口尺寸偏小使得最终接头沉放困难、偏大使得顶推作业困难；②E29、E30轴估偏差过大，致使最终接头较大，影响临时GINA顶推到位后的水密性	高	①E29/E30首节一次标定使用不同控制点，不同测量员，通过严格的整套外业测量数据作业方式确保外个技术人员背靠背测量及计算，内业数据分别由两复核，并通过尺复核验的方法再次确认一次标定数据的准确性；②选择观测条件好的时段增加进洞号线和跨海信号传递的测量频次，同时采用长距离尾采用进洞导线量精度；③加测海导线测量塔人孔投点定位，检核后管顶测量塔与E29、E30相与平面测量数据的可靠性；④潜水下拉尺复核E29、E30相互校核关系，与测量计算结果相互校核	低	低	低	低	低	低	测量队		闭合
SN-14	测控定位系统稳定性、敏感性、可靠性风险	①龙口内安装空间受限，操控余裕空间极小（15cm）；②水下测控定位系统的稳定性、敏感性和可靠性不足，将直接影响水下姿态操控	中	中	高	中	中	①测控定位系统信号的稳定性，如GPS信号失锁，则无法准确定位最终接头位置；②测控定位系统对最终接头与实际，无法实时距不够敏感，而显示与实际有延时，则可能会使最终接头沉放出现误操作；③测控定位系统如果出现停机等不可靠接头失控使最终接头沉放作业停滞	高	①对安装现场GPS-RTK信号长时间测试，选择RTK信号较为稳定的时间间段安装最终接头，确保信号的稳定性；②在测量塔平台不同方向加备用GPS天线，以保障GPS接收卫星数，增强测控定位系统稳定性及敏感性及可靠性；③最终接头进入龙口后，短时间段内的GPS失锁，测控系统无法使用期间，使用两套测量仪器确保最终接头个端的位置，防止动摇；④最终接头布置对参对测量塔顶GPS信号影响程度，在铬顶位置设置悬臂梁将GPS天线外伸，减小起重船扣件的遮档影响削；⑤考虑利用测量平台使用全站仪进行应急定位的预案	低	低	中	中	中	中	测量队		闭合

续表

风险编号	风险名称	风险描述	最初风险等级评定					主要后果	综合风险等级	处置措施	处理后的风险评定					处理后的综合风险等级	责任班组/部门	完成日期	状态
			安全健康	环境	质量	时间	成本				安全健康	环境	质量	时间	成本				
SN-15	加工质量控制风险	①钢壳结构为由钢板焊接而成的多格舱空腔结构，结构相对较厚，杂，钢板相对较厚，焊接工作量大；②本体与小梁加工匹配精度要求高，整体质量控制难度较大，出现影响难装配的加工质量问题，或者水密的焊缝质量导致水密的焊缝质量问题	中	中	高	高	高	①人工焊接作业存在由于人工疲劳或者技术水平不一致导致的焊接质量不一致的情况，影响钢结构本体水密性要求；②滑动面加工精度不足时会引起匹配安装顶推小梁安装困难，进而会影响顶推作业或者顶推小梁整体受力风险；③影响止水带的水密功能	高	①做好焊接工艺试验和评定工作，确定好焊接参数；细化焊缝水密检测的方法和频率，对本体结构焊缝检测应100%检验，确定焊缝结构焊接质量；②细化施工工艺和流程，提高焊接质量，控制焊接变形，保证各部件的加工精度和组拼精度；③对关键的钢壳本体结构尽量采用机器人焊接或者由技术水平高的焊工施焊；④综合分析确定顶推小梁和本体结构的安装形式，考虑止水带的安装保护，顶推系统的整体安装精度等问题；⑤考虑其他施工作业对附属配件（Lip、止水带、滑块）的损坏影响，明确顶推细部分的重要性，优化总装配工艺，提高装配质量	低	低	低	低	低	低	钢壳加工组		闭合
SN-16	预应力张拉控制风险	①压缩永久GINA止水带所需预应力约为10000t，通过分次张拉分布在顶底板上的54束钢绞线实现；②分次张拉导致GINA压缩量不均匀	中	中	高	高	高	①钢壳结构局部受力过大，容易产生局部变形，造成顶推小梁间隙变化，顶推困难；②受力不均使GINA压缩量不均，最终接头产生尺寸与龙口差异较大，影响最终接头二次安装	高	①采用多点同时张拉方案，且位置布置对称均匀，确保张拉过程中GINA止水带均匀压缩；②张拉过程中在钢结构关键部位安装位移计，监测张拉过程中钢结构的变形情况；③结合三向锁定装置设置垂直向和刚性限位设计，控制GINA压缩量准确达到设计要求；④张拉过程中对两个1/2钢壳结构的相对运动进行限制，确保两个钢结构仅可在隧道轴线方向上进行移动	低	低	低	低	低	低	预应力张拉组		闭合

续表

风险编号	风险名称	风险描述	最初风险等级评定 低、中或高					主要后果	综合风险等级	处置措施	处理后的风险评定 低、中或高					处理后的综合风险等级	责任班组/部门	完成日期	状态
			安全健康	环境	质量	时间	成本				安全健康	环境	质量	时间	成本				
SN-17	制作运输过程中的安全风险	最终接头本体结构重量大，高度高，重心高，重心的倒梯形结构不稳，制作倒梯形结构失稳，易失稳；海上运输距离较远，管结构稳定性差，运输时间因为冷空气多发期，遭遇恶劣天气多频率高，运输过程中稳定安全风险高	高	中	高	高	高	①在场内运输过程由于失稳意外情况下可能会发生本体结构倾覆等危险；②最终接头长距离运输过程可能发生由于大风、倾覆等恶劣天气导致的船舶摇摆严重、倾覆等不利情况，同时测量搭长人孔容易产生较大挠度导致本体结构变形	高	①组拼和场内运输需要制定合理和稳固的临时封固措施；规划好详尽的场内运输方案，制定详尽的运输线路，同时考虑最不利情况，验算最终接头本体结构的抗倾覆性；②选择合适的时间段进行航运输，同时，提前选择运输过程中的防风面，做好应对措施；考虑可能遭遇的意外气象边界条件，设计实施足够可靠的封固措施，确保运输过程中稳定性，并提请船检部门进行复核确认	低	低	低	低	低	低	运输组		闭合
SN-18	小梁结构加工匹配及组装风险	①共设27个（单侧）顶推千斤顶，其同设置钢块和止水带，与钢壳本体结构匹配套安装；②顶推和滑块的本体结构和滑块配合间隙小，加工精度要求高	中	中	高	高	高	①顶推小梁加工尺寸比设计尺寸大，导致装配困难；比设计尺寸小，导致间隙过大，小梁接头体系不稳定，受头失效；②千斤顶同时定位安装困难，多次吊装组装，对小梁结构局部较大，可能导致顶推变形过大使顶推作业受困	高	①本体结构和顶推小梁焊接完成后，两者的接触面全部进行机加工，目在机加工过程中参考相应配位置的尺寸，对设计尺寸进行微调，保证顶推小梁和本体接头完成转配嵌着后，间隙保持一致；②顶推千斤顶与本体结构固定后，采用调整螺栓将顶推千斤顶调直，确保顶推千斤顶尽可能与缝道轴线保持一致；③设置可靠的顶推小梁吊装工装设备，工装设备既可以保证吊装时量最小，又可以在吊装过程中对顶推的水平姿态进行调整；④顶推千斤顶下放备整个顶推小梁连接完成后进行对中下放，确保小梁吊装过程中对顶推小梁的水平姿态进行；每下放20cm就对顶推小梁在本体中的垂直度进行一次调整，避免在装配过程中对顶推小梁和本体结构的间隙造成不可逆风险	低	低	低	低	低	低	钢壳加工组		闭合

续表

风险编号	风险名称	风险描述	最初风险等级评定（低、中或高）					主要后果	综合风险等级	处置措施	处理后的风险评定（低、中或高）					处理后的综合风险等级	责任班组/部门	完成日期	状态
			安全健康	环境	质量	时间	成本				安全健康	环境	质量	时间	成本				
SN-19	小梁顶推止水系统综合调试风险	①小梁顶推止水系统和配套液压头系统，为最终接头关键核心部分，顶推系统安装后后管需要进行调试，顶推系统综合调试是最为困难和重要的部分；②小梁与本体同隙应配受目目钢壳吊装、预应力张拉钢结构、整体结构壳混凝土浇筑等综合因素影响，从制作到安装的全过程都存在不确定性风险；③液压系统含6台泵站，54个千斤顶，108根液压管，所有液压管路经本体结构预埋进入最终接头舱缆内，控制和信号线号线则需要通过长人孔后连接至船舶的控制；④最终接头头与预应力空间小，且与预应力Ω止张拉、剪力键和Ω止水带安装等存在交叉	中	中	高	高	高	①预埋油管出现失效或堵塞情况，导致顶推系统无法作业，预置顶无法完成介质更换，成为永久风险；②油管接头连接承受压力不好，所能承受压力值低于设计值，极易在工作过程中产生漏油现象，使得千斤顶无法保持压力，影响钢结构施工安全	高	①考虑预应力张拉和钢壳的浇筑对小梁区域的变形影响，确定分阶段分步骤进行小梁滑移调试方案；②钢壳制作小梁装配需要设置独立的工装，进行出入槽口的滑移调试，根据实际情况确定合适尺寸的滑移轨道或垫块，保证间隙合理顶推顺利；③顶推干斤顶测试及安装前，进行100%压力测试确保顶推干斤顶工作正常，避免不合格干斤顶被安装于系统中；④预埋液压管在与钢结构本体焊接完成后，对液压油管的压力保持、油密性进行100%检测，检测完成后对液压油管的两端采用专用堵头进行封堵；⑤顶推小梁滑移到位后，在工装设备不拆除情况下，液压油泵站的连接，并对小梁顶推系统进行液压检测，测试系统性能，正常后拆除工作设备；⑥为避免顶推系统调试可能会对止水带带来的损伤风险，在小梁匹配间隙调试和液压系统调试都完成后再进行LIP止水带的安装	低	低	中	中	中	中	钢壳加工组/安装组/VSL		闭合

续表

风险编号	风险名称	风险描述	最初风险等级评定 低、中或高					主要后果	综合风险等级	处置措施	处理后的风险评定 低、中或高					处理后的综合风险等级	责任班组/部门	完成日期	状态
			安全健康	环境	质量	时间	成本				安全健康	环境	质量	时间	成本				
SN-20	临时性孔洞的水密性风险	最终接头迎水面安装时性活包括高流动性混凝土浇筑孔、排气孔、顶推千斤顶油压推孔、进出液压油管孔、顶推管内用的临时长人孔等	中	中	高	高	高	①千斤顶安装的预留孔水密性较差，则会使得孔洞密闭无法成形，既会影响干施工环境，也影响到施工质量，同时对接头存在较大的长期运营风险；②浇筑较差，会使最终接头密封性较差，会在运营期间出现漏水风险，后果严重	高	①综合考虑混凝土特性和浇筑需求，在保证混凝土成形质量的同时，避免不必要的浇筑孔和排气孔的设计；②预埋孔采用过盈配合，液压油管装置考虑采用本体结构热装或者油管冷刚接时可存在较大的检测气孔，装配；装配焊接完成后，进行水密检测试；③堤高临时性孔洞封孔的焊接要求，封孔钢板选取与临时性孔洞高度匹配契合的材料，目接触面进行机加工，确保空隙在焊接的时候全部填充，不会出现缝隙漏水通道	低	低	低	低	低	低	钢筋加工组/混凝土浇筑组/止水带安装组/舾装组		闭合
SN-21	高流动性混凝土浇筑质量风险	①钢壳混凝土结构系国内首次采用，高流动性混凝土从配合比设计到施工均参考日本标准进行转换，施中还有一些不确定的问题；②与常规混凝土存在较大的不同，对各类敏感，且无法通过常规检测手段进行最终质量确认，质量控制风险高	中	中	高	高	高	①混凝土制备过程出现缺陷，使不合格混凝土进入舱内，致使混凝土填充不密实，影响最终结构整理的隐患；②拖泵和罐车数量的安排不合理，导致无法连续浇筑或者混凝土等待时间过长，影响高流动性的整体性能	高	①对试验确定的高流动性混凝土配合比要进行足尺模型试验，分析个施工环节对混凝土成品质量影响程度，明确施工控制要点；②注重过程控制，对包括原材料质量，计量，搅拌，运输，泵送全过程进行全程监控，对新拌混凝土的流动性（明湿扩展度）、入模温度等指标进行多次试验验证，控制混凝土自由倾落高度满足要求，根据现场检测结果及时调整施工措施保证混凝土均匀性和稳定性的实现；③根据泵送速度和浇筑速度合理规划拖泵车的数量，保证在混凝土浇筑的连续性，现场检测流动性和扩展度等指标发发现异常时，应由试验人员指导通过掺加外加剂等办法进行补偿；④顶板外露浇筑孔洞贯通采取临时的覆盖措施，防止在混凝土浇筑前雨水或海水进入钢壳内，影响混凝土质量；⑤研究对局部位存在不饱满部位进行注浆的工艺和参数，保证最终质量满足设计要求	低	低	中	中	中	中	混凝土浇筑组		闭合

续表

风险编号	风险名称	风险描述	最初风险等级评定 低、中或高					主要后果	综合风险等级	处置措施	处理后的风险评定 低、中或高					处理后的综合风险等级	责任班组/部门	完成日期	状态
			安全健康	环境	质量	时间	成本				安全健康	环境	质量	时间	成本				
SN-22	浇筑加载引起结构变形风险	①混凝土浇筑采用分隔舱分次浇筑成形式，浇筑过程中钢壳结构会产生变形；②浇筑顺序的不合理、不对称和不均匀浇筑，还会使额外变形；③浇筑引起的变形与变形测量状态不一致，将给结果带来测设误差	中	中	高	高	高	①钢壳结构变形使顶推小梁与本体结构形式，影响顶推出现间隙不同浇推作业；②浇筑变形位置受力大改变，对最终受力体系结构较大影响，对后续的吊装造成的变形和后续安装带来不利后果	高	①按照均匀对称的原则确定浇筑顺序，合理考虑浇筑次序，以及上下层不同浇筑单元间的间隔时间；②浇筑过程中，钢壳结构夹装置位置尤其是小梁位置浇筑过程中钢壳结构的变形情况；③混凝土浇筑时泵管布设的受力点选在横纵隔板内支撑，避免钢壳在浇筑过程中受自身和混凝土泵的振动影响钢壳结构；④根据变形计算书，在最终浇筑时可部分临时支撑，避免混凝土浇筑过程中受自身和混凝土重力影响产生过大变形	低	低	中	中	中	中	运输组		闭合
SN-23	浇筑加载引起甲板变形风险	钢壳内高流动混凝土分隔舱单元对驳船变形和后底变形影响较大。若底部加载不当或稳性影响较大，最终加载不当会导致浇筑时局部甲板变形过大；此外，最终设置浇筑的重心会随钢壳内混凝土重心调节压载不当会导致船舶调节压载不当导致甲板或船舶变形，严重时会出现翻船变形，严重不当会加剧甲板重则变形，严重时会出现翻船等严重后果本体结构变形造成成本不当会对本体结构变形和变形影响	中	中	高	高	高	①甲板局部变形过大影响最终观测结构，直接影响观测结构质量；②混凝土浇筑船不均匀，导致驳船倾斜过大，而运输船调载不及时，失稳情况，封固设备可能出现封船等严重后果	高	①综合考虑接头总体重量和分布情况，浇筑过程中的加载顺序，以及栖装工艺，以及拖航封固等要求；②结合驳船龙骨分布和结构情况，对驳船甲板强度和刚度进行分析计算，必要时需对船体进行加固；③设计制作混凝土浇筑和混凝土浇筑工事要求的底胎，既要控制驳船的变形，又要考虑GINA和IM形以及带的驳船的底部安装空间；④建立驳船受力分析和驳船接头浇筑混凝土加载顺序做好对驳船和接头最终接头的重量做好分配调整配比工作，同时确保驳船最终接头的重在浇筑过程中的稳定，监控专职小组做好驳船全程压载调整配比工作；⑤在驳船上建立独立测量坐标系，混凝土加载过程中进行驳船甲板浇筑变形的监测，指导、监控驳船甲板浇筑变形的监测顺序	低	低	低	低	低	低	运输组		闭合

续表

风险编号	风险名称	风险描述	最初风险等级评定 低、中或高					主要后果	综合风险等级	处置措施	处理后的风险评定 低、中或高					处理后的综合风险等级	责任班组(部门)	完成日期	状态
			安全健康	环境	质量	时间	成本				安全健康	环境	质量	时间	成本				
SN-24	永久GINA、Ω止水带损坏风险	①永久GINA和Ω止水带在振华钢结构制造工厂内安装，受作业交叉影响；②在自然环境下外露时间长（3~4个月），永久止水系统存在受环境因素影响产生损坏的风险	中	中	高	高	高	①永久GINA和Ω止水环境等影响期间存在受人力等影响期间损坏，会对运营期间管节之间的止水效果带来严重后果；②GINA止水带受阳光照射，产品易老化，降低GINA止水带性能	高	①GINA止水带管顶外露部分易受冲击破坏或实木结构全覆盖保护，设置钢或实木等覆盖保护，两侧外墙部分采用土工布等柔性物覆盖盖面，防止日光直接老化；②Ω止水带与管内橡胶接触，作业近距离接触和混凝土浇筑，作业影响区域需要设置保护措施，底板顶面盖面设置钢板覆盖盖面防止坠落物碰撞伤损坏	低	低	低	低	低	低	止水带安装组		闭合
SN-25	临时止水系统安装质量及损坏风险	①临时止水系统由临时小GINA止水带、M形止水带和Lip止水带组成，在最终接头等关键施工过程中起着至关重要的作用，其中Lip止水带接头安装困难，质量控制难度大；②小GINA和M形止水带安装后外露，且位置在上与最终接头在甲板上的临时封面过程中存在冲突，受搅拌船冲突较大，受损概率较高；③止水带为专门订制产品，一旦受损无法及时更换、修复也比较困难	中	中	高	高	高	①所有止水带为定制产品，一旦损坏，对施工工期会造成较大影响；②Lip止水带和M形止水带为第二道防线，顶椎小梁多次接配损容易损坏Ip、M形的止水性能降低，是刚性接头，其中Lip止水接头安装配合困难，质量控制难度大；③M形止水带安装要求高，螺栓扭矩如果要求无法达到设计值，则M形止水带的水密性能不能大大降低，还会形成漏水通道，这对刚接头施工致命的；④GINA和M形止水带如果在沉放过程中被损坏或安装位置发生损坏程度大，对后续施工存在较为较大隐患	高	①制定可靠的Lip止水带和安装组中制定螺栓紧固方案；明确Lip止水带水密性要求下，所必须满足的安装精度；②止水带接驳利用专业人员完成，并在接驳完成后，对水密性进行检测；在顶椎Ip梁进行顶椎调试伸入缩回过程中，采取措施避免受损情况发生；③为保证安装时GINA和临时止水带的水密性，安装过程中制定螺栓紧固扭力进行100%检测，并在最终接头出结前对所有螺栓全部复拧一次；④为保证M形止水带不受意外损伤，在M形止水带安装完成后，在外侧增加保护措施；⑤研究制定运输船进出均方案下，要在确保定位稳定的前提下，对横缆、纵缆绞移和解锚缆移过程中的所有缆系平立面位置进行全面核查，避免缆系与止水带直接接交	低	低	中	中	低	中	止水带安装组/安装组		闭合

续表

风险编号	风险名称	风险描述	最初风险等级评定（低、中或高）					主要后果	综合风险等级	处置措施	处理后的风险评定（低、中或高）					处理后的综合风险等级	责任班组/部门	完成日期	状态
			安全健康	环境	质量	时间	成本				安全健康	环境	质量	时间	成本				
SN-26	舾装作业HSE风险	①舾装作业包括管顶舾装件安装、止水带安装和海控制系统（含顶推系统测控系统、液压系统调试等）安装吊装作业、涉及高空过渡间空中上临海边作业与IY等；②施工项目多，交叉作业繁杂，存在较大的HSE风险	高	高	高	高	高	①高空作业和海上临边作业与海上止水带发生人员坠落伤亡危险；②吊装过程中，安装过程中容易发生物体打击、人员坠落；③密闭空间作业不当，对施工人员有较大的职业健康伤害	高	①每一项施工内容严格按照施工现场HSE规定和相关安全知底，并配备现场安全员进行巡视；对存在较大安全隐患的施工在施工前开展职业安全健康交底；②在底板预应力束上方设置型钢工作平台，同时综合考虑管件作业顺序和空间布置方案，以及相应的设备设施固定方案；③最终接头孔门敞开时，保持人孔和钢封门在打开时在舱内设置鼓风机，确保舱内空气流通顺畅；④舱内作业时保持舱内照明充足并禁止连续作业超过4h，避免施工人员长时间引在昏暗环境下施工的视力模糊而引起的其他不确定事故	低	低	低	低	低	低	安装组/舾装组/止水带安装组		闭合
SN-27	顶推系统损坏环境风险	①顶推系统设备种类和数量众多，包括108个油管接头和108个注浆接头，并布置108根液压油管信号线，每个千斤顶配有一个液压阀件用于顶推功能控制和压力监测，另外还有6台油泵和多个控制柜；②由于舱内空间狭小、高流动性混凝土浇筑和舾装内舾装调试阶段交叉严重	中	中	高	高	高	①液压阀件及油泵损坏、顶推系统无法正常作业，影响最终接头安装进度和调试效率；②控制信号线损坏则系统无法实现完整的控制；③注浆接头损坏影响后续覆盖顶保护防护，使预埋介质的大量积水情况、损坏接头则损坏后续后置成为运营期隐患	高	①顶推系统结构在钢壳结构加工基地调试检测合格后，拆除舱内液压软管并固定，加固液压阀组和液压泵站，接头采用专用接头进行遮盖，避免运输过程中船体的倾斜封闭损坏对顶推系统造成损坏；②三组液压泵站置于永久GINA止水带正上方以避开钢壳混凝土浇筑作业和顶推系统的交叉范围，最大化减少混凝土浇筑作业对顶推泵站做架处理和覆盖防护，以应对舱内可能出现的大量积水情况；液压泵站在浇筑过程中，在顶推小梁和本体结构的间隙处通过缝隙进入到本体结构间隙位置内，损坏液压软管而导致顶推小梁受力不均或无法正常推出	低	低	低	低	低	低	安装组/VSL		闭合

续表

风险编号	风险名称	风险描述	最初风险等级评定 低、中或高					主要后果	综合风险等级	处置措施	处理后的风险评定 低、中或高					处理后的综合风险等级	责任班组/部门	完成日期	状态
			安全健康	环境	质量	时间	成本				安全健康	环境	质量	时间	成本				
SN-27										④浇筑骑表过程中，所有会与施工作业产生交叉的液压配件（液压软管、液压阀组等）全部拆除，同时预埋液压管等外露接头采用专用专用预埋堵头堵井进行围护，考虑对制作外漏接头钢板保护罩；⑤M形止水带安装过程中，底板位置顶推小梁和本体结构的间隙处进行覆盖防护，避免细小零件（压板螺栓等）掉落到同隙进入本体结构滑动槽内；⑥舱内顶雕压系统液压油管，对其进行贴墙处理，让所有管线走向沿着墙壁，避免管线出现下坠，拉处等不良状态而受影响；同时，需穿出人孔的多条线缆进行绑扎，加强线缆的整体强度									
SN-28	回淤控制风险	①受作业空间限制，采用专用清淤船清淤，存在碰撞封门的风险；②E29/E30近距离稳定和覆盖回填后才能进行最终接头施工，龙口区域边坡容易出现回淤	中	低	中	中	中	①最终接头龙口区两侧E29、E30管节底板处回淤物需要依靠潜水人工清除；施工工期无法保证，且最终接头龙口区域受龙口效应形成恶性循环，清淤容易变形成恶性循环；②边坡冲刷物坍塌，严重清淤回淤施工工期	中	①制定龙口区边坡回淤监测专项方案，关注该区域回淤或冲刷的长期变化情况；基础监控组根据监测数据及时做出边坡稳定预警预报和处理要求；②控制E29和E30管节回填料的合理量，减少回淤物来源；③优化改造潜水下清淤应急方案；研究制定龙口区边坡清淤应急预案；④速龙，清平清淤作业期间，高度关注船舶位置，清淤头处碰撞，防止与封门碰撞	低	低	低	低	低	低	基础监控组		闭合

风险编号	风险名称	风险描述	最初风险等级评定					主要后果	综合风险等级	处置措施	处理后的风险评定					处理后的综合风险等级	责任班组/部门	完成日期	状态
			安全健康	环境	质量	时间	成本				安全健康	环境	质量	时间	成本				
SN-29	碎石基床三垄床精度控制风险	①最终接头碎石基床设计为三条垄，纵向长度为6.2m，如果第1条和第3条垄间高差10mm，最终接头来自E29/E30后两侧垄端顶面，结合腔顶，底端面间距相差约18mm；②若出现中间垄高于两侧垄的情况，还可能会影响到最终接头着床的稳定性	中	中	高	中	中	①若最终接头结合腔经过三条垄，临时受到的因素大，考虑较大的顶推小梁，刚度小GINA的止水能力；②若出现中间垄情况，还可能会影响到最终接头着床的稳定性	高	①细化最终接头碎石基床整平过程道工序质量控制措施，提高整平头要求（平面定位、船体倾斜小梁、动体速度优化等），三条垄间的最后一层要求尽可能相同的外界条件下（一个平潮期，GPS信号良好时的时段）完成；②增加多波束来纵向扫测速度，使测量结果更好地反应三条垄高的相对高差，根据E29/E30安装后的数据调整；③明确小梁顶推压缩，即将控制GINA压缩垄及周圈垄异化的标准，进而细化顶推作业流程和作业指导书	低	低	低	低	低	低	基础监控组/测量队		闭合
SN-30	最终接头和E29、E30基础沉降风险协调风险	①最终接头基础为平坡，由于E29和E30管节受基础预留超30高量，施工精度和回填量加载困难，两侧尾端高较难做到完全一致；②最终接头安装过程中可能出现基础预留超高的对接高度不协调导致的高差值；③回填加载过程中接头部分的附加加应力，能导致最终接头处产生较大的附加应力，严重时影响接头质量	中	中	高	高	高	①E29和E30管节尾端标高不一致将直接影响接头质量；②最终接头安装不对称形式（碎石基础）和其他部分（合金基础）不一致；③最终接头量超超端出现的基础沉降不协调导致接头处高差较大的附加应力，严重时影响接头质量	高	①开展E29、E30最终接头基础预留超高量专题研究，综合考虑匹配安装减少对接高差要求，以及后期沉降协调减少小刚接头的附加沉降，结合施工过程中沉降位移观测数据，动态合理配置三者基础铺设标高；②开展碎石基础1:1比例模型荷载试验，研究在安装过程中出现因沉降不协调导致的高差问题的应对方案，特别是最终接头接头处的不料料接接对方法，需要在模拟试验中进行不同工况的演练；③考虑施工标高协调定提供支撑，绘制施工标高调整曲线过程中出现的应对方案；④在基础回注3桨后的管节外回填过程中，对最终接头和其后的应力变形进行监测，发现异常现象及时应对应对处理	低	低	中	中	低	中	设计分部（基础）/监控组		闭合

続表 — 续表

风险编号	风险名称	风险描述	最初风险等级评定 低、中或高					主要后果	综合风险等级	处置措施	处理后的风险评定 低、中或高					处理后的综合风险等级	责任班组/部门	完成日期	状态
			安全健康	环境	质量	时间	成本				安全健康	环境	质量	时间	成本				
SN-31	超大构件吊装安全风险	①交通建设领域吊装领域尚属首次，超大重量的构件吊装，从吊装到实施各个环节都涉及重大起重安全风险；②安装时需要水下精确定位操作，现场船船锚泊定位操控交叉严重，船舶定位操控风险大；③入水前后最重变化明显，起重船的稳定性风险较大；④最终接头吊装入水后，受到海流力、船行波等外力影响易发生晃动	高	中	高	高	高	①最终接头侧墙吊点外侧斜坡位置，极不利于操作吊点连接，容易出现人员坠落；②最终接头进入水面过程中受浮力影响，吊重持续受变化，吊重稳定性受较大影响；③水下吊装一旦失控不好，极易发生意外碰撞，影响整体结构；④吊装下放过程中，最终接头易出现偏位及晃动，碰撞风险大	高	①联合研发，巨力等国内具有大件吊装经验的单位编制吊装接头安装作业安全专项方案，对吊装变形以及吊随布置配合方案进行充分的讨论比选，对吊点、销轴、吊绳的设计选型进行平行计算，同时对吊装过程中可能出现的所有不利情况进行分析研究，制定相应的应急预案，确保吊装方案的安全可行；②严格过程监控，对涉及吊装受力的关键部件的加工制造，要求设计控制和检验标准，确保吊点钢结构焊接质量100%达到相应的规定标准；③起重船的定位锚全部选用沉管安装作业过程所有缆绳、缆绳位置变化进行跟踪，包括起重船等船舶的定位描绘、最终接头沉放调位缆绳和"脐带缆"等，确保最终接头吊装沉放过程中不会出现缆线交叉、缠绕等不利现象；④吊装作业前，对连接船进行专项检查和测试，检查包括起锚钩、锚泊绳钩、电动机和轮缆等关键部件，测试缆钩绳的安全是否满足要求；同时对其他辅助船舶的操作性能进行测试及评估连接的相关性（安装舱、活动舱等）⑤根据制作所需的人员数量和操作空间设计制作挂钩专用工作平台，配置安全围栏以及与管顶连接的安全斜坡步道，防止由于空间狭小导致小型吊装的人员坠落风险；进行必要的辅助设施和工具等，通过工艺优化降低操作件的安全风险；⑥开展最终接头沉放下水过程中等比例模型演练，跟踪设计和制造实时情况，掌握最终接头空气中自重和水中浮重的真实数据，准确确认最终接头接头大件沉放过程中由于重量的变化对起重船及其本身带来的影响，与起重船长一起细化入水前后船舶姿态（压载）调整方案，确保起重船吊装最终接头大件的安全就位	低	低	中	中	低	中	安装组		闭合

港珠澳大桥沉管安装
风险管理实务

304

续表

风险编号	风险名称	风险描述	最初风险等级评定（低、中或高）					主要后果	综合风险等级	处置措施	处理后的风险评定（低、中或高）					处理后的综合风险等级	责任班组/部门	完成日期	状态
			安全健康	环境	质量	时间	成本				安全健康	环境	质量	时间	成本				
SN-32	沉放姿态控制风险	①龙口处流场复杂，倒梯形不规则体联合体在波流耦联作用影响下的姿态反应不明确，入水和着床等关键要素发生摆动和倾斜等；②最终接头处于上号两侧侧安全空间窄小自身的三维姿态相互影响，姿态的安全受控难度大；③最终接头姿态水下定位精度直接受水下定位系统的操控能力的影响，相较于标准沉管节安装完善的操控模式，水下位条件相对较差，水下精确定位操控难度大	高	中	高	高	高	①沉放过程中，如果姿态控制不好，致使最终接头接头两侧导向托架无法同时进入号吊进行安装，需要重新起吊多次，极易错过最佳沉放窗口；②最终接头进入龙口后程如遇强对流、船形、姿态不受控情况，一旦碰撞，将可能损环节时与GINA及顶推小梁，带来严重的后果	高	①开展龙口海流流态数模试验和最终接头运动姿态研究，掌握安装所处的环境条件和最终接头的运动对影响规律；②加强安装期间的环境监测预报工作，细化工艺流程和时间计划安排，选择条件最好的时间窗口进行龙口内关键的沉放对接作业；③研究实施的综合姿态控制方案，分阶段考虑定位精度不同需求，细化描绕定位方案，优化号向和限位结构形式，提高姿态控制能力	低	低	中	中	低	中	安装组/测量队		闭合
SN-33	沉放过程意外碰撞风险	由于安装空间极其有限，受海底紊流、强对流、船形波和意外机操作等突发发生意外影响，接头出现碰撞风险，可能与顶推小梁，或造成已安管节的安全风险，后果严重	中	中	高	高	高	①在沉放期间的末期，很可能由于海流突遇、突遇强风场自然影响和卷曲度等沉放系统影响而出现意外碰撞的情况；②最终接头体量大，一旦碰撞，会损环节时与顶推小梁，带来严重的后果；③最终接头沉放时吊钩与吊点距离较长，一旦发生碰撞会使最终接头的活管节会影响起重船的操控及稳定性	高	①加强海事保障工作，建议考虑在进行龙口内沉放对接作业时对周边航道实施封航、限流等，避免意外船行波影响；②研究制定意外情况下的防碰撞冲方案，避免GINA和小梁受损情况的发生；③研究开发最终接头安装测量定位系统和实时的位置变化影响因素，考虑纵、横响动态下最终接头与E29/E30间各特征点最小距离，实时给水下描锁定位提供准确依据	低	低	低	低	低	低	安装组/测量队		闭合

续表

风险编号	风险名称	风险描述	最初风险等级评定（低、中或高）					主要后果	综合风险等级	处置措施	处理后的风险评定（低、中或高）					处理后的综合风险等级	责任班组/部门	完成日期	状态
			安全健康	环境	质量	时间	成本				安全健康	环境	质量	时间	成本				
SN-34	安装过程水密性风险	①临时的GINA、M型和LIP止水带组成的小梁临时止水系统为确保临时止水带的关键，安装过程顺利的关键，发生水密问题将极大影响管内作业的正常展开；②碎石基床整平精度差和管节预制安装质量差异，会导致安装过程中已安装管节端面同小梁与已安装管节端面不一致，上、下、左、右各不一致，顶推时管节四周存在GINA压缩量，最小压缩量处差异，最小压缩量薄弱风险点；③钢封门密薄弱风险点多次，反复使用，存在漏水风险	中	中	高	高	高	①钢封门和混凝土结构水密性无法保证，则临时止水系统为一大隐患，且无法保证安装最终接头的安全使用；②长人孔作为应急通道和线缆通道，一旦发生漏水，则直接影响最终接头舱内安全，使最终接头无法安装，滞后施工工期；③临时止水密系统一旦发生水密问题，将极大影响管内作业，尤其是刚接头焊接作业的正常展开，并可能引发重大安全风险	高	①E29/E30安装时若无法实现轴线和端面角度"双零"目标，建议考虑通过精调手段使两个管节的尾端端面保持平行；②E29/E30安装完成后采取多种手段测量分析并准确定龙口的实际尺寸，同时对制作完成的最终接头外形尺寸精确测量，事先进行最终接头模拟安装，分析理论端面间距，掌握GINA压缩量在不同位置上可能存在的差异性；③综合考虑小梁测量度、GINA压缩均匀性以及下不同桩柱在均匀性之间的关系，在保证小梁整体水抵抗水压能力满足要求的前提下，建议采取措施使小梁端面的刚度变更能适应端面间距不一致的情况，使GINA压缩量尽量一致；④根据预应力采取的方式考虑通过事先调整永久GINA的压缩量使最终接头尺寸与合龙口凹凸配的可行性；⑤与厂家沟通，千斤顶顶推时的同步性精度将保证顶推措施要在系统研制过程中加以特别的注意，控制方法要在系统说明书中特别加以注明，防止出同步性差异大引起止水带拉伤；⑥对小梁顶推过程中的刚性模式（压力控制和行程控制）和控制方法研究，考虑顶推到后合的状态静定状态的判断标准，以及维持保压状态的控制标准，进而细化顶推作业指南书；⑦管内作业期间，在刚接头焊接和注浆完成之前，要特别注意水面船舶经过的工区域，以及警戒船舶自身的锚缆位置严禁通过最终接头水域，确保M形止水带的安全；⑧长人孔与测量塔进行刚性连接，防止在运输过程中晃动引起的人孔接头水密的失效风险	低	低	低	低	低	低	安装组		闭合

续表

风险编号	风险名称	风险描述	最初风险等级评定					主要后果	综合风险等级	处置措施	处理后的风险评定					处理后的综合风险等级	责任班组/部门	完成日期	状态
			低、中或高								低、中或高								
			安全健康	环境	质量	时间	成本				安全健康	环境	质量	时间	成本				
SN-35	测量塔和长人孔安全风险	①测量塔和长人孔在振华基地安装，最终接头长距离运输途中，受异常天气和船舶纵横摇影响会产生频繁摆动，底角会受到应力变动，严重时引起结构部局受到交变应力影响，严重时引起结构疲劳等问题；②作为人孔的应急通道和控制线缆进出最终接头内部的通道，沉放过程中需要保持内部水密状态；③沉放到位后管内作业期间，测量塔和长人孔，需要保留较长时间，恶劣海况条件下和意外船舶冲撞损坏长人孔将会产生严重后果	中	中	高	高	高	①频繁摆动对对钢壳本体会产生交变应力影响，严重时引起结构疲劳等问题；②长人孔若出现漏水情况，将对安装期间和保障产生很大影响；③剧接头人焊接期间，恶劣海况条件下和意外船舶冲撞损坏长人孔将会产生严重后果	高	①最终接头长距离运输过程中，对测量塔和长人孔采取牢靠的封固措施，顶部进行刚性封装结构，底部进行刚性封装并与最终封装置连接；在满足吊装的前提下应在结构分段设计时，同时做好测量接头减少接头数量，降低接头间的防水质量控制，并注意加好接头间的连接和固定，利用刚性强与测量塔的连接和固定；③开展刚接头人焊接施工工艺，优化施工工艺，提高接头焊接施工工效，缩短沉放到位测量接头长人孔开启的时间；同时做好在管内作业期间，加强海上保障和天气海流情况巡测频率	低	低	低	低	低	低	安装组		闭合
SN-36	精调系统故障风险	最终接头块着床后东西向精调系统依靠东西向精调系统进行调整，有赖于精调系统的精确定位，精调处于关键线路	中	中	高	高	高	①最终接头头位置无法进行精确调整，错过安装窗口；②重新安装最终接头	高	①除在坞内进行系分的调试演练外，要重点关注曝露在封门侧海水中的油管和控制线缆的实现封装问题，做好保护措施，防止沉放过程中的刚缆安装等意外事情的发生；②对错缆定位的实现方式（卷扬机位置、性能，集中分散锚，缆系平面）进行深入分析，提高水下定位精度水平	低	低	中	中	中	中	安装组/VSL		闭合

续表

风险编号	风险名称	风险描述	最初风险等级评定 低、中或高					主要后果	综合风险等级	处置措施	处理后的风险评定 低、中或高					处理后的综合风险等级	责任班组/部门	完成日期	状态
			安全健康	环境	质量	时间	成本				安全健康	环境	质量	时间	成本				
SN-37	小梁顶推系统故障风险	①小梁顶推止水是最终接头整体施工的最关键一环；②滑移面锈蚀或结构变形会导致顶推时摩阻力增大，降低千斤顶顶推能力，GINA有效能力；③控制线缆从舱内到控制台，信号控制线较长且里跨越海面，加之油管里接头多、意外情况多，确认和排除时间较长，影响施工进度；④顶推千斤顶本体工作环境恶劣（水下30m），顶推到位后保持超高压工作状态（7~15d），对系统稳定性要求高，出现故障的几率高	中	中	高	高	高	①摩阻力过大，小梁无法顶出；②顶推力无法使用无法保障，水密性无法保障	高	①开展技术攻关，提高顶推小梁和结构本体加工精度，对制作尺寸和滑移面质量增加中间检测和点检，提高匹配吻合度，从源头控制减小顶推摩阻力；②对顶推滑移面增加护措施进行研究，并在细化考虑增加润滑油措施等措施，增加足够数量的滑移系统保养的黄油润滑方面措施；③综合考虑提高顶推系统性能稳定性制作线缆布设方案、管线安装和固定时机、管线保护方案、故障快速检测方案，并考虑任何一环出现故障的应急措施和涂抹方式	低	低	中	中	中	中	安装组/VSL		闭合
SN-38	监测监控保障系统失效风险	①最终接头安装控制系统包含测量控制系统，运动姿态监测系统，管内视频监控系统、封门应力变形监测系统，结构内压力监测系统等众多监测系统；②各系统包含大量电子和电气等控制量信号，控制电缆很复杂，发生故障的几率较高；③"深带缆"控制则线需要过人孔，从调遣海面需要塔顶顶越海面连接至塔顶进行调遣，且沉放期间需要配合在下深度进行实时调遣，线缆路径长、抗破坏能力弱	中	中	高	高	高	①各控制系统线缆系统多，一旦发生故障，严重滞后施工周期；②如果系统沉放过程中发生故障，显示结果差较大，则极易影响最终接头实际沉放过程，带来严重后果	高	①各系统在出坞前和起吊前各进行一次综合调试检测，不带着问题出坞，不带着系统可能出现问题的应急预案；②线缆布设尽量避免交叉，管内和长至人孔处至塔线缆依靠壁布置方式，外力拉出；保证线缆不受弯越海面的线缆绞线时，同时，为减少需跨越海面的线缆数量，综合考虑信号传输稳定性采取"无线"量在测量塔和控制台间近取，装前阶段需要预留足够的时间进行综合联动测试；③加强沟通，尽量从技术角度避免控制线的沟通，尽量从问题的发生，同时，在临装前段需要预留足够的时间进行综合联动测试	低	低	低	低	低	低	安装组/测量队		闭合

续表

风险编号	风险名称	风险描述	最初风险等级评定（低、中或高）					主要后果	综合风险等级	处置措施	处理后的风险评定（低、中或高）					处理后的综合风险等级	责任班组/部门	完成日期	状态
			安全健康	环境	质量	时间	成本				安全健康	环境	质量	时间	成本				
SN-39	着床定位操控风险	①最终接头碎石基床东西长度仅为6.2m，着床时负浮力大于1000t，负浮力相当承载力面积单位承载力较高，吊钩对基床承载力较高，易致基床的不均匀着床时容易造成破坏；②最终接头东西定位误差较大，后续精调编组时较长，会给编组窗口使用和潜水作业带来较大风险	中	低	高	高	中	①最终接头着床后，调位缆绳调整高测量精差间值大于设计值相差过大，使间距损坏状态；②最终接头碎石基床东西长度仅为6.2m，碎石单位面积承载力高，吊钩承载力不同步性导致基床不均匀着床易造成冲击破坏	高	①将装调试阶段提高测量塔和倾斜仪的标准精度，在测控系统中实时显示最终接头四个吊钩的下放高度，通过精确调整起重船四个吊钩的不均横倾尽量保持水平进行着床	低	低	低	低	低	低	安装组/测量队		闭合
SN-40	排水对接体系转换风险	①最终接头两端结合腔排水后，E29/E30的尾管端GINA止水压力消失，水管节存在回弹趋势，需依靠着管节四周摩阻力提供止退力，若摩阻力意外情况下不足，将会产生回弹的危险现象；②最终接头负浮力增大，碎石基础对GINA止水带在正压力增大，一定的沉降，基础理论上会产生一定的沉降，沉降量过大时易发生水密等意外风险	中	中	高	高	中	①E29/E30摩阻不足难以抵消GINA回弹力，导致GINA回弹影响水密风险外，还会响导顶推严重时超过受允许的上限，使干斤顶受损坏；②最终接头负浮力增大，碎石基础产生的受力大，易产生损坏风险	高	①由设计根据核算结果明确E29、E30管节的回填范围和标准以及E29、E30管节水箱内所需压载水水量；②E29和E30管节安装后需要尽快完成锁定并和覆盖回填，减少回淤物对摩阻力的不利影响，同时对回填的质量加强检查验收，满足回填摩阻力范围和标高等的要求；③校核顶椎干斤顶意外承压能力，在不影响其他限制顶条件时可考虑对干斤顶的吨位预留一定安全着系数	低	低	低	低	低	低	安装组/测量队/基础监控组		闭合

续表

风险编号	风险名称	风险描述	最初风险等级评定 低、中或高					主要后果	综合风险等级	处置措施	处理后的风险评定 低、中或高					处理后的综合风险等级	责任班组/部门	完成日期	状态
			安全健康	环境	质量	时间	成本				安全健康	环境	质量	时间	成本				
SN-41	管内作业期间水上安全风险	①管内施工期间现场安装船、安装船舶多，起重船现场待命和提供动力，潜水船进行船装件拆除作业；刚接头施工前期刚起重船可能仍需在现场保持，受水上往来船舶和异常天气的影响较大，常天气下的影响；②施工前期在初设锚缆定位出现问题将直接影响水下最终接头的安全	高	中	中	中	中	①最终接头上方地处繁忙航道，安装施工区域大，施工24h作业，如有外来船只进入施工区域大，其是夜间时，则会造成刚接头施工工艺，减少最终接头作业在位时间；②恶劣天气带来不良海况影响最终接头的稳定性、管内作业风险大	高	①编制安全专项方案，包括在施工区域围堰设置足够靠泊成船，以及保证管内三道钢封门不拆除等；②优化刚接头焊接和注浆施工工艺，提高施工工效，减少最终接头在位危险工况下的尺寸时间；③严密监视管内关键作业期间的气象状况，提前制定应对冷空气侵袭等不良天气的预案措施	低	低	低	低	低	低	安装/海事保障组		闭合
SN-42	刚接头压浆密实风险	刚接头焊接完成后进行高流动性自密实混凝土压注作业，隔舱、通道、排气孔设置的合理性对混凝土密实度影响很大	中	中	中	中	中	①刚接头内压浆不密实、混凝土内部成孔洞较多，影响刚接头区域结构安全；②刚接头压浆不密实、填充不密实，在钢板区域形成较大空洞，或局部区域产生应力，易发生变形而使刚接头区域成为薄弱环节，影响沉管隧道的整体安全性	中	①通过配合比设计、工艺模型试验，模拟刚接头压浆过程中最不利情况，对每一车即将进入结合腔内进行压浆作业的混凝土进行严格的性能测试，满足要求后方可进行作业；②刚接头板块焊接时，必须对刚接头外侧钢板，在进行内侧钢板焊接前进行干净清理，并再注浆残留过多杂质而导致刚接头不密实；③浇筑过程中严格按照压浆顺序和压浆操作规程，尤其是顶板区域进行压浆过程中气体排出困难，顶板压浆时在合理位置设置排气导管	低	低	低	低	低	低	刚接头注浆组		闭合

续表

风险编号	风险名称	风险描述	最初风险等级评定 低、中或高					主要后果	综合风险等级	处置措施	处理后的风险评定 低、中或高					处理后的综合风险等级	责任班组/部门	完成日期	状态
			安全健康	环境	质量	时间	成本				安全健康	环境	质量	时间	成本				
SN-43	刚接头焊接施工风险	①焊接作业受限在两局厚钢封门之间，大量通过钢板和工具上的人孔门倒运进结合空腔，并在狭长空间内进行焊接，作业长距离的机械搬运、焊条、定位和焊准，无法使用有效的机械搬运、高空作业等带来的人员安全风险高；②外刚接头产生的大量焊接烟尘多，通风排烟困难度大，作业环境保障难度大，由此引发的人员职业健康安全风险高	高	中	中	高	高	①重物搬运依靠人力工作较多加之存在高空作业，施工人员安全风险高；②通风条件差，有害气体难以及时排出，气体难以保障难度大，由此引发的人员职业健康安全风险高	高	①开展等比例刚接头焊接施工演练，对刚接头焊接过程中可能出现的各种状况提前制定应对方案，随机运送所用钢板临时固定在端部，采用挂接方案将钢终端繁重工作，设计制作钢板平移用位专用工具，避免搬运脚手架，以及结合腔内焊接专用高安全保障度；③开展结合空腔通风专题研究，综合采用压送式和抽吸式结合的方案，设计结合腔内专用通风方案，将焊接产生的有害气体及时排出腔内，在结合腔内安装空气监测装置，确定报警指标；④配置足够的电焊和泥浆重人员，实行多人轮班制度，缩短工人在密闭空间的连续作业的时间	中	低	中	中	中	中	刚接头焊接组		闭合
SN-44	止水结构及其他设施损坏风险	①刚接头焊接区域临近使用的GINA止水带，容易发生损坏风险；②临时预应力管束距离大Ω止水带较近，预应力管拆除过程中容易切分解造成损毁；③管顶销装件拆除过程中，容易对永久GINA和M形止水带造成损伤风险	中	中	高	中		①临时GINA受损，影响其水密性，从而严重影响结合腔内施工作业；②大Ω止水带作为永久GINA止水带结构，一旦受损，则会成为运营期的隐患，降低隧道内的安全性	高	①刚接头焊接时，在临时GINA和钢板之间设置隔热板，临时GINA止水带避免焊接高温对其造成损伤；作业期间，保证水不上作业空间；②优化预应力解除方式，切割刨除应力索前对可能影响到的区域橡胶止水带进行妥善的保护，比如底板部分进行行安置保护，顶部采用湿布遮盖保护等；③在最终接头永久GINA区域设置钢结构保护，顶部M形止水带外侧增加一圈结构保护，保证止水带不会由于外界不确定因素而受损	低	低	低	低	低	低	安装组		闭合

续表

风险编号	风险名称	风险描述	最初风险等级评定（低、中或高）					主要后果	综合风险等级	处置措施	处理后的风险评定（低、中或高）					处理后的综合风险等级	责任班组/部门	完成日期	状态
			安全健康	环境	质量	时间	成本				安全健康	环境	质量	时间	成本				
SN-45	锁定回填风险	①主要为锁定时机选择和锁定方法风险选，与常规锁定节奏快完成不同，此时最终管顶尚不安管顶推系统，抵抗抗浮靠侧水密仅依靠侧水均匀回填能力低；②由于管顶测量期限制，只能采取测量逐渐行直接部料冲击方式，此时回填风险较大；③回填碎石冲击最终接头冲击注浆管路	中	中	中	中	中	①锁定回填不均匀，使最终接头发生较大偏移，影响最终结构整体结构系统，抵抗②锁定回填不当，号致碎石压块或压断基础注浆管路，导致基础无法进行注浆	中	①管内刚接头焊接和注浆完成后再进行锁定回填，此时可以拆除管顶顶装件用"经纬"号安装和水上安保填工作，保证施工期间船舶保证两侧对称回填；②加强管内刚接头的最终注浆施工期间的抗浮稳定；③采取从两侧逐渐靠近注浆管的回填方式，尽量较少对注浆管路的影响；	低	低	低	低	低	低	回填组/基础监控组		闭合
SN-46	管底基础注浆部分回填风险	完成管底基础焊接及注浆后才进行作业，间隔时间较长，注浆区域内可能出现回填基础质量有不利影响	中	中	中	中	中	后浆部分回淤对注浆施工和基础质量有不利影响	中	①在后浆基础部分预确保设部分碎石垫层，使基础自由下落高度减小（至到50cm）。在碎石才注浆厚度的同于使基础具备了部分纳浆能力，有利于证基础整体质量；②在最终接头沉放封对接完和管内临时锁定后，由潜水员采用麻袋碎石和土工布对后注浆部的分管底两侧进行封堵，减少对管底回淤量	低	低	低	低	低	低	基础注浆组		闭合
SN-47	管底基础施工注浆风险	①管底基础注浆采用管内压注混凝土，为国内首次；对压注填充作用机理和质量影响因素，尚存在工艺试验阶段，存在压力控制风险；②注浆压力小影响管底分散密实度和饱满度，压力过小号会致海水倒流；增大注浆压力过大号致分散半径和砂浆饱满度虽然有利，但会号致管终接头和混凝土饱满度严重影响永久刚接头处的焊接和注浆质量；	高	高	高	高	高	①注浆压力小影响管底疏密填密实度和饱满度，同时会号致海水倒流；②增大注浆压力对扩散半径和砂浆饱满度虽然有利，但会号致管节上浮风险增大，严重时影响永久的焊接头破坏；③注浆管路被破坏，浆施无法正常注入基础上	高	①开展基础注浆验证性试验，确定合理压力参数和注浆压力控制范围，特别是压力对扩散半径的关系，以及自由下落高度对扩散半径的影响；防止由于预留的注浆孔设置单向阀，防止注浆过中操作失误等因素产生的压力过分海水倒罐或作失误等情况发生；②指派专用来船舶对注浆管路进行监测、以备不时之需，避免外来船舶对施工现场造成破坏；④注浆管赛而倒罐施工，避免因倒罐而影响；⑤实时监测注浆压力，避免压力过大	低	低	低	低	低	低	基础注浆组		闭合

续表

风险编号	风险名称	风险描述	最初风险等级评定 低、中或高					主要后果	综合风险等级	处置措施	处理后的风险评定 低、中或高					处理后的综合风险等级	责任班组/部门	完成日期	状态
			安全健康	环境	质量	时间	成本				安全健康	环境	质量	时间	成本				
SN-47		③注浆管路被船舶或锚缆割断；④注浆管路出浆口或管路内被碎石、淤泥塞堵；注浆压力超过注浆接头所能承受的最大值																	
SN-48	最终接头体系转换操作及结构安全风险	①最终接头在钢壳内混凝土浇筑前后应力放前后三次受力体系转换过程；②混凝土浇筑前后是钢壳结构和钢筋混凝土结构和钢壳体系转换成两个柔性连接部分，且各自与E29和正E30管节刚结成功一体；③不同阶段结构体系受和安全风险相同，体系转换前后结构变形变化变，不利变化影响结构的安全和系统功能的实现；④体系转换作控制方法不当也会引发结构安全和施工质量问题，需要高度重视	中	中	高	高	中	①结合腔排水过程使得E29、E30回顶推千斤顶受力过大，严重时导致千斤顶内作业不安全；②解除临时锁定时，最终接头由一个刚性体预应力和临时锁定时，实际受力比较复杂，严重时倒梯形结构产生较大错牙；③基础后注浆压力控制不好可能会导致E29、E30和最终接头上浮；④锁定回填不对称，会使最终接头结构发生较大位移，给沉管隧道的整个运营期带来较大隐患	高	①设计部门牵头，与钢壳制作单位联合开展最终接头变形专题研究，对体系变化前各种不同工况分别进行计算分析，研究确定转换时机及应控制要点，保证全过程转结构安全、变形受控；②通过在舱内和舱外增加必要的支架设施，控制混凝土凝固前后结构变形，研究钢壳对混凝土分舱分次浇筑的合理顺序，控制第一次体系转换过程缓慢受控进行；③预应力张拉完成后通过柔性接头处理将加三向锁定装置，使钢壳混凝土整体结构变为近似刚体，简化受力体系，减小因施加的水压力对预应力转化带来的不确定性；④研究结合腔排水时水压力变化过程，通过优化排水设施和方法逐渐变结合腔内水压力出现刚接头方法的不利现象，使排水体系转化过程缓慢受控完成；⑤在小梁顶接头处设置临时排水孔，一是较小梁应力，E30管节端网壳施，一是研小梁与E29、E30管节端壳顶端的接缝固定；降低对顶推千斤顶系统的依赖程度，二是选定顶接头方局部点位设置临时的止上退和防偏移固定措施，提高预接头准移过程中绕定性；⑤研究确定预应力解临时，明确对钢接头焊缝后注浆的质量指标要求，以及与管底后注浆和回填的先后关系，确保最终体系转换水平稳受控	低	低	中	中	低	中	设计分部/安装组/回填组/基础监控组		闭合

313

风险登记表（深水深槽） 　　附表15

风险编号	风险名称	风险描述	最初风险等级评定（低、中或高）					主要后果	综合风险等级	处置措施	处理后的风险评定（低、中或高）					处理后的综合风险等级	责任班组/部门	完成日期	状态
			安全健康	环境	质量	时间	成本				安全健康	环境	质量	时间	成本				
SO-1	深水整平定位	①深水区整平船桩腿插入深度较大，插入作业难，影响桩腿安全；②槽内流态复杂，桩腿迎流面积大，受力复杂	中	中	中	高	高	①整平船桩腿插入深度较快，船舶定位偏差大全风险偏差大；②插桩桩位置定位偏差大	高	①施工前详细核查地质资料；②严格按照《抛石整平船操作规程》控制插桩流程；③根据地质情况采用对角插桩，实时计算桩腿脱底标高；④与海事部门沟通，控制过往船舶航速；⑤严格控制插桩、抬升作业条件，选择平流期进行插桩、抬升作业	低	低	低	中	中	中	基础组		闭合
SO-2	深水回填施工	①影响回填精度大，导致成石料消耗系数大；②槽内流态复杂，抛石料迎流面积大，受力大	中	中	高	高	高	①抛石料变形，影响抛填精度；②回填精度不满足设计要求	高	①严格控制作业条件，选择流速较小的情况下作业；②采用高密度和打水吃方式控制回填精度；③作业过程中和常规打水吃水扫测，对标高和坡度不合格地方，及时处理	低	低	低	中	中	中	基础组		闭合
SO-3	基槽区流态复杂	①深水区流场与常规流场不同，流态复杂；②槽深超过30m，深槽水流三维速度矢量离散度大，槽内水流动力强度空间分布不均性；③基槽横跨珠江口，几乎与涨落潮主流向垂直	高	中	高	高	高	①整平精度不满足设计要求；②对接精度不满足设计要求；③潜水员水下作业风险提高；④对接过程中，流态复杂可能造成沉管碰撞	高	①加强与国家海洋预报中心沟通，做好深槽海流预报；②选择合适的作业窗口，尽量在海况条件良好的情况下作业；③每节沉管安装前开展现场流场观测，并及时进行分析、总结，用于指导安装施工；④加强沉管对接过程中的姿态观测及绞力控制；⑤槽内沉管对接保障系统，聘请专业人员进行沉管姿态监测；⑥编制《深水深槽专项施工方案》，优化沉放对接施工工艺	中	低	中	中	中	中	安装组		闭合
SO-4	基槽底部紊流	①受海底地形、径流、潮流的综合影响，槽底存在流速高、流向不规则的紊流；②槽底涨急时段存在大流速现象	高	中	高	中	中	①对接精度不满足设计要求；②潜水员水下作业风险提高；③沉放对接破撞风险增高	高	①委托国家海洋预报中心建立沉管对接窗口保障系统，选择合适的沉放对接时段，同时实时测现场槽底海流情况；②中航304船建立专门运动姿态监测系统，实时监测沉放过程中的管节姿态；③对驻停点、缆系涨水力架等限位方式进行优化改进；④优化号向托架限位方式，降低号向杆入座速度及破撞风险	中	低	中	低	低	中	安装组		闭合

续表

风险编号	风险名称	风险描述	最初风险等级评定 低、中或高					主要后果	综合风险等级	处置措施	处理后的风险评定 低、中或高					处理后的综合风险等级	责任班组/部门	完成日期	状态
			安全健康	环境	质量	时间	成本				安全健康	环境	质量	时间	成本				
SO-5	深槽抛缆作业	①锚缆划增边坡；②水缆绕刚度弱化，对管节运动约束能力下降	中	中	高	中	中	①基床落淤；②边坡失稳；③管节姿态失控；④可能需要清淤和重新整平	高	①选择合适的锚位及抛缆长度；②绞移前和纹移过程中将H缆按预定缆力收紧；③优化导向托架限位方式，降低导向杆入座难度及碰撞风险；④304所建立管节运动姿态监测系统，实时监测沉放对接过程中的管节姿态	低	低	中	低	低	低	浮运组/安装组/安装船		闭合
SO-6	深槽基床冲刷失稳	①深槽区流态复杂，槽底涨急时段存在大流速现象；②管节沉放过程中围绕流现象明显，底部可能存在大流速	中	中	高	高	高	①碎石基床遭冲刷破坏；②对接质量不能满足设计要求	高	①加密对碎石粒径和级配质量的抽检；②利用沉管对接窗口保障系统，选择小流速时段进行对接，并加强沉放过程中管节周围流场监测	低	低	低	中	低	低	基础组、安装组		闭合
SO-7	海水密度变化	河口区受潮流、径流综合影响，感咸淡水交汇，特别是深水深槽区表底层海水温盐变化明显，海水密度变化大	中	低	低	中	低	①导致沉放过程中负浮力变化，影响管节姿态控制；②增加负浮力调整的施工步骤，影响线路作业时间；③影响声纳测量精度	中	①槽设温盐深仪，进行现场海水密度实时监测；②加强安装船舶水和吊缆负浮力精况；③通过调整负浮力调整管节负浮力；④利用管节运动姿态监测系统，加强管节姿态实时监测	低	低	低	中	低	低	安装组		闭合

附表16

风险登记表（强回淤）

风险编号	风险名称	风险描述	最初风险等级评定（低、中或高）					主要后果	综合风险等级	处置措施	处理后的风险评定（低、中或高）					处理后的综合风险等级	责任班组/部门	完成日期	状态
			安全健康	环境	质量	时间	成本				安全健康	环境	质量	时间	成本				
SP-1	强回淤	①E15管节以东的基槽处于铜鼓浅滩南部滩尾，受河口冲淡水和浅滩下泄泥沙的直接影响，淤积相对较大；②大规模采砂作业形成的高浓度浑水是造成基槽内异常淤积的主要泥沙来源；③本工程基槽为东西向，与伶仃洋的涨落潮夹角接近90°，槽内的淤积强度明显大于本海区其他能不开挖的沟槽，与涨落潮流夹角较小的航槽；④回淤物为淤泥质粉砂或粉砂质淤泥，水中有一定的黏着力，当水动力减弱时沉淀较快块易容易密实和固结	低	低	高	低	中	①碎石垫层顶回淤超标，破坏了先铺碎石基床平整点，存在不均匀高程，床时高程、纵坡及错边控制等存在不确定性；②即使沉管进行安装，基床回淤状况大于周边其他相邻管节，其长期沉降可能使底床角度不接于其他管节，管于接头处的安全受力及负浮力存在风险；③基槽底部海水容重变大，管节负浮力不足	高	①开展基床处置清淤典型施工试验，专用清淤船"津平"轮在对碎石基床面的清淤效果明显；②为确保碎石良好的整体碎石基床融合和刚性，定厚度保持与相邻的管节基床表层一致性；③通过清淤疏浚，碎石开挖与重新铺设、维持原支撑体系、定位控及基础的扰动；④满足碎石整平施工精度又安全的要求，分两段进行碎石整平；⑤清淤前，要对安装管节的管尾端钢端壳封口采取水下保护措施；⑥建立泥沙淤预警监测系统	低	低	低	低	低	低	联合体/IV工区		闭合
SP-2	清淤工序增加	①受强回淤影响，精平前要重新清淤工序；②清淤达标需工序判断工序需要潜水作业，复杂，作业难度大	低	中	高	高	高	①施工工序增加，作业时间延长；②船、作业人员投入、成本增加；③现场潜水作业，潜水风险增加	高	①合理安排施工工序，减少施工间期，尽量减少清淤作业次数；②严格现场潜水交底，减少水下潜水作业风险	低	低	中	中	中	中	联合体/IV工区		闭合
SP-3	边坡滑塌	①回淤强度大，存在边坡滑塌风险；②边坡较厚需清淤难度大	高	中	高	高	高	①存在边坡滑塌风险；②安排大型耙吸船进行边坡清淤；③大型耙吸船施工工范围大，影响其他施工作业	高	①加强边坡回淤监测，预判边坡稳定情况；②根据边坡预判情况，提前安排边坡清淤；③合理组织现场施工，减少施工干扰	中	低	中	中	中	中	联合体/IV工区		闭合

续表

风险编号	风险名称	风险描述	最初风险等级评定 低、中或高					主要后果	综合风险等级	处置措施	处理后的风险评定 低、中或高					处理后的综合风险等级	责任班组/部门	完成日期	状态
			安全健康	环境	质量	时间	成本				安全健康	环境	质量	时间	成本				
SP-4	清淤质量控制	抛石夯平层清淤不彻底，碎石铺设过程发生挤淤	低	中	高	中	中	①碎石垫层夹淤，垫沟纳淤能力降低；②挤淤严重时需重新清淤，影响作业窗口	高	①增加工前潜水探摸基槽频次，发现回淤物超标时及时进行重新清淤；②碎石垫层铺设过程中进行回淤监测，发现淤泥淤及时清淤	低	低	中	低	低	中	联合体/IV工区		闭合
SP-5	碎石基床顶部清淤	①整平期间，碎石基床顶部出现异常回淤；②在不破坏基床的情况下，清淤难度大	中	中	高	高	高	①碎石垫层夹淤，垫沟纳淤能力降低；②破坏碎石基床，需要再次整平；③作业时间延长，安装窗口延误	高	①增加防淤、减淤措施，降低回淤强度；②研发专用清淤设备，保障清淤质量	低	低	中	低	低	中	联合体/IV工区		闭合

附表17

风险登记表（曲线段）

风险编号	风险名称	风险描述	最初风险等级评定（低、中或高）					主要后果	综合风险等级	处置措施	处理后的风险评定（低、中或高）					处理后的综合风险等级	责任班组/部门	完成日期	状态
			安全健康	环境	质量	时间	成本				安全健康	环境	质量	时间	成本				
SQ-1	曲线段安装经验少	①大规模的曲线段沉管施工在国内外是首次施工尝试，先铺法基础上的曲线管节施工，内首次，缺少施工经验；②与直线管节相比，曲线管节安装测控姿态度高，沉放对接控制难度大，轴线控制难度大	高	低	高	高	中	①无相关施工经验，未知风险增加；②出坞浮运控制难度增大；③曲线段对接控制难度大	高	①制定专项曲线段浮运安装方案；②深入研究曲线段沉放对接控制和受力机理分析	低	低	中	中	中	中	安装组/测量队		闭合
SQ-2	曲线段出坞	曲线段管节存在预制误差，船舶整体出坞宽带增加	低	低	高	中	高	①船管与坞门碰撞；②船管损环；③GINA碰损	高	①降低管节出坞速度；②在GINA端的系船柱前方增设曲线端芯号缆器；③增加缆绳控制管节轴线	低	低	中	低	中	低	浮运组		闭合
SQ-3	GINA碰撞风险	①E29、E30管节先制的GINA端；②管出坞，浮运期间GINA均在迎浪端	低	低	高	中	中	①GINA碰损；②工期延误，成本增加	高	①严格控制出坞速度，在GINA端的系船柱前方增设芯号缆器；②浮运编队前方安排拖清障船舶，如有大型漂浮物、安排船舶清理，防止碰撞GINA	低	低	中	中	低	中	浮运组		闭合
SQ-4	首尾段舾装件轴线控制	曲线段管首端导向杆、拉合台座、拉合台座导向托架、尾端均按垂直于轴线壳布置	低	低	高	高	高	①对接偏差较大，甚至无法进行对接；②工期延误，成本增加	高	①严格按照图纸控制舾装件的位置；②采用多种测量手段标定顺装件的位置	低	低	中	中	中	中	安装组/测量队		闭合
SQ-5	重心、浮心的偏心风险	①曲线管节重心、浮心均不在管节轴线上，重心、浮心与管形心不重合；②沉放时管节平衡和姿态控制难	低	低	高	低	低	因偏心引起的管节顺斜等稳定性问题	高	①综合采用管内压载水、吊索调整进行姿态控制；②全程实时监控管节运动姿态，系统动力充足；③深坞区进行压载水调整配载试验；④提前编制海水密度变化的配载调整方案；⑤及时调控管内压载水的配载保持管节稳定平衡	低	低	中	中	低	中	安装组		闭合

续表

风险编号	风险名称	风险描述	最初风险等级评定（低、中或高）					主要后果	综合风险等级	处置措施	处理后的风险评定（低、中或高）					处理后的综合风险等级	责任班组/部门	完成日期	状态
			安全健康	环境	质量	时间	成本				安全健康	环境	质量	时间	成本				
SQ-6	曲线管节压接控制	①受曲率影响，管节受到的水压力和基底摩阻力不对称，导致压接不均匀；②管节拉合时可能存在管节不规则运动	低	低	高	中	中	①GINA压缩不均匀；②管节尾端轴线不受控	高	①采用信息化的方法调控管节与基床的摩阻力，使GINA压接趋向均匀；②综合利用安装过程中的受力型计算确定对接过程中的调控方案；③通过对数值模型计算确定对接过程中的调控方案；④调整管节内南北两侧水箱不同的压重量和安装吊系统力，控制管节在拉合和压接阶段所受到的不同摩阻力	低	低	中	中	中	中	安装组/测量队		闭合
SQ-7	安装轴线控制问题	①曲线管节采用折线拟合过程中节中段制作和管节整体张拉都会引起较大累积张拉误差；②曲线管节精确标定难度大	中	低	高	高	高	①对接精度不能满足要求；②增大最终接头安装难度	高	①使用双测量塔法测控系统；②采用投点法精确获取对接后的绝对坐标和端面姿态；③管内精调	低	低	中	低	低	中	安装组/测量队		闭合

[1] BS/ISO 31100 Code of Practice for Risk Management and Guidance for ISO 31000[M]. British Standards Institute, 2011.

[2] Soren Degn Eskesen, Per Tengborg, Jorgen Kampmann, Trine Holst Veicherts.Guidelines for Tunnelling Risk Management [M]. Tunnelling and Underground Space Technology, 2004.

[3] Wen-Wu Yang, Ozturk OZGUR.Advancement of Immersed Tunnel Construction Technologies in Sub-sea Crossings, Bridges and Structures Sustainability-Seeking Intelligent Solutions [J]. Guangzhou：IABSE CONFERENCE GUANGZHOU, 2016.

[4] 港珠澳大桥岛隧工程项目总经理部.《外海沉管隧道施工成套技术》方案审查会暨总体组第五次会议·资料汇编——第一、二、三册 [Z]. 珠海, 2012.

[5] 港珠澳大桥岛隧工程项目总经理部. 港珠澳大桥岛隧工程风险管理工作计划 [Z]. 珠海, 2013.

[6] 港珠澳大桥岛隧工程项目总经理部. 沉管安装施工风险管理手册 [Z]. 珠海, 2014.

[7] 港珠澳大桥岛隧工程项目总经理部. 港珠澳大桥岛隧工程沉管安装风险管理指南 [Z]. 珠海, 2015.

[8] 港珠澳大桥岛隧工程项目总经理部. 港珠澳大桥岛隧工程E33管节浮运安装施工总结 [Z]. 珠海, 2016.

[9] 港珠澳大桥岛隧工程项目总经理部. 港珠澳大桥岛隧工程曲线段管节安装施工组织方案 [Z]. 珠海, 2017.

[10] 港珠澳大桥岛隧工程项目总经理部. 港珠澳大桥岛隧工程E33管节浮运安装风险评估报告 [Z]. 珠海, 2013.

[11] 港珠澳大桥岛隧工程项目总经理部. 港珠澳大桥主体工程岛隧工程沉管隧道可逆式主动止水最终接头研发与应用技术报告 [Z]. 珠海, 2017.

[12] 港珠澳大桥岛隧工程项目总经理部. 港珠澳大桥岛隧工程最终接头安装专项施工方案 [Z]. 珠海, 2017.

[13] 港珠澳大桥岛隧工程项目总经理部. 港珠澳大桥岛隧工程最终接头安装专项风险评估报告及施工方案报告 [Z]. 珠海, 2017.

[14] 港珠澳大桥岛隧工程项目总经理部. 港珠澳大桥沉管隧道最终接头施工图设计 [Z]. 珠海, 2017.

[15] 港珠澳大桥岛隧工程项目总经理部. 沉管安装施工组织设计 [Z]. 珠海, 2013.

[16] 港珠澳大桥岛隧工程项目总经理部. 管节浮运施工方案 [Z]. 珠海, 2013.

[17] 港珠澳大桥岛隧工程项目总经理部. E1-E33沉管隧道碎石垫层施工方案 [Z]. 珠海, 2013.

［18］港珠澳大桥岛隧工程项目总经理部. 港珠澳大桥岛隧工程沉管隧道管节安装施工方案［Z］. 珠海，2013.

［19］港珠澳大桥岛隧工程项目总经理部. 沉管安装施工风险管理方案［Z］. 珠海，2013.

［20］港珠澳大桥岛隧工程项目总经理部. 沉管隧道潜水作业施工方案［Z］. 珠海，2013.

［21］港珠澳大桥岛隧工程项目总经理部. 沉管施工通航组织方案［Z］. 珠海，2013.

［22］港珠澳大桥岛隧工程项目总经理部. 沉管拖轮编队、浮运及进坞应急预案［Z］. 珠海，2013.

［23］港珠澳大桥岛隧工程项目总经理部. 沉管浮运强对流天气应急预案［Z］. 珠海，2013.

［24］港珠澳大桥岛隧工程项目总经理部. 深水深槽沉管安装专项方案［Z］. 珠海，2013.

［25］港珠澳大桥岛隧工程项目总经理部. 沉管浮运安装封航及警戒方案［Z］. 珠海，2013.

［26］港珠澳大桥岛隧工程项目总经理部. E1-E33管节施工技术总结［Z］. 珠海，2013-2017.

［27］港珠澳大桥岛隧工程项目总经理部. E10-E33海洋环境预报保障系统总结［Z］. 珠海，2015-2017.

［28］港珠澳大桥岛隧工程项目总经理部. 港珠澳大桥岛隧工程第1-33次沉管安装风险评估专家咨询会［Z］. 珠海，2013-2017.

［29］国家海洋预报中心. 2016年港珠澳大桥岛隧工程海洋环境预报保障工作年度总结报告. 珠海，2017.

［30］罗冬，马宗豪，李金峰. 港珠澳大桥岛隧工程项目全面风险管理［C］. 北京：中国水运建设行业协会工程施工专业委员会，2016.

［31］杨文武. 沉管隧道工程技术的发展［J］. 隧道建设，2009.

［32］杨文武. 跨海沉管隧道工程技术创新和展望［C］. 亚太建设实务论坛论文集，2016.

［33］杨文武，胡悦明，曾楚坚. 论隧道工程全过程风险管理模式［J］. 隧道建设，2015.

［34］张青海. 沉管隧道外海安装的施工风险管理研究［J］. 隧道建设，2015.

［35］岳远征，宁进进，汤慧驰. 珠江三角洲强降雨对伶仃洋海域潮汐、海流的影响浅析［J］. 中国水运，2015.

［36］宿发强，李进，宁进进，张建军. 珠江三角洲大径流对港珠澳大桥沉管隧道施工的影响［J］. 中国港湾建设，2015.

［37］李进，朱岭，侯亚飞，宁进进. 强对流天气对超大型沉管浮运安装的影响及应急预案［J］. 中国港湾建设，2017.

［38］宋来忠. 外海沉管隧道回淤监测及防淤清淤技术［J］. 中国港湾建设，2017.

［39］宿发强. 超大型沉管浮运的风险管控［J］. 中国港湾建设，2015.

［40］范铁锐，李瀚，郑秀磊. 港珠澳大桥航道区沉管施工安全措施［J］. 中国港湾建设，2015.

［41］国际隧道工程保险集团与慕尼黑保险公司. 隧道工程风险管理作业手册［M］. 国际隧道工程保险集团，2003.

［42］香港特别行政区环境运输及工务局. 工务工程风险管理使用手册［M］. 香港特别行政区环境运输及工务局，2005

［43］刘俊颖，李志永. 国际工程风险管理. 北京：中国建筑工业出版社. 2013.

［44］陈绍章，陈然. 沉管隧道施工手册. 北京：中国建筑工业出版社. 2014.